SOUSCRIPTION.

NOUVEAU RECUEIL

DE

FABLIAUX ET CONTES

INÉDITS,

DES POÈTES FRANÇAIS DES XIIe, XIIIe,
XIVe ET XVe SIÈCLES;

PUBLIÉ PAR M. MÉON,

EMPLOYÉ AUX MANUSCRITS DE LA BIBLIOTHÈQUE DU ROI.

Deux volumes in-8°, avec Gravures.

A PARIS, chez CHASSERIAU, *Libraire-Éditeur*,
rue Neuve-des-Petits-Champs, n° 5.

Lorsque M. Méon donna en 1808 une édition plus ample et plus correcte des *Fabliaux et Contes* que Barbazan avait publiés pour la première fois en 1756, il s'occupa en même temps à former un autre recueil de morceaux du même genre, qu'il découvrait chaque jour dans les manuscrits de la Bibliothèque du Roi.

C'est ce nouveau Recueil que nous offrons au public. Les Contes qu'il contient ne sont ni moins piquants que ceux de l'ancien Recueil, ni moins intéressants pour quiconque aime à connaître le langage, les mœurs et la manière de vivre de nos pères. — Si nous eussions voulu publier tous les

Fabliaux et Contes qui existent, encore inconnus du public, dans la Bibliothéque du Roi, dix volumes n'eussent pas suffi. Nous avons dû faire un choix dans ces immenses matériaux, et nous attacher seulement aux Contes dont le style offrait le plus de naïveté, de précision ou d'énergie; qui contenaient les aventures les plus singulières; qui retraçaient le mieux les usages, les préjugés, les arts, enfin la manière de voir et de sentir du peuple français à l'époque reculée où ils ont été écrits.

Les Fabliaux et Contes auxquels nous avons cru devoir la préférence, sous ces rapports, ne rempliront que deux seuls volumes du même format que les volumes de l'ancien Recueil, ornés aussi chacun d'une gravure, et terminés par un Glossaire explicatif des mots hors d'usage qui se trouvent dans le texte; enfin, ils seront imprimés avec les mêmes caractères et le même soin. Les amateurs qui possèdent l'ancien Recueil pourront donc, en y joignant le nouveau, assortir et compléter leurs exemplaires.

Le prix des deux volumes, papier fin, sera, *pour les Souscripteurs seulement*, de 20 francs.

En grand papier vélin et grand papier de Hollande, figures avant la lettre, de 40 francs.

L'intention de l'Éditeur étant de ne tirer que très peu d'exemplaires au-dessus du nombre destiné aux Souscripteurs, le prix de ces exemplaires sera, pour les non Souscripteurs, de 24 fr., et de 48 fr. grand papier vélin.

La Souscription sera irrévocablement fermée le 1er janvier 1823.

Les deux volumes paraîtront à la fin de février 1823.

LE ROMAN DU RENARD,

PRODUCTION EN VERS DU XIIIe SIÈCLE;

Publié par M. MÉON,

EMPLOYÉ AUX MANUSCRITS DE LA BIBLIOTHÈQUE DU ROI.

Quatre volumes in-8°, avec Gravures.

PROSPECTUS.

Voici encore un monument de notre ancienne littérature, que nous nous proposons de publier par souscription.

Il est peu de romans anciens qui aient joui d'une plus grande célébrité que celui du *Renard*, si cependant on peut donner le nom de Roman à une suite de Contes composés par différents auteurs, dont le premier est Perros de Saint-Clost (Pierre de Saint-Cloud).

Le Grand d'Aussy, dans le cinquième volume des Notices des manuscrits du Roi, en a rendu un compte assez étendu, quoiqu'il n'ait consulté que quatre manuscrits, et qu'il n'ait parlé que de vingt-cinq *branches*. (1)

L'Édition qu'on propose aujourd'hui a été formée et collationnée avec le plus grand soin sur huit manuscrits des XIIIe et XIVe siècles. Comme il n'en est aucun qui contienne toutes les branches

---

(1) Le Roman est divisé en trente-trois *branches*, dont chacune contient plusieurs Contes.

de ce poëme burlesque et facétieux, l'Éditeur a profité, pour les compléter, de l'existence à Paris des manuscrits que nous avaient procurés nos conquêtes; et il ose assurer qu'il serait très difficile de réunir aujourd'hui les trente-deux branches qui composent ce grand Roman. Il y a même compris le *Renard nouvel*, en deux parties, par Jacquemars Giélée, avec musique, et le *Couronnement de Renard* par Marie de France (1), dont Le Grand d'Aussy paraît n'avoir pas eu connaissance.

Ces Contes formeront quatre volumes *in-8°*, avec un Glossaire des mots hors d'usage à la fin de chaque volume, pour en faciliter la lecture.

Ils seront ornés de Gravures faites d'après les miniatures qui se trouvent dans quelques manuscrits.

Le prix des quatre volumes imprimés sur papier superfin d'Annonay, sera, pour les Souscripteurs, de 72 francs. L'Édition ne sera tirée qu'à quatre cents exemplaires.

Il en sera tiré vingt exemplaires en grand papier superfin vélin, et de Hollande, figures avant la lettre et eaux-fortes, dont le prix sera de 150 fr.

On souscrit A PARIS,

Chez Chasseriau, Libraire, rue Neuve-des-Petits-Champs, n° 5.

---

(1) Nous profitons de cette occasion pour rappeler que nous avons publié, il y a quelques années, les *Lais et Fables de Marie de France*, en deux vol. *in-8°*, ornés de Gravures. Ces Lais et Fables font nécessairement partie de la Collection des Fabliaux et Contes de nos anciens poètes. On trouvera des exemplaires de ces OEuvres de Marie de France, à notre Librairie, au prix de 14 francs.

DE L'IMPRIMERIE DE CRAPELET.

NOUVEAU RECUEIL
DE
FABLIAUX ET CONTES.

DE L'IMPRIMERIE DE CRAPELET

Li Diz de l'Erberie:

„Veiz m'erberie !
„Je vos di par Sainte Marie!
„Que ce n'est mie freperie....

NOUVEAU RECUEIL

DE

FABLIAUX ET CONTES

INÉDITS,

DES POÈTES FRANÇAIS DES XIIe, XIIIe,
XIVe ET XVe SIÈCLES ;

PUBLIÉ PAR M. MÉON,

EMPLOYÉ AUX MANUSCRITS DE LA BIBLIOTHÈQUE DU ROI.

TOME PREMIER.

A PARIS,

CHEZ CHASSERIAU, LIBRAIRE-ÉDITEUR,

RUE NEUVE-DES-PETITS-CHAMPS, N° 5.

M DCCC XXIII.

AVERTISSEMENT.

Ce nouveau recueil de Contes en contient de deux sortes. Le premier volume est composé de la même manière que les quatre volumes publiés en 1808 (*); mais une partie de ces Contes ayant été prise sur des copies faites pour M. de Sainte-Palaye, on y trouvera quelques mots évidemment mal copiés, et qu'il a été impossible de rectifier faute du manuscrit original. Le second volume ne contient que des Contes dévots extraits des manuscrits de la Bibliothéque du Roi. Le Grand d'Aussy en a fait connoître plusieurs, entre autres celui de l'*Ermite qui s'acompaigna à l'Ange,* et qui paroît avoir servi de modèle au joli conte de *Zadig*, par Voltaire. Ce conte, traduit du latin comme tous ceux de ce genre, se trouve dans un manuscrit où il ne fait qu'un avec celui de l'*Ermite qui se desespera pour le Larron qui ala en paradis avant que lui*, et qui en est le commencement. Il présente des différences qui prouvent que les poètes traducteurs ne s'astreignoient pas à rendre littéralement le texte dont ils s'occupoient, ou que le même sujet a été traité par deux auteurs différens.

On lit dans le manuscrit latin, qu'un ermite dont l'ermitage n'étoit pas éloigné de la retraite d'un lar-

(*) On en trouve encore quelques exemplaires chez MM. Treuttel et Würtz, rue de Bourbon, n° 17.

ron, ayant vu en vision que les anges portoient son âme au ciel, murmura intérieurement contre les jugemens de Dieu. Un ange lui apparut aussitôt, qui lui dit : Viens avec moi, et je te prouverai que les jugemens de Dieu sont justes. Et l'ayant conduit dans la cellule d'un ermite qui demeuroit près de la mer, ils en furent très bien reçus; mais, étant allé se promener sur mer après le repas, l'ange y précipita son hôte, qui fut noyé ; ce qu'ayant vu l'ermite son compagnon, il en fut très affligé. L'ange lui dit : Ne t'affliges point. Ils allèrent ensuite chez un autre ermite, qui les reçut également bien. Il avoit une coupe très belle, à laquelle il étoit très attaché, et qu'il gardoit avec le plus grand soin; mais le matin, avant de sortir, l'ange la lui enleva ; ce qui, ayant été vu par son compagnon, le scandalisa beaucoup. Ils vinrent ensuite dans la maison d'un homme de bien, qui leur donna l'hospitalité ; et le lendemain il les fit accompagner par un sien jeune serviteur, pour leur montrer leur chemin ; mais l'ange le précipita du pont dans le fleuve en présence de l'ermite ; il y fut bientôt noyé. L'ermite en fut fort affligé. Ils allèrent ensuite demander l'hospitalité à un bourgeois, qui les reçut avec joie, et leur donna tout ce dont ils avoient besoin. Il avoit un fils unique, encore enfant, qu'il aimoit tendrement, et qui, n'ayant fait que crier et pleurer toute la nuit, empêcha tous les habitans de la maison de dormir. L'ange l'ayant entendu, se leva à l'insu de son compagnon, et l'étrangla. Il lui dit ensuite : Dor-

AVERTISSEMENT.

mez tranquillement, vous n'entendrez plus crier l'enfant, car je l'ai étranglé. L'ermite ayant entendu cela, en fut très fâché, et s'imagina qu'il étoit plutôt un envoyé de Satan qu'un ange. Enfin, en sortant de là, ils vinrent à l'entrée d'une forêt, où ils trouvèrent un homme dormant sous un arbre, et qui avoit beaucoup d'argent caché dans son sein. L'ange dit à l'ermite : Je vais lui prendre tout doucement cet argent. L'ermite ne voulut pas s'éloigner, et lui reprocha tout ce qu'il avoit fait depuis qu'ils étoient ensemble. Alors l'ange lui dit : Tu es très étonné de tout ce que tu m'as vu faire, et ce n'est pas sans raison ; mais je n'ai rien fait sans cause, parce que, comme le dit Salomon, rien ne se fait sur terre sans motif. Cet homme à qui je viens de prendre son argent, est un très méchant larron, car aujourd'hui il a assassiné un voyageur, et lui a pris cet argent. Pendant qu'il disoit cela, tous ses voisins vinrent chercher le voleur, en criant et disant tout ce qu'il avoit fait. Alors l'ange les ayant appelés, leur donna tout l'argent, en leur disant comment il l'avoit assassiné et comment il lui avoit repris l'argent, qu'il leur ordonna de rendre à son épouse et à ses enfans. Alors il dit à l'ermite : Ne vaut-il pas mieux que cet argent soit rendu à la femme et aux enfans du mort que ce qu'il reste à ce voleur ? En outre, tu as été très scandalisé de ce que j'ai étranglé cet enfant qui crioit la nuit. Je l'ai fait, parce qu'avant sa naissance ses père et mère employoient au service de Dieu, et à donner l'hospitalité aux pauvres, tout ce qu'ils pouvoient avoir ; mais, depuis sa naissance, ils ne s'occupoient qu'à amasser pour lui laisser de la fortune. Quant à ce jeune homme que j'ai précipité du pont dans le fleuve, apprends qu'il avoit le projet d'assassiner son maître la nuit suivante, et d'emporter tout ce qu'il possédoit. Pour l'ermite à qui j'ai pris la coupe, saches qu'il y étoit trop attaché, et qu'à cause de cette coupe, il a perdu l'occasion de faire beaucoup de bien, et négligé le service de Dieu. De plus, celui que j'ai précipité de la roche dans la mer, s'étoit proposé de *forniquer* le lendemain ; et comme Dieu ne vouloit pas qu'il perdît la récompense des bonnes œuvres qu'il avoit faites, je l'ai noyé. Enfin, quant à l'ermite qui s'est cassé le col en retournant dans le monde, apprends que, présumant trop de ses mérites, et qu'étant fâché de ce que Dieu avoit usé de miséricorde vis-à-vis de ce larron très méchant, il n'a pas compris que Dieu ne veut point appeler les justes, mais les pécheurs, pour faire pénitence, et parce qu'au lieu de rendre des humbles actions de grâces du salut de ce voleur dont il avoit entendu la confession, et à qui il avoit imposé la pénitence ci-dessus par envie et par orgueil et par colère, et il est damné : ainsi l'orgueil nous fait perdre Dieu, l'envie notre prochain, et la colère nous-même.

NOUVEAU RECUEIL

DE

FABLIAUX ET CONTES

INÉDITS,

DES POÈTES FRANÇAIS DES XIIe, XIIIe,
XIVe ET XVe SIÈCLES.

LA MULE SANZ FRAIN,

OU

LA DAMOISELE A LA MURE,

PAR PAIENS DE MAISIERES.

Li vilains dist en reprovier
Que la chose a puis grant mestier
Que ele est viez et ariez mise :
Por ce par sens et par devise
Doit chascuns lou sien chier tenir,
Qui l'en puet moult tost biens venir
A chose qui mestier auroit.
Mains sont prisiées orendroit
Les viez voies que les noveles,

10   Por ce qu'en les tient à plus beles,
     Et si sont miaudres par sanblant;
     Mès il avient assez sovent
     Que les viez en sont les plus chieres.
     Por ce dist Paiens de Maisieres
     Qu'en se doit tenir totes voies
     Plus as viés qu'as noveles voies.
         Ici commence une aventure
     De la Damoisele à la Mure
     Q'à la Cort au roi Artu vint.
20   Un jor de Pentecoste avint
     Que li rois Artus Cort tenoit
     A Cardoil, si con il soloit,
     Et s'i ot chevaliers assez
     De totes terres amassez
     Qui à la Cort venu estoient.
     Avec la Roïne restoient
     Les dames et les damoiseles
     Don il i ot assez de beles
     Qui à la Cort erent venues.
30   Tant ont les paroles tenues,
     Que li baron, après mengier,
     Furent alé esbanoier.
     Parmi la sale amont, as estres,
     Si regardent par les fenestres
     Tot aval très parmi un pré.
     Mès moult i orent pou esté
     Que il virent sor une mure
     Vers le chastel grant aléure
     Venir une seule pucele
40   Qui moult ert avenanz et bele.
     La Damoisele issi venoit

Que en sa mule point n'avoit
De frain, ne mès seul lo chevestre.
Li chevalier ce que pot estre
Entr'ax durement s'en merveillent,
Moult en parolent et consellent,
Et dient que lou sauroit
La Roïne, s'ele i estoit,
Par quel besoing vient en la terre.
50 Kex, fait Gauvain, alez la querre,
Et au Roi dites qu'il i viegne,
Que nul essoigne no detiegne
Que à nos ne viegne orendroit.
Li Senechax s'en va tot droit
Où la Roïne et li Rois sont.
Sire, fet Kex, venez amont
Où vostre chevalier vos mandent,
Et il maintenant li demandent :
Senechal, que nos voillent-il ?
60 Venez en avec moi, fet-il,
Et je le vos ensaignerai,
L'aventure vos montrerai
Que nos avons trestuit véue.
Atant la pucele est venue
Et devant la sale descent.
Gauvain vet encontre courant,
Et des autres moult en i corent,
Et moult la servent et anorent ;
Mès bien paroit à son sanblant
70 Qu'el n'avoit de joer talant,
Car moult avoit éu grant poinne.
Li Rois la mande, et l'en li moinne.
Tantost con ele fu venue

Devant lou Roi, si lo salue.
Sire, fet-ele, bien véez
Qu'iriée et triste sui assez,
Et toz jorz mès ensi serai,
Ne jamès jor joie n'aurai
Tant que mes frainz me soit renduz
80 Qui mauvaisement m'est toluz,
Don perdu ai tote ma joie.
Je sai bien que je lou r'auroie
Se çaiens avoit chevalier
Qui de ce s'osast afichier,
Qui vousist ceste voie enprendre ;
Et se il lo me voloit rendre,
Que trestote soe seroie
Sitost con je mon frain r'auroie
Sanz chalonge et sanz contredit :
90 Et je orendroit sanz respit
Por la soe amor tant feroie
Que ma mule li bailleroie
Qui lou menra à un chastel
Moult bien séant, et fort et bel,
Mès il ne l'aura mie en pès.
A cest mot s'est Kex avant très,
Et dit qu'il ira lo frain querre,
Jà n'iert en si estrange terre,
Mès il vialt qu'ele lou besast
100 Primes ainçois qu'il i alast ;
Et baisier la vost maintenant.
Ha! sire, fet-el, jusq'à tant
Que lou frainc aiez, lo beisier
Ne vos voil-je mie otroier ;
Mès quant li frains sera renduz,

Lors vos iert li chastiax renduz,
Et li baisiers et l'autre chose.
Kex plus angoissier ne l'en ose;
Cele li redit et conmande
110 Que la mule onques ne desfende
Quele part qu'ele voille aler.
Kex n'a cure de demorer
Iluec o ax plus longuement,
A la mule s'en vet errant :
Il i est montez par l'estrier,
Il n'ot cure de convoier.
Quant il voient que il s'en va
Toz seus, que compaignon n'i a,
Ne il n'i a armes portée
120 Fors que tant seulement s'espée,
La pucele remest plorant,
Por ce que bien voit et créant
Que de son frainc ne r'aura mie
A ceste foiz, queque il die,
Qui a l'aler desor la mure
Qui s'en vet courant l'ambléure,
Et la mule bien lo convoie
Qui bien a aprise la voie.
Et tant avoit Kex cheminé,
130 Estes-le-vos enforesté
En une forest haute et grant ;
Mès n'ot gaires alé avant
Quand les bestes de laienz sont
Trestotes amassées, sont
Lions et tigres et liépart,
Totes s'en vienent cele part
Por Kex qui i devoit aler.

Mès ainz qu'il i poïst passer
Se sont tant les bestes hastées,
140 Q'à l'encontre li sont alées,
Et Kex en a éu paor
Si grant c'onques mès n'ot graignor,
Et dist que s'il n'éust enprise
La voie, por nule devise
Qu'en li séust faire des mois,
N'entrast-il jamès en cest bois.
Mès les bestes, par conoissance
De la dame, et par enorance
De la mule que eles voient,
150 Les deus genoux à terre ploient.
Ensi por l'anor de la Dame
S'agenoilloient de la jame,
Et por ce aséur se tienent,
Qu'en la forest gisent et vienent.
Ne la puent plus anorer;
Mès Kex n'i vost plus demorer,
Plustost qu'il puet d'iluec s'en part,
Et li lion et li liepart
S'en vet chascuns à son abit,
160 Et Kex en un sentier petit
Où la mule s'ert enbatuz,
Qui n'estoit mie trop batuz,
La mule lou sentier bien sot,
Que maintes foiz alé i ot,
Qui fors de la forest lo mainne
Où moult avoit éu grant painne.
Estes-lo vos desforeté,
Mès n'ot gaires avant alé,
Quant il vint en une valée

170 Qui moult estoit parfonde et lée,
Et si estoit moult perillouse,
Moult cruex et moult tenebrose,
Q'o siecle n'a home si fort
Qui n'i éust paor de mort,
S'en la valée trespassast.
Tot adès covient qu'il i past,
Voille o non, entrer li estuet :
Il i entre, quant il miax ne puet.
A quelque poine i est entrez,
180 Mès moult i est espoentez
Que il véoit el fons dedenz
Moult grans coluevres et serpenz,
Escorpions et autres bestes
Qui feu gitoient par les testes,
De coi il ist moult grant puor;
Et pis li faisoit la paor,
Que dès cele ore qu'il pot nestre
Ne fu mès ensi puant estre,
Et bien se va qu'il n'est chaüz.
190 A po qu'il n'est do sen issuz,
Et dist qu'il vousist estre ançois
Avecques les lions o bois
Où il avoit devant esté.
Jà ne fera si grant esté,
Ne de chaut si très grant ardure,
Que laienz n'ait toz jorz froidure
Con o plus mestre cuer d'iver :
Tot la mauvestié de l'iver
Qui laiens adès est assise.
200 Et tot adès i vente bise
Qui la grant froidure i apent,

Si reventent li autre vent
Qui là dedenz sont ahurté.
Tant i a de maléurté
Que n'en diroie la moitié.
Tant a tote voie esploitié,
Qu'il est venuz jusq'à l'issue.
Atant une plainne a véue,
Si est auques aséurez,
210 Tant fet qu'il en est eschapez.
De l'ardure, de la puor
Jà ne quida véoir lo jor
Que il fust de ce leu issuz :
En une plainne est descenduz,
A sa mule a la sele ostée.
Lors voit-il eve en mi la prée,
Moult près d'iluec une fontaine
Qui moult estoit et clere et sainne,
Et qui moult bien i avenoit.
220 Avironnée entor estoit
De flors d'epus et de genoivre.
Maintenant sa mule i aboivre
Que ele en avoit grant mestier.
Il méismes, por refroidier,
Por ce que bele li sanbloit,
De la fontainne autresi boit,
Puis a atornée sa mure,
Si se remet en l'anbléure,
Car grant li sanble estre la voie ;
230 Jà ne quide mès que il voie
Ce que il aloit porchaçant.
Tant a alé Kex chevauchant,
Q'à une grant eve est venuz ;

Mès de ce fu moult esperduz
Que parfonde la vit et large,
Et si n'i trueve nef ne barge,
Ne nule planche, ne passage.
Tant a alé par lou rivage,
Que par aventure a trovée
240 Une planche ne gaires lée,
Mès nequedant bien lo portast
Se par desor aler osast,
Que ele estoit de fer trestote.
Auques lou passage redote
Puis que issi noire la voit :
Si quide bien que nul esploit
Ne porroit faire de passer,
Encor li vient miax retorner
Que il soit iluec perilliez,
250 Ançois en iert miax conselliez
Et dit bien que dahez ait-il
Se il se met en tel peril
Por tel noient, por tel oiseuse.
Trop li sanble estre périlleuse
La voie que venus estoit,
Mès li passages li sanbloit
Estre plus perilleus assez.
Atant s'en est Kex retornez,
Si se remet en son traïn :
260 Bien a tenu le droit chemin
Ensi con il venuz estoit.
A la valée vint tot droit
Où trova la pute vermine :
De chevauchier onques ne fine
Tot droit parmi tant qu'il fu fors.

Si fu-il moult doillanz de cors,
Et debrisiez et debatuz.
En la forest s'est enbatuz
O les bestes sauvages sont :
270 Encontre venues li sont.
Tantost con eles l'aperçurent
Par tel aïr vers lui coururent,
Que je quit bien qu'il lo menjassent
Se por la mure nou laissassent
A qui il portoient anor.
Et Kex en a éu paor
Si grande que por dis citez
Ne vousist estre o bois entrez,
Ne por tot l'avoir de Pavie.
280 Fors do bois en la praerie
Est entrez devant lo chastel
Li rois Artuz cui moult fu bel
De ce que revenir le voit.
As fenestres venuz estoit
Et Gauvains et Gucheriez
Et messire Yvain et Girflez,
Et autres chevaliers assez
Que il i avoit apelez.
 Quant lo senechal venu voient,
290 Por la Damoisele querre envoient;
Damoisele, font-il, venez,
Vostre frains orendroit aurez,
Que Kex est jà bien aprochiez,
Si a lou fraine, bien le sachiez.
Mès il mentent, qu'il n'en a mie,
Et cele à haute voiz s'escrie :
Certes s'il avoir lo déust,

Jà sitost revenuz ne fust.
Lors ront ses chevox et detire :
300 Qui lors véist lo grant martire
Qu'ele demoinne, et lo duel,
Morte seroie jà mon vuel,
Fet se ele, se Diex m'aït.
Et Gauvain en riant li dist :
Damoisele, un don me donez.
Sire, quel ? Que mès ne plorez,
Ainz mengiez et si soiez liée :
Jà mar en seroiz deshaitiée,
Que je vostre frain vos rendrai,
310 Et de bon cuer vos aiderai.
Sire, dit-ele, dites vos
Que mon frainc aurai à estros ?
Oïl voir. Et je mengerai
Et tote haitiée serai,
Mès qu'en convenant le m'aiez.
Lors s'en est Gauvain afichiez
Que se jà nus avoir lou doit,
Il lou r'aura où que il soit.
Lors s'est la pucele esméue,
320 Au pié de la sale est venue
A sa mule, et Kex est alez
A son ostel toz adolez,
Moult tristes et moult angoisseus.
Et li rois no tient mie à jeus
Quant dite li fu et retrete
La malvaistié que Kex ot fete,
Et por ce n'ose à Cort venir.
La parole plus maintenir
Ne voil à lui à ceste foiz ;

330 Mès de la Damoisele orroiz
Conment ele est au Roi venue.
Tant à la parole tenue
Que Gauvain li a créauté
Que li frains sera aporté,
Et dist que il l'aportera,
Jà en si fort leu ne sera
Son frainc, mès que il ait congié.
Moult volentiers li otroi-gié,
Fet se li Rois et la Roïne
340 Qui l'outroient. El lor encline
Et si fet moult Gauvain haster.
Mès Gauvain la vialt acoler
Primes ançois qu'il s'en alast;
Il fu bien droiz qu'il la besast,
Ele moult volentiers lo bese.
Or est la pucele moult aise,
Car ele set bien tot sanz faille
Qu'el lou r'aura conment qu'il aille :
N'i est donc plus ses plaiz tenuz.
350 Gauvain à la mule est venuz,
Si sailli dedenz les arçons :
Plus de trente benéiçons
Li a la Damoisele oré,
Et tuit l'ont à Dieu conmandé.
Gauvain iluec plus ne séjorne,
Mès d'iluec maintenant s'en torne,
Mès s'espée n'i laissa mie.
Entrez est en la praerie
Qui lo mainne vers la forest
360 O les bestes sont à recet,
Et li lion et li liepart.

Maintenant s'en vet cele part
Là o Gauvain passer devoit :
A l'encontre li vont tot droit.
Tot maintenant que il revoient
La mule que il conoissoient,
Les deus genouz à terre plient,
Vers lou chevalier s'umelient
Par amor et par conoissance,
370 Et ce est la senefiance
Que à force lou frains r'aura,
Jà en si fort leu ne sera.
Mès quant Gauvain les bestes voit,
Si quide bien et apparçoit
Que péor ot quant il passa,
Et Kex por ce s'en retorna.
Riant s'en est outrepassez,
Où petit sentier est entrez
Qui droit lou moinne à la valée
380 Qui si estoit envenimée.
Si s'en va sanz arestement,
Que il nes redote noient,
Tant que d'autre part est venuz.
En mi la plainne est descenduz
Où estoit la fontainne bele ;
A sa mule a osté la sele,
Si la torche, si la ratorne.
Ilueques gaires ne séjorne
Que trop li est grieve la voie :
390 Gauvain chemine tote voie
Tant que il vint à l'eve noire
Qui estoit plus bruianz que Loire ;
De li tant voil dire sanz plus,

C'onques si laide ne vit nus,
Si orrible ne si cruel :
Ne sai que vos en déisse el,
Et si vos di, sanz nule fable,
Que ce est li fluns au déable.
Par sanblant et par avison
400 N'i voit-l'en se déables non ;
Et n'i a mie de passage.
Tant est alez par le rivage
Que il a la planche trovée,
Qui n'est mie plus d'un dor lée,
Mès ele estoit de fer trestote.
Auques lou passage redote,
Et par ce voit bien et entent
Que Kex n'osa aler avant,
Et que d'iluec est retornez.
410 Gauvain s'est à Dieu conmandez
Si fiert la mule, et ele saut,
Sor la planche qui pas ne faut,
Mès assez sovent avenoit
Que la moitié du pié estoit
Fors la planche, par de desor
N'est merveille s'il a péor,
Mès plus grant paor li faisoit
Ce que la planche li pleioit.
Passez est outre à quelque painne,
420 Mès ice est chose certaine,
Que se la mule ne séust
La voie, que chéoiz i fust :
A ceste foiz s'en est gardez,
Maintenant s'est acheminez,
Qui fortune otroie et promet.

En un petit sentier se met ..
Qui lou moinne vers un chastel
Moult bien séant, et fort et bel.
Li chastiax si très forz estoit,
430 Que nul asalt ne redotoit,
Que clos estoit à la réonde
D'une eve grant, lée et parfonde,
Et si estoit tot entor clos
De granz piex bien aguz et gros,
Et en chascun des piex avoit,
Mès qu'en un seul où il failloit,
Une teste de chevalier.
Gauvain ne vost mie laissier,
Ne huis ne porte n'i avoit.
440 Li chastiax si fort tornoioit
Con muele de molin qui muet,
Et con la trompe que l'en suet
A la corgiée demener;
Tot adès li covient entrer,
Mès moult durement se mervelle.
A soi méismes se conselle
Que senefie et que puet estre :
Moult en voudroit bien savoir l'estre,
Mès n'en est mie recréant.
450 Atant sor lou pont tornoiant
Est arestez devant la porte,
Et hardement moult li enorte
Que de bien fere ne recroie.
Li chastiax tot adès tornoie,
Mès il dist que tant i sera
Q'à quelque painne i entrera :
Ce li revient à grant anui

Que quant la porte est devant lui,
Que ele l'a moult tost passé.
460 Moult a bien son point esgardé,
Et dit que il i entrera
Quant la porte endroit lui sera,
Que que il li doie avenir.
Atant voit la porte venir,
Si point la mule de raudon,
Et ele saut por l'esperon,
Si s'est en la porte ferue ;
Mès ele s'est conséue
Par derriers si que de la queue
470 Près de la moitié li desneue.
Ensi est entrez en la porte,
Et la mule moult tost l'enporte
Parmi les rues do chastel.
Cele qui do véoir fu bel
Et de ce est auques dolanz
Que il n'en a trové la jenz,
Feme, ni home, ne enfant.
Tot droit par desoz un auvant
D'une maison s'en est venuz ;
480 Mès ançois qu'il fust descenduz,
S'en vint uns nains parmi la rue
Toz abrivez, si lo salue :
Si li dist, Gauvain bien veignant,
Et Gauvain ne rest mie lant,
Si li rent moult tost son salu
Et li a dit : Nains, qui es-tu ?
Qui est ta dame et qui tes sire ?
Mès onques ne li vost plus dire
Li nains, ainz s'en reva tot droit.

490 Gauvain mesconnut ce qu'il voit,
Et se mervelle qu'estre puet ;
Et li nains respondre ne vuet,
Et s'il se daignast à li prendre,
Il li convenist raison rendre,
Mès volentiers aler l'en lesse.
Maintenant vers terre s'eslesse,
Parmi une arche a regardée
Une cave parfonde et lée,
Qui moult estoit bassë soz terre ;
500 Mès il dit qu'il voudra enquerre
Toz les reduitz ainz qu'il s'en aille :
Ne se prisoit une maaille
Se trestot l'estre ne savoit.
Atant es-vos que issir voit
De la cave amont un degré,
Un vilain trestot herupé ;
Bien déist qui l'éust véu,
Qu'il éust son oirre perdu :
Moult sanble estre li vilains fel.
510 Plus estoit granz que saint Marcel,
Et sor son col a aportée
Une jusarne grant et lée ;
Mès moult se mervelle Gauvain
De ce que il vit lo vilain
Mor resanble de Moretaigne,
Ou de ces vilains de Champaigne
Que li solax a toz tanez.
Devant Gauvain s'est aprestez,
Si l'a maintenant salué.
520 Et Gauvain a moult regardé
Sa contenance et sa figure,

Et tu aies bone aventure,
Fet Gauvain, se por bien lo diz.
Oïl certes, mès à hardiz
Te tieng, quant çaiens ies venuz,
Et moult as or bien tes pas perduz,
Qu'il ne puet estre en graignor serre
Li frains que tu ies venuz querre,
Que bones gardes a entor ;
530 Moult t'estuet rendre grant estor,
Si m'aït Diex, ainz que tu l'aies.
De noient, fet Gauvain, t'esmaies,
Que certes assez en rendrai,
Si m'aït Diex, ainz i morrai
Que je lo frainc n'aie tot quite.
Et cil onques plus ne respite,
Mès por ce qu'il voit aserir,
Cil s'entremet de lui servir,
Et tot droit a l'ostel lo moinne.
540 De lui aséoir moult se painne,
La mule r'a bien ostelée ;
Une blanche toaille lée
A deus bacins prent li vilains,
Si li done à laver ses mains,
Que laiens n'a plus de maisniée.
Jà estoit la table dreciée,
O Gauvain assist au mengier,
Si menja, qu'il en ot mestier,
Et cil l'en done à grant plenté,
550 Si lo sert à sa volenté.
Tot maintenant que mengié a,
Et li vilains la table osta,
Et si li a l'eve aportée.

Une grant coche haute et lée
Li a fete por lui cochïer,
Car moult lo vialt bien aïsier
Con à tel chevalier covient.
Maintenant delez lui revient :
Gauvain, fet-il, enz en cest lit
560 Sans chalonge et sans contredit
Sirras-tu toz seul anuit, mès
Ice te demant tot en pès,
Ançois que tu t'ailles cochier,
Por ce que t'ai oï prisier,
Te partis orendroit jeu.
Et por ce que je voi mon leu,
Si pren tot à ta volenté.
Et Gauvain li a créanté
Qu'il en prendra loquel que soit.
570 Di, fet Gauvain, que orendroit,
Si m'aït Dex, l'un en prendré,
Ne de mot ne te mentiré,
Que je te tieng à mon bon oste.
Anuit, fet-il, la teste m'oste
A ceste jusarme trenchant,
Si la m'oste par tel convant
Que la toe te trencherai
Lou matin quant je revenrai :
Or pren, fet-il, sanz contredit,
580 Moult sauré, fait Gauvain, petit,
Se je ne sai louquel je preingne,
Je prendré, conment qu'il avigne,
Anuit la toe trencherai,
Et lou matin te renderai
La moie, se viax que la rende.

Mal dahez ait qui miax demande,
Fet li vilains, or en vien donc.
Lors lou moinne desor un tronc,
Li vilains lo col li estent,
590 Maintenant la jusarme prent
Gauvain, si li coupe la teste
A un cop, que plus n'i areste.
Li vilains resalt maintenant
Sor ses piez et sa teste prent,
Dedenz la cave en est entrez,
Et Gauvain s'en est retornez,
Si s'est couchiez isnelement,
Jusqu'au jor dort séurement.
Lendemain dès qu'il ajorna,
600 Gauvain se lieve et atorna.
Atant ez-vos que li vilains
Revint toz haitiez et toz sains,
Et sa jusarme sor son col :
Or se puet bien tenir por fol
Gauvain, quant il ot regardée
La teste que il ot coupée;
Mès ne lou redota noiant.
Et li vilains parole atant,
Qui n'estoit de rien esperduz :
610 Gauvain, fet-il, je sui venuz,
Et si te rapel de covent.
Je nel' contredi de noient,
Que bien voi que fere l'estuet,
Ne conbatre pas ne se puet,
Et si lou déust-il bien faire ;
Mès desloiauté ne viaut fere
Por ce que coven li avoit,

Dist que volentiers li tendroit.
Or vien donc, fet li vilains.
620 Fors de laiens s'en ist Gauvains;
Lou col li estent sor lo tronc,
Et li vilains li dist adonc :
Lesse col venir à plenté.
Je n'en ai plus, fet-il, par Dé,
Mès fier i se ferir i viax.
Ce seroit domaches et diax,
Si m'ait Diex, s'il i feroit.
Sa jusarme hauce tot droit,
Qu'il lo fet por lui esmaier,
630 Mès n'a talant de lui tochier,
Por ce que moult loiax estoit,
Et que bien tenu li avoit
Ce qu'il li avoit créanté.
Et Gauvain li a demandé
Conment lou fraine porra avoir.
Bien lou porras, fait-il, savoir;
Mais-ainz que midis soit passez
Auras-tu de bataille assez,
Que de gaber ne te tendra,
640 Que conbatre te convendra
A deus lions enchaenez.
N'est mie trop abandonez
Li frains, ainz i a male garde :
Maufens et male flame m'arde,
S'il i avoit dis chevaliers,
Tant sai les deus lions à fiers,
Que jà nus n'en eschaperoit,
Qui conbatre les lesseroit,
Mès que ge ti auré mestier;

650 Si t'estuet ainz un poi mengier
Que tu voises à la bataille,
Por ce que li cuers ne te faille
Ne que ne soies plus pesanz.
De mengier seroit-il noienz,
Fet Gauvain, en nule manière;
Mès porchasses une arméure
Dont je me puisse aparellier.
Çaienz a, fet-il, bon destrier
Que nus ne chevaucha des mois,
660 Si a assez autre harnois
Que volentiers te presterai;
Mès tot ançois te monstrerai
Les bestes, que tu armez soies,
Savoir se tu te recreroies
De conbatre avec le lions
Si m'aït Sainz Pantelions,
Fait Gauvain, jà ne les verrai
Jusque à ax me conbatrai;
Mès armes moi delivrement.
670 Et cil l'arme tot erramment
D'armes bones de chiés en chiés,
Qui bien en sot venir à chief,
Et si li amainne un destrier.
Gauvain i monta par l'estrier,
Que il n'est de rien esperduz.
Si li aporte sept escuz
Qui li auront moult grant mestier.
Et li vilains vet deslier
Un des lions, si li amoinne :
680 Et li lions tel orgoil mainne,
Si grant forsen et si grant rage,

Que o ses piez la terre arrache
Et sa chaenne runge as denz.
Quant il par fu fors de laienz,
Et li choisi lo Chevalier,
Lors se conmence à hericier,
Et de sa queue se debat.
Certes qui o lui se conbat,
D'escremir li convient savoir,
690 Ne ne li convient mie avoir
Cuer de chievre ne de limace.
Devant en une onie place
Lou lesse li vilains aler.
Gauvain nou daigne refuser,
Ainz li passe, trete s'espée,
Et cil a sa hure levée,
Si lou fiert, et cil refiert lui;
Bien s'entrefierent amedui.
Au premier cop l'a si feru
700 Que il li a l'escu tolu
Li lions, et à lui sachié.
Cil li a autre aparellié
Li vilains, et Gauvain lou prent:
Lou lion fiert par mautalent
Parmi l'eschine, de l'espée;
Mès la piax est dure et serrée,
Si dure que ne puet tranchier.
Li lion n'a que correcier,
Si li revient conme tempeste,
710 Si lou refiert parmi la teste
De sa coe, et li a tolu
Lou secont et lo tierz escu,
Si que do quatre n'en a-il mès.

Or puez-tu trop atendre mès,
Par ma barbe, fait li vilains.
Lors lou fiert messire Gauvains
A estrox, que tote s'espée
Li enbat jusqu'en la corée,
Que lou lion estuet morir.
720 Or me laissiez l'autre venir,
Fait-il, et li vilains le lesse.
Moult fet grant duel et si s'engresse
De son compaignon que mort voit.
Vers lou chevalier vient tot droit,
Si lou requiert de tel vertu,
Q'au premier cop li a tolu.
Et li vilains autre aparelle
Et de quanqu'il puet le conselle.
Et li lions li vient corant,
730 Qui moult l'enchauce par devant;
As ongles jusq'à la ventraille
Li derompi tote la maille,
Et si li retout son escu.
Et cil li a autre rendu ;
Mès or set bien et aperçoit
Gauvain que se il li toloit
Cestui, que ce seroit moleste.
Parmi la grêve de la teste
Lo fiert de l'espée trenchant
740 Que jusqu'es denz tot lo porfant,
Et li lions chiet à la terre.
De cestui est finé la guerre,
Fet Gauvain, et fete la pès;
Or me rent; fet-il, desormès
Lou frainc, foi que tu dois ton père.

N'ira mie issi, par saint Pere,
Fait cil, n'i aura mestier ganche,
Je verré ainz tote ta manche
De ton hauberc de sanc vermel :
750 Se tu viax croire mon consel,
Desarmes toi et si menjue
Tant que force te soit venue;
Mès il ne vialt por nule peine.
Et li vilains tot droit lo mainne
Parmi chambres et parmi huis,
Que bien savoit toz les reduis,
Tant qu'en la chambre vient tout droit
Où li chevaliers se gisoit,
Qui parmi lou cors ert feruz.
760 Gauvain, bien soies-tu venuz,
Fait-il, tantost con véu là,
Fortune t'a envoié çà
Por ce que je sui jà gariz,
Et si es-tu assez hardiz;
Mès combatre o moi t'estuet.
Dès q'autrement estre ne puet,
Jà, ce dit, no contredira :
Et cil maintenant se leva,
Qui s'arme tot à son voloir.
770 Mès trespassé vos dui avoir
Ce que ne doi pas trespasser,
Ainz fait moult bien à reconter,
Por ce que navrez se levoit.
Une costume tele avoit,
Quant un chevalier d'autre terre
Por la pucele venoit querre
Lo frainc qui là dedenz estoit,

A lui conbatre se devoit,
Et s'il estoit par lui vaincuz,
780 Jà eschanges n'en fust renduz,
Se de la teste non trenchier,
Et puis en un des piez fichier
De coi li chastiax clos estoit;
Et si autrement avenoit
Que cil refust par lui vaincuz,
Un autre piex seroit feruz
Tant qu'autres chevaliers venist
Que cil par bataille vainquist.
Ensi sont cil andui armé,
790 Et li vilains a amené
A chascun d'ax un bon destrier,
Et il i saillent sanz estrier,
Et les escuz pendent as cox :
Desormès en orroiz les cox.
Maintenant qu'il furent monté,
Lors a li vilains apresté
Deus lances grosses, si lor baille
Por conmencier cele bataille.
Lors s'esloingnent li un de l'autre,
800 Puis s'entrevienent tot sanz faudre;
Par vertu tiex cox s'entredonent,
A pou qu'il ne se desarçonent.
Les lances brisent et esloissent,
Et li arçon derriere froissent,
Et deronpirent li estrier :
N'i remest corroie à trenchier,
Que ne puent lou fès soffrir,
A terre les estuet venir.
Tot maintenant em piez revienent,

810 Et les escuz enbraciez tienent.
Durement à ferre s'essaient,
Sor les escuz tiex cox se paient,
Que les estanceles en volent,
As espées les escuz dolent
Si que les pieces en abatent.
Deus liuées s'entreconbatent
Que seulement plain pié de terre
Ne puet l'uns sur l'autre conquerre.
Si a moult Gauvain anuié
820 De ce qu'il a tant detrié;
Si lou requiert de tel vertu
Que trestot li a porfendu
Li aume et lo cercle coupé,
Et si l'a lors si estoné,
Que il est enbrunchiez vers terre,
Et lo vassal à lui lou serre.
Gauvain lou sache par grant ire,
Et fait sanblant de lui ocirre;
Et cil maintenant li escrie:
830 Gauvain, ne m'ocire tu mie:
Fox fui quant à toi me prenoie,
Mès encor hui matin quidoie
Que soz ciel n'éust chevalier
Qui contre moi s'osast drecier;
Et tu m'as à force conquis,
Et si te monte or à grant pris,
Et je te quidoie trenchier
La teste, et en ce pel fichier
Où il n'en a nules fichiées.
840 Si ai totes celes trenchiées
Qui tot entor ce paliz sont,

A chevaliers qui çaiens ont
Venu por autretel afere :
Ausi quidoie-je toi fere,
Mès soz ciel tel chevalier n'a.
Gauvain lo let et il s'en va ;
En la chambre s'est desarmez.
Vilains, fet Gauvain, or pensez
Conment porrai lo frainc avoir.
850 Gauvain, fet-il, viax-tu savoir
Que tu as à fere premiers?
A deus serpens felons et fiers
Qui sanc gietent de leus en leus,
Et par la boche leur salt feus,
Conbatre te convient ançois ;
Mès bien saches que cil harnois
Ne t'aura jà vers ax mestier :
Un autre vet aparellier
Qui plus est forz et plus tenanz.
860 Il a bien çaienz quatre cenz
Haubers treslis, forz et entiers
Qui furent à ces chevaliers
Dont tu vois les testes coupées.
Armes li a tost aportées
Li vilains, de plusors manières.
Une armes forz et entieres
Li baille por soi atorner.
Lors dist Gauvain, va amener
Les diables que tu disoies
870 . . . . (*)
Fet cil, mès ainz que soit passez

(*) Il manque un vers ici.

Midis, auras afere assez :
Il n'a soz ciel home si fier,
Fors moi, qui les ost aprimier,
Ne qui les ost néis véoir.
Gauvain li dist, ne te chaloir.
Lors va deslier les serpans
Qui moult par sont et fiers et granz,
Li vilains, et amainne amont,
880 Qui moult sauvages bestes sont,
Si que partot, de leu en leu,
Est ses escuz enpris de feu.
Par vertu Gauvain lou réquiert,
Tel cop de l'espée lo fiert,
Si con l'escriture tesmoingne,
Si que la teste li réoingne,
Si l'a tué isnelement.
Ne sai que j'alasse acontant,
Mès ainz que midis fust passez,
890 Les a andeus si conréez,
Que tuit sont mort et detrenchié :
Auques a lo vis entochié
Do sanc et de la porreture.
Li vilains reprent l'arméure
De coi il conbatuz estoit;
Mès ançoiz qu'il desarmez soit
Li nains petiz li vint devant,
Qui primes par de soz l'auvant
Vint à lui, si lon salua,
900 Ne plus dire ne li daigna,
Ainz s'en ala si fierement.
Gauvain, fet-il, je vos present
De par ma Dame, lo service,

Mès que il soit par tel devise
Que avecques li mengeras
Et à son voloir en feras
Tot sanz contredit et sanz guerre
Do frainc que tu ies venuz querre.
Lors dist Gauvain qu'il ieroit
910 Se li vilains lo conduisoit,
Car moult bien se fioit en lui.
Main à main s'en vont amedui,
Moult l'a bien li vilains mené.
Tant ont de chanbre en chanbre alé
Qu'en la chanbre vienent tot droit
O la dame en un lit gisoit
Qui avoit envoié lo nain
Por querre monsaignor Gauvain.
Maintenant que venu lo vit,
920 Contre lui va, si li a dit :
Gauvain, bien soiez-vous venu !
Si m'est-il par vos avenu
Moult granz anuiz et grans domages,
Que totes mes bestes sauvages
Avez mortes en ceste voie :
Si vos covient-il tote voie
Avec moi orendroit mengier ;
Onques voir mellor chevalier
Ne plus preu de vos ne conui.
930 Es liz s'asient amedui,
Mès ne fu mie, ce me sanble,
Li liz ne de sauz ne de tranble
O la dame et Gauvain séoient,
Que li quatre pecol estoient
Tuit de fin argent sororé.

Sus avoit un paile roé
Qui toz iert à pierres ovrez,
Et autres richeces assez.
Se descrire les vos voloie,
940 Trestot mon tens i sueroie;
Mès de ce n'estuet à parler.
L'eve demande por laver,
Li vilains maintenant lor baille
Les bacins d'or, et la toaille
Lor aporte por essuier.
Atant asient au mengier
La dame et messire Gauvains.
Li nains les sert et li vilains,
Que laienz n'a plus de mesnie.
950 Moult par est la dame haitie,
Et bele chiere fet son oste.
Trestot delez li, coste à coste,
Lo fet séoir la damoisele,
Et mengier à une escuele
Qui moult la loe et moult la prise.
Des mès ne faz autre devise,
Ne plus ore ne vos en cont;
Mès maintenant que mengié ont,
Et la table lor fu ostée,
960 L'eve a la dame demandée:
Li vilains maintenant li baille.
Gauvain est tart que il s'en aille,
Qui moult quide avoir demoré:
Lors à la dame a demandé
Lo frainc, que bien lo doit avoir.
Sire, fet-ele, mon pooir
Et moi met en vostre servise,

Que moult avez grant chose enprise
Por ma seror en ceste voie,
970 Je sui sa suer et ele est moie,
Si vos en doi moult anorer :
S'il vos plaisoit à demorer
Çaiens, à saignor vos prendroie
Et tot cest chastel vos rendroie,
Dont j'é encore trente et uit.
Dame, fet-il, ne vos anuit,
Tart m'est, ce vos di par ma foi,
Que je soie à la Cort lo Roi,
Que ensi l'ai mis en covent ;
980 Mès donez moi delivrement
Lo frainc que je sui venuz querre.
Trop ai esté en ceste terre,
Or est ensi, plus n'i serai,
Et neporquant bon gré vos sai
Do bien que vos me présentez.
Gauvain, fet-el, lo frainc prenez,
Vez lou là à ce clo d'argent.
Et il tot maintenant lou prent,
Et moult très grant joie en demoine.
990 Et li vilains la mule amoinne.
Gauvain met lo frainc et la sele,
Congié prent à la Damoisele,
Et ele conmande au vilain
Qu'il face monsaignor Gauvain
Tot sanz enconbrier fors issir,
Et lou chastel féist tenir
Tot qoi tant c'outre fust passez.
Messire Gauvain est montez,
Qui de la voie fu moult bel.

1000 Li vilains conmande au chastel
　　　Qu'il fust toz coiz, et il s'esta.
　　　Gauvain séurement passa,
　　　Et quant il a lou pont passé,
　　　Vers lou chastel a regardé,
　　　Et si a lors parmi les rues
　　　Si granz conpaignies véues
　　　De gens qui laienz queroloient,
　　　Et si grant joie demenoient,
　　　Que se Diex l'éust conmandé,
1010 N'i éust-il pas plus joé.
　　　Li uns à l'autre se deporte,
　　　Encor estoit desor la porte
　　　Li vilains qui l'ot fors mené,
　　　Et Gauvain li a demandé
　　　Quiex senefiance c'estoit,
　　　Que là dedenz véu n'avoit,
　　　A l'entrer, ne petit ne grant,
　　　Et lors i voit joie si grant
　　　Que trestuit de joie tençoient.
1020 Sire, fet-cil, repost estoient
　　　Es crotes por les cruautez
　　　Des bestes c'ocises avez,
　　　Qui si grant effrois demenoient,
　　　Que quant par aventure issoient
　　　Les genz fors por aucune ovraingne,
　　　Ne remansist q'à quelque painne
　　　Ne les convenist deslier,
　　　S'es aloient toz depecier
　　　Par lor orgoil et par lor rage;
1030 Et or dient en lor langage,
　　　Diex les a par vos delivrez

Et de toz biens enluminez :
La gent qui en tenébre estoient,
Si grant joie ont de ce qu'il voient,
Qu'il ne puent graingnor avoir.
Ice, sachiez très bien de voir,
A Gauvain moult bien atalente.
Maintenant se mist en la sente
Qui vers l'eve lo moinne droit
1040 O la planche de fer estoit :
Outre passe séurement.
Tant ala après chevauchant,
Qu'il est venuz en la valée
Qui de vermine est aornée :
Outre est séurement passez,
Dedenz la forest est entrez
O les bestes sauvages sont.
Maintenant q'aparcéu l'ont,
Contre li vont, si lou convoient,
1050 Les deus genoz à terre ploient,
Et de lui aprochier s'aessent.
Les piez et les janbes li baisent,
Et font à la mule autresi.
Gauvain de la forest issi
Qui de l'aler ne tarda mie :
Entrez est en la praerie
Qui do chastel estoit voisine.
Li Rois Artus et la Roïne
Furent alé esbanoier,
1060 Et avecques maint chevalier
Qui de lor conpaignie sont,
De la sale es loges amont ;
Et Gauvain tot adès venoit.

La Roïne primes lo voit,
Si l'a as chevaliers mostré.
A l'encontre li sont alé
Et chevalier et damoiseles :
Moult fu liée de ces noveles
La Damoisele quant ele ot
1070 Que messire Gauvain venot,
Cele cui estre doit li frains.
Venuz est messire Gauvains,
Et la pucele va encontre.
Sire, fet-ele, bon encontre
Vos doint Diex, et tot lo deduit
C'on puet avoir et jor et nuit !
Et vos aiez bone aventure,
Fait cil qui descent de la mure
A terre par l'estrier d'argent.
1080 La pucele en ses bras lo prent,
Si lou baise plus de cent foiz :
Sire, fait ele, il est bien droiz
Que je mete tot à devise
Lo mien cors en vostre servise,
Que bien sai que jà ne l'éusse
Par nul home que je séusse
Dedenz lo chastel envoier,
Car mort en sont maint chevalier
Qui les testes coupées ont,
1090 Qui de l'avoir nul pooir n'ont.
Lors li a Gauvain recontées
Les aventures q'ot trovées,
De la grant valée et do bois,
Et de la fontainne à espois,
Et de l'eve qui noire estoit,

Et do chastel qui tornoioit,
Et des lions que il ocist,
Et do chevalier qu'il conquist,
Et del vilain lo convenant,
1100 Et la bataille do serpent,
Et del nain qui lo salua
Et plus dire ne li daigna;
Et conment après li revint,
Et conment mengier lo convint
En la chanbre à la damoisele
Qui suer estoit à la pucele;
Et conment li frains fu renduz,
Et quant do chastel fu issuz,
Et conment il avoit véues
1110 Les quaroles parmi les rues,
Et conment issuz s'en estoit
Sanz enconbrier et sanz destroit.
Quant Gauvain a ce raconté,
Et la pucele a demandé
Congié as Barons de la Cort,
La Roïne Genièvre i cort,
Et li Rois et li Chevalier
I sont alé por li proier
Qu'avec ax laienz demorast
1120 Et des Chevaliers un amast
Qui sont de la Table réonde.
Sire, Dame-Diex me confonde,
Fet-ele, se ionques osasse,
Se volentiers ne demorasse;
Mès je ne puis por nule painne.
Sa mule demande, on li amainne,
Si est montée par l'estrier,

Et li Rois la vet convoier;
Mès ele dit que nul conduit
1130 Ne vialt avoir, ne lor anuit.
Et si estoit-il auques tart.
Congié prent, et si s'en depart
Si se remist en l'anbléure.
De la damoisele à la mure
Qui s'en est tote seule alée,
Est ci l'aventure finée.

DE RICHAUT.

Or faites pais, si escotez
Qui de Richaut oïr volez :
Sovante foiz oï avez
    Conter sa vie.
Maistresse fu de lecherie,
Mainte fames ot en baillie
Qu'ele a traït tot à sa guise
    Par son atrait.
Encor nule ne s'an retrait,
10 Et chacune Richaut se fait
    De sa voisine.
Ne voit-en mais jone meschine
Qui soit à grant bonté encline,
Por po d'avoir s'estant sovine
    Qant on li done.
El mont n'en a nés une bone,
Ainz se lient à la corone,
C'est de puterie la some,
    Et lo fardet
20 Metent-eles en lor rayet.
Chascune de soi s'entremet
    Bien atorner.
Qant un vallez a que doner,
Bien se sofrent à acoler
Por lui traïr et afoler :

C'est lecherie;
Mais il lor vient d'ancesserie.
Totes sevent de trecherie
  Conmunaument,
30 Mais ce fu par l'enseignement
Richaut, qui fu moult longuement
  Par tot lo monde :
Bien les aprist à la réonde.
Nostre Sires Richaut confonde
  Qui tant mal fist,
Car de Nonain reçut l'abit,
Mais ele lo tint moult petit.
Escotez, se Dex vos aït,
  Qu'ele devint.
40 Fors de l'abaïe s'an vint,
Nonains i avoit plus de vint;
  N'i vost plus estre,
Ainz enmena o soi lo Preste,
Et li toli regne celestre,
  Car il fu pris,
O li demanbrez et ocis.
Ce fist-el faire à ses amis
Don ele a maint par lo païs.
Richaut a fait riche maudis,
50   Por Herselot.
Dou preste ot-el bien son escot,
Et si refist tenir por sot
  Lo chevalier.
(Nes dan Guillaume definer
Qui ere atornez à Deu proier)
Refit-el boivre lo destrier
  Et lo hernois.

Richaut desingle lo cortois,
Clers et Chevaliers et Borjois
  Et les vilains.
Par tot giete Richaut ses mains,
Si deçoit les autres putains.
  Richaut sert moult,
Lo corage a fier et estout,
Or diroie sa voie, escout,
  De li un conte
Qui trestoz les autres sormonte,
Et si ne laira pas por honte
  Que je nel' die :
Qui de Richaut conte la vie
Ne puet parler par cortoisie.
  Ele ot un fil
Qui moult avoit l'angien sotil ;
Mainte fames mist à essil.
  La face ot clere,
Moult tenoit bien lo mors sa mere.
Richaut ne sot onques son pere,
  Et nequedant
So mist-el sus à plus de cent :
Moult en conquist or et argent.
  Or escotez
Conmant il fu conçuz et nez,
Norriz, apris et dostrinez,
Et en quel vie destinez,
  Quel non il ot.
Entre Richaut et Herselot
A cel jor firent un escot,
Au feu n'orent plus que un pot ;
  Bons vins ferrez

90 La nuit burent à grant plantez
Et à mangier orent assez
   Por lo Noel.
Moult ont parlé et d'un et d'el.
Ce dit Richaut la menestrel
   A sa conpeigne :
Par les sainz c'an quiert an Bretaigne
Moult ai del Preste grant desdaigne
   Qui si me triche,
Ainz n'ai del sien fors une afiche,
100 Et si n'a nul veisin plus riche.
   De soi
Il m'afia l'autrier sa foi
Et lou vestir et lou conroi
Ainz q'à venir poïst à moi :
Or ne l'an chaut s'ai fain o soi.
   Mantie l'a :
Hui a huit jorz qu'il ne vint ça ;
Par Saint Denis, mar mi tricha,
   Se jel' puis faire.
110 Moult par est ore de mal aire ;
   Si est avers :
Croistre vialt et noiant doner.
Herselot, sez me que loer
   Conmant m'an vanche ?
Charmez li chiere par la vanche,
Escrivez brief de sanc et d'anche.
   Faites heraudes
Don les ymages soient chaudes
   Et refroidies.
120 Dit Richaut, deus poires porries
Ne pris-je pas ces sorceries :

Ce m'est avis
Jà par charaies n'ert conquis.
A moi méismes ai conseil pris
　　Con jel' deçoive;
Miauz est que atorné herbe boive,
Puis f.. trai tant que je conçoive,
　　Si metrai sore
Au Preste, et méisme l'ore
130 Don li lou-je qu'il me secore,
　　Et s'il lo nie,
Jà Richaut n'ait bien en sa vie
Se à l'Evesque ne l'anvie :
　　Sel' tien à Cort,
Il perdra ainz qu'i s'an tort.
　　S'ansi lo fez,
Lo Preste aurai dedanz mes laz,
Or en entrerai en porchaz
　　Hastivement.
140 Don nel' me loes-tu, Hersant?
Dit Herselot, je mantirat
　　Se tot bien non.
Richaut no mist en sospeçon,
Ainz quist une herbe qui ot non
　　Mandagloire :
Richaut en but, o ele esclairé;
Puis n'i ot guieres demoré,
　　Ainz croist à toz.
Tant a alé desus desoz
150 Et a retrait, sofert et boz
　　Qu'ele est ençainte.
Or a la face megre et tainte,
Dès or vialt faire sa conplainte.

Au Preste en vint,
A sa maisele sa main tint,
Plore et sopire, soflant vint,
   Puis dist itant :
Moult malement m'es covenant
Et s'an atant pis en avant
160   Assez,
Sire Preste, bien la savez.
Richaut, ne sai que vos avez,
   Ce dist li Prestes,
Moult m'a mostrez chiere meleste.
   Que je ai, Sire ?
Je ai assez coroz et ire ;
Mais par Saint Pere et Saint Pol
Moult saurai pol se nel vos sol,
Si vos ferai tenir à fol.
170 Li danz li met les braz au col,
   Soef l'anbrace.
Richaut s'estort, si se delace,
Plore formant, moult lo menace.
Oiés, vos die, oiés vos tace,
   De vos sui prainz.
Richaut, je cuit que tu te fainz.
No faz, danz Preste, par toz Sainz
   N'est pas controve ;
Véez con lo ventre se prove.
180 Li Prestes moult celer lo rove,
   Icel ce croi.
Richaut, fait-il, je te mescroi :
Cuides-tu donc ce soit de moi ?
   Nenil voir.
Richaut respont, jel' sai de voir,

Jà ne puisse-je bien avoir,
　　Ainz soie ocisse
Se je n'an portoie un joisse
Que de vos fu dedanz moi mise
190　　Iceste chose
Don me véez ençainte et grosse.
Ne cuidiez pas je l' giet en fosse
　　Ne en mostier,
Se vos ne me volez aidier.
　　Richaut, ne di,
Je ne voil pas que soit ensi :
La moie foi, Richaut, t'afi,
　　Se viax del mien,
Jà ne voldras icele rien
200　　N'en puisses prandre,
Por quoi me feroies raienbre,
N'a l'Evesque messe desfandre;
　　Mais or celez
Ceste groisse tant con poez,
Et qant li anfés sera nez,
　　Sel' metez sore
Un autre : Se Dex me secore,
Ne vos faudrai puis nes une ore.
Richaut se plaint moult et si plore,
210　　Et puis li dit :
Certes ne vos ain pas petit;
Moult duremant, se Dex m'aït
　　Lo Tot puissant,
Se je ne vos amasse tant,
Nel' celasse, ne tant ne qant.
　　O depute orse
Qui lo prevoire si amorse!

La main li fait mestre à la borse,
Cinq sax li tant or a rescosse,
220   Ce prenez ore,
Vos auroiz plus des miens encore.
Et li Prestes moult bien l'estore.
    Richaut se charge,
De son preu faire ne se targe :
Bien a trové lo Prestre large
    Por l'acolée.
Moult s'an veit bien soz aisselée
    De pain et d'el
Ploiant s'an veit à son ostel.
230 O ele trova seignor viel,
    Un chevalier
Qui faisoit tenir son destrier,
O lui Hersant por donoier
    A Herselot.
Cele saut sus con sa dame ot.
Li Chevaliers vers li s'esjot,
    Si la salue,
Et Richaut se tint un po mue,
    Pas ne li rant,
240 Sanblant fait de grant maltalant.
De Herselot s'aproche atant,
    Met ce en sauf.
De mautalant su et eschauf
    Qant je te voi :
Tu m'as mantie la toe foi ;
    Moult par est fole
La damoisele qui t'acole :
N'a si aver jusq'à Nicole.
    C'oi-je do tuen

250 Dès que fis l'autrier ton buen ?
    Lasse moi cline !
    Mar mi cochai soz toi sovine ;
    Maldite soit vostre racine
        Qui si poi giete !
    J'estoie encor bien jovenete ;
    Or n'en iert mais qui s'entremete
        De moi amer :
    Vos m'avez fait lo flanc lever,
    Ne me valt mais rien à celer,
260   De vos sui grieve.
    Véez lo vantre qui se lieve,
    Et de l'anfant li termes abrieve,
        Or m'an aidiez.
    Si m'aït Dex, sel' reniez,
    Vos en seroiz toz essilliez,
        Jel' di por voir,
    Vos n'en avez si fort menoir
    Que je ne vos féisse ardoir
        Et metre en çandre,
270 Se sor vos nel' voliez prandre.
    Miauz me lairoie ardoir o pandre,
        Pas ne vos mant
    Que n'en aüssié longuement.
    Je sui née de bone gent,
    Sept Chevaliers sont mi parant,
        Si r'ai amis,
    Si tost auroie ome ocis.
    Li Chevaliers en fait un ris,
        Si li respont ;
280 Richaut, li vins te monte el front,
    Ne sai de ces menaces sont

De moi porquoi
Es-tuençainte? est-ce de moi?
Oïl, amis; et je l'otroi,
Pas nel' reni.
Dit Herseloz : sire, aidiez li,
Volantiers, chiere,
Dis sax a trait de s'aumoniere,
Puis li done à liée chiere;
290   Après la baise.
Qui putain loe, si l'apaise.
Ainz qu'il s'an tort, firent lor aise
Sor l'obier frois.
Envoiez, dist-il, en Evois,
Por de la char et por des pois,
Et por de bon vin Orlenois.
Ce dit Richaut, cist est cortois,
Alez s'an est.
Richaut ne panse
300   Fors d'atorner iche despanse.
Luors decline :
Entre Richaut et sa meschine
Aprestent moult tost la cuisine
Plusor
Il laisserent la nuit del lor.
Richaut se dort. Qant vint an jor
Richaut s'apreste,
Despandu a, or voit en queste.
Chiés un borjois
310 En vait Richaut, preu et cortois,
Qui moult ere en grant sopois
Qu'il n'avoit oir :
Onques ne pot enfant avoir.

Richaut garde, vit lo chéoir
    Sor sa fenestre.
Or li voudra conter son estre.
Prist lo par l'espaule senestre,
    Dist li : biau Sire,
Je vos voldrois un secré dire.
320 Cil fu cortois, pas ne s'aïre,
    Bel li respont.
En une chanbre andui en vont,
Desor un lit asis se sont.
    Asisse là,
Richaut panse, puis si parla :
Sire, je sui venue ça,
Car mes granz besoins m'i chaça,
    Pas ne me fain,
De vos méisme à vos me plain,
330 Car li termes n'est pas lointain
    Qu'iert travailliée :
Sire, por vos sui moult iriée,
Car je sui de vos enpreigniée.
    De moi ! c'est gas.
Non est, Sire, par Saint Thomas.
Certes, Richaut, manti i as.
    Et plore et gient,
A sa maisele sa main tient :
Sire, fait-el, ne vos sovient
340   D'un jor entier
Que me feistes el solier
    Lo comun jeu ?
Oïl, Richaut, de ce te veu.
Certes, biau sire, en icel leu
    Prist-je cest fais.

DE FABLIAUX ET CONTES. 49

  Taisiez, Richaut, nel' dites mais.
  Dex me confonde, se m'en tais.
    Richaut, ne sai,
  Bien puet-estre je l'anjandrai :
350   Icist soit miens,
  S'il est vallez, n'i faudra riens
  Que il ne soit oirs de mes biens.
    Sire, espoir
  Que vos auroiz de moi mâle oir,
  Mais il m'estuet de vostre avoir,
    J'en ai besoin.
  Cil met en sa borse lo poin,
    Vint sax li livre,
  Jà n'en s'an verra mais delivre.
360 Or lo moine Richaut con ivre
    De la putain :
  Envoiez ça, dist-il, demain,
  Si auroiz char et vin et pain.
    El l'en mercie.
  Richaut s'an vait tost estosie :
  Plus conquiert-el par sa boidie
    Et par sa lobe,
  Que cil qui prant et robe.
  Richaut se tient et cointe et noble,
370   Et bien se vest,
  Et se conroie bien et pest :
  Plus est suianz que lisse en gest.
    Bien les atrait
  Tant qu'il les a mis en son plait.
  N'i a si cointe que n'en ait
    Plus que lo droit.
  Bien les enplume et deçoit.

TOME I.   4

Richaut a tout quanqu'ele voit.
　　La grosse borse
380　Enguil se fait, puis devient orse.
Lo pas moine home, et puis la torse
　　Par sa boidie.
N'i a celui cui el ne die
Que de lui est-ele enpraingnie :
Vos m'avez, fait-ele, ençaintie,
　　Del tuen me done.
Richaut trestot en araisone,
Les garçons prant et enprisone,
　　Puis les raaint.
390　De totes pars les mains lor tant,
Moult se conroie richemant.
　　N'i a mestier,
N'i a vilain ne pautonier,
Ne Bacheler, ne essarter
　　Que nel' mainne.
Oïstes mais si male fame
Qui tot jors quialt et rien ne seme ?
　　Mar fust el née,
Qui si nos fu mal destinée !
400　Mar perist-il ceste ventrée !
　　Par icel germe
Si a plorée mainte lerme.
Or est Richaut venue au terme,
　　Or couche, or lieve,
Or plore, or crie, l'ore abrieve,
Mal soit de l'ore qu'el ne crieve,
　　Ce fust grant joie.
Herselot à la crine bloie
Qui reconforte sa dame oie

DE FABLIAUX ET CONTES.

410   Qu'atant-je tant?
Or se delivre d'un enfant
        Masle.
Il crie et brait plus d'un rasle :
      Hersanz lo leve,
Baigne et conroie et asoeve,
    En dras lo couche,
Tot lo covre, ne mès la boche.
     Richauz acline
Acouchiée est, en la jecine
420   Herselot la sert qui ne fine.
      Plus que lo saut
En vient au Preste qui ne faut :
Sire, dist-ele, Dex vos saut !
     Et vos, ma bele.
Dire vos sai boene novele.
— Et qui est-ce, ma damoisele ?
     Un fil avez.
Taisiez, Hersan, soef parlez,
Je sai moult bien que vos querez,
430   Venez à moi.
Chargié li a tot le conroi,
Puis l'an envoie en secroi.
     Vient à l'ostel,
Descharge soi, vait al viel
     Et au borjois.
Cil li charge jusq'à un mois.
     Or gist Richaut,
De la jecine moult se deut;
Mais ele a tot qanqu'ele veut.
440   Bien li estait;
Et Herselot très bien s'an paist,

Malede est qui malade trait.
Enprès mangier
Porte Herselot à un mostier
Lo fil Richaut por prinseignier
A Saint Germain.
Les marraines et li parrain
Lievent l'anfant à la putain :
Or a lo non de son parrain
    Seignor Sanson.
Hersanz en revint en maison
A tot l'aube.
Or a Richaut sa volanté,
Et Herseloz la sert à gré
De char, de vin et de claré
    Et de peurées,
De fruit, de nieles et d'oblées
    Et de parmainz.
Bien se cotéist en ses bainz,
De tote parz vient li gaainz.
    Richaut se jut,
A grant joie manja et but
Jusqu'au terme que ele dut
    A messe aler.
Ele ot lo vis vermeil et cler,
Moult entant à soi acesmer.
    Fresche color,
Richaut s'acesme au mercor.
    A masse en vont
Mantel a ver, grant coe trait.
N'i a lecheor ne agait,
    Tuit ont mervoille.
Luns à l'autre dit et consoille ;

O el prant ce don s'aparoille.
    Lo vis a bel
O prist-ele si bon mantel?
Et cel chainse ridé novel
    Qui si traïne :
Ele a éu bone gecine.
480 Richaut devenue est meschine
    Par son tripot.
S'ofrandre fait et la messe ot,
Puis s'en repert à Herselot
    Lo pas arriere,
Grant coe trait par la podriere.
Richaut se tint et baude et fiere,
N'i valdroit rien, fait-il, proiere,
    Que nus me croisse :
Sanblant fait q'an ne la conoisse.
490 Richaut les met en grant angoisse,
    Moult les travaille.
Ele soloit f..tre por maaille
Ains que venist del tot à faille,
    Enorgoillir
Se vialt Richaut à engorllir,
Un denier part qui vialt ferir.
    Desus l'anclume.
Or a Richaut mué costume,
Li lechéor en font grant frume ;
500 Ele les esprant et alume
    Par ses blandiz.
Toz les reçoit granz et petiz,
Jà nus n'en ira escondiz ;
Mais el ne puet sofrir les cris
Que li fait Sansonez ses fiz :

Quiert li norrice
Por demener son taelice.
En vient au Preste, si l'antice,
Ne li laira croiz ne calice,
   Se il la croit.
Soixante sax ot par destroit,
Tant, dist-ele qu'ele devoit
   A son enfant.
Au Chevalier en vint corant,
De lui en resache autretant;
   Puis au borjois
Cent sax en sache d'Orlenois.
Jà Richaut no laira ençois
   Qu'il ert où val,
Richaut aura ovré maint mal.
Oïstes mais putain corsal
   Qui si deçoive?
Po sont des homes qui n'en boive,
Et do queque soit reçoive:
   Or a gros neu.
A l'ostel vient, si fait grant feu.
Dame Herselot est queu,
   A grant foison
Et volaille, et venison,
Et claré plus dolz que poison.
Richaut s'entremet de Samson
   Par moult grant cure.
Richaut ot bone noiriture;
Richaut a preste sovant dure
   Qui lo resanble,
Toz li cuers de joie li tranble,
Et chascun jor lo soen li enble.

La Menestrel
Au borjois redit autretel,
540 Et dit au Chevalier viel
Qu'il iere suens.
Moult par est preuz et biax et buens;
Se engenré l'aüst uns Cuens
Ne fust plus biax.
Or a Richaut toz ses aviax
Por Sansonet :
De lui bien vestir s'entremet
Et à toz cez soïe lo met
Qui li ont fait.
550 N'i a si cointe do ele n'ait,
Car trop set d'art.
Richaut lace de totes parz.
Tant crut Sansons qu'il fu granz garz
Par la parole :
Fu Sansonez mis à escole,
Moult ot cler sans,
N'ot si sotil en toz les rans.
Son sautier sot en po de tans,
Chanta deus anz,
560 Voiz ot sor les autres enfanz,
Moult sot et conduiz et sochanz.
Vait à gramaire
En un en sot bon ditié faire :
Con plus aprant, et plus esclaire.
Tant a fait vers
Qu'il en set faire de divers :
N'ot en l'escole si.
Moult bien aprant,
Et li maistres bien i entant,

Por lo grant loier qu'il en prant
570   Del Preste fol.
Tant la Richaut feru el mol
Qu'il la grisset   au col,
   Or est au lange.
Au borjois vialt to chanje,
Et par menace, et par blanje
   Que par proier,
A tant mené lo Chevalier,
Que tot li a fait engagier
   Et terre et feu.
580 Qant Richaut est en icel leu,
   Moult li aconte
Que Sanson sanble fil de Conte :
Car preuz est, isnelemant monte
   Sor son cheval.
Ne dote mont, conbe ne val,
Einz s'essaie con bon vasal,
   Nelui ne crient.
Sire, fait-ele, il t'apartient,
Car moult est fiers et sages,
590 Il est autex conme tu ies.
Moult s'afiche sor les estriers,
   Bien s'ademet.
En cest païs n'a nul vallet
Qui plus sache de Sansonet.
Viex acroit, del suen i met.
   Au borjois dit
Que Sansonet son fil aït,
Del conter fait à grant esploit,
El li dit voir, se il la croit,
600   Ne n'ert pas grief,

Et sa rante metra en brief.
 Ce dit au Preste
Que Sansons est des autres mestre,
Moult aime en escole à estre
 Por plus savoir.
Li danz set bien qu'ele dit voir,
Si li charje tot son avoir.
 Richaut lo prant,
Si s'en conroie richement,
610 Car li garçons pas nes despant.
Qui croit Richaut et qui la fot
 Moult est chaitis,
Or a Richaut ses trois amis
Par son engin fin fussiax mis ;
Et Sansonez a tant apris
 Par son cler sans
Qu'i est dialeticiens.
Lo jeu des dez aprist par tans
 Et lo lechois ;
620 Valantiers vait o les cortois.
Sonez set faire et servantois
 Et rotruanges.
Fame deçoit par ses losanges,
Ses costez lace à longues franges
 Et sa çainture ;
Coetée a sa vestéure,
En lecherie met sa cure :
Chascuns retrait à sa nature.
 Sanson revate,
630 N'i a si roide qu'il n'abate,
Ne si cointe qu'il ne mate ;
 Moult set caraudes,

Les fames fait plus que feu chaudes,
Les plus cointes fait estre baudes
　　Et envoisiées,
Soir soi les fait estre enragiées;
Au bordel en a envoiées
　　Plus d'un millier
Que il a mise au mestier.
640　Moult par les set bien engignier
　　Et bareter.
De si à Bar n'en a son per
　　De lecherié,
Car il li vient d'ancesserie.
Richaut sa mere lo chastie :
Sanson biax fiz, di moi quel vie
　　Tu meneras;
Voiz lo Preste de Saint Thomas,
Moult sera liez s'à lui t'an vas,
650　　Ou au borjois
T'an vas, si changeras a pois;
Ou à dan viel lo cortois
　　Biax fiz, t'an va.
Par Deu, mere, ne ça ne là
　　N'est l'aler preuz :
Car apovréz les avez toz,
Ne puis sofrir malvais de groz.
Richaut s'an rit par de desoz.
　　Sanson fait here,
660　Mais or me dites, bele mere,
Liquex de ces trois est mes père.
　　Biax fis, ne sai,
Car à chascun de trois coplai,
Et à mil autres : pas n'en ai

Envers toi honte.
Fame sor cui tex pueples monte,
Conmant sauroit tenir lo conte
  De ses enfans?
Ne sai de cui conçoit, ne quanz
670 De ses trois va au plus menant,
  Met t'an à chois.
Mere, ne çà ne là ne vois,
En cest païs plus ne n'estois,
  Aler m'en voil,
Jà n'ert prodom dedanz son soil
As riches cors panre escoil
  De cortoisie.
Une messe sai de clergie,
Connoistre voil chevalerie,
680 S'auré les fames
Et les cortoises riches dames.
Moult les metrai encor en brames
  Et en error
Se puis encor del lor
Et par boidie et par amor.
  Richaut s'an rit,
Biax fiz Sanson, que as-tu dit?
Jà sez-tu encor si petit
  De cest tripot?
690 Envers les fames n'en sez mot,
Les fames font tenir por sot.
Mere, cil qui entend et ot
  Ses bons ators,
Set bien de fames les tristors,
Car il descovre bien lor mors
  Et lor nature.

Fiz, cil qui sevent les escriture
Solent amer à demesure ;
  Cil qui plus set,
Aime plus tost et plus tost et
S'il voit chose qui li agrée.
  Cil qui set plus
Est par fame plus tost mis jus
Que cil qui conoissent les us
  Qui que s'en gart.
Fame cointe de male part
Si se fait bien ver lo musart
  Et cointe et fiere.
Mere, je sa bien la maniere,
Mainte en ferai encor corsiere ;
  N'i a si cointe
Que je ne face vers moi jointe,
Se je tant faz que l'aie pointe,
  Tot li torrai,
Jà nule rien ne li lairai.
Avoi, Sanson, certes bien sai,
Encor te la reproverai
  Ceste parole :
N'i a si cointe clerc d'escole
Que n'aie mis en ma jaïole
  Et toz raans.
Biax fiz Sanson, si con je pans,
Encor auras perdu lo sans
  Par art de fame ;
Moult crien qu'ele ne se raame.
Il n'a, dist-il, si bele fame
  En cest païs
Qui tant fusse de lui espris,

730 Que j'en poïsse estre à pié mis,
    S'an sui toz fiz.
S'ainsi lo faiz, Samson, con diz,
Don sai-je bien que ies mes fiz.
    Richaut ne fine,
Sansonet aprant et dostrine
Comant doit joer à meschine
Et servir Dame soz cortine :
Estroit la corbe bien, sanz paine,
Soef la baist, vers soi l'estraigne
740   Tant qu'ele l'aint :
Qu'est debonaires, tot jorz vaint :
    Tot dis promete,
Vers fame soit totjorz en dete,
De fol servir bien s'antremete
    De bel parler.
Moult set Richaut de l'art d'amer,
Qui Sansonet vialt dostriner,
    Qui moult en cuide
Sansonez savoir par Ovide.
750 Richaut sa mere li aïde ;
    La nuit séjorne
A sa mere ; qant il ajorne
A pris congié, puis si s'an torne.
    Voit s'an à Cort.
Sansons ne fu ne fox ne lors,
Ançois se fist amer à toz :
    Car il set tant
Que n'en i a petit ne grant
Qui ne li face bel sanblant.
760   Et si ot grace,
Ne lor desplaist chose qu'il face :

Par sa parole les enlace.
Par amistié
Et par angin a porchacié
Sanson don a ahernechié
Son palefroi.
Richement vait à bel conroi,
Bien set parler devant un roi
Et devant Conte

770 Bel et cortoisement sanz honte.
Mar fu qant à enor ne monte,
Mais il ne puet ;
De Richaut sa mere li muet
La nature, qu'il li estuet
Sore et tenir.
Après ne puet i pas venir,
Car del lechors ne puet partir :
Il nel' laïroit
Por trestot l'avoir qu'il avoit :
780 Non feroit-il, qui li donroit
L'anor de Rome.
De lecherie set la some :
En nule Cort
Ne trove ne si lonc ni si cort
Qui tant en sace ;
N'i a nul qu'i taisir ne face.
O qui viegne soe est la place,
Tant set de bordes,
De proverbes et de falordes.
790 Mains a beles, ne plaines, non gordes,
Fames afole.
Voiz a ; bien chante et farin parole,
Bien en porroit tenir escole,

Moult i entant.
Soz ciel n'en a cel instrumant
Don Sansons ne sache grantmant.
Plus set Sansons
Rotruange, conduiz et sons;
Bien set faire les lais Bretons.
800 Si set des dez
Plus que homme de mere nez;
Onques n'en pot estre encienez
En nule guise.
Trestoz ses conpeignons jostise,
Mainz en fait tranbler à l'assise,
Il les despoille.
Englootie a mainte coille,
Car il est forz;
Plusors en a gitié as porz
810 Et as putains puanz et orz
Plus que lanternes.
Onques rien ne perdi en quernes
N'a enbesa n'a deus en ternes,
Totjorz à quines
Endeus des trois bouez ot quines.
Tuit li plusor
Des lecheors en font seignor
Il les esvoille.
Sansons les met en la corboille,
820 Qui mis n'i est, pas ne somoille,
Sansons les bat ;
Jà n'ert si cointes qu'il no mat
Ainz qu'il s'an tort.
Des Londres jusq'as Monz n'a Cort
O Sansons ne voist et sejort.

Sansons est biax ;
A cez citez, à cez chastiax
As fames bastist griés cenbiax,
Tost lor deniers, dras et aniaux,
830   Neant à force.
Un cotel a don les escorce,
    C'est la losange.
Ce est Sansons qui toz nos vange
    Des pautenieres
Qui si se font envers nos fieres :
Plus de mil en a fait corsieres.
    Moult est sauvaje
La meschine que il n'asaje :
As dames fait muer coraje ;
840   Se il s'an poine,
N'i a si cointe qu'il n'enmoine.
Sansons les point jusq'à la vaine,
Il les met en la grant alaine
    Les mal senées,
Plus de sept cens en a menées,
Puis les lait, qant les a robées.
    Sansons a droit,
Si les fames tient en destroit,
Richaut sa mere homes deçoit
850   Et ses alume.
Sansonez les fames enjaingne,
N'en a son per jusc'à Viane
    De bien deçoivre ;
Del Noagre de ci à Coivre
N'aira qui miauz sache deçoivre
    Char de femele.
Sansons set tant de la favele,

Que les plus cointes en apele,
Del jeu
860 Envi lor fait, s'il en a leu.
Sansons n'e a terre ne feu,
Mais des fames quialt lo toneu
Par Alemaingne,
Par Lonbardie et par Bretaigne,
Et as Françoises regaaigne
Aucune chose.
En Engleterre passer ose
Qui de la mer est tote enclose,
Nés en Irlande
870 Font les dames qan qu'i conmande;
Et de ci q'an Inde la grande
A-il esté :
Iluec a-il moult conquesté.
Sor putains a la poesté
Li fiz Richaut :
Cele qui l'escondit s'an diaut.
Sansons est sages,
De totes Corz set les usages;
Entre amanz porte les mesages
880 Cortoisement.
Asanblé en a plus de cent,
Si ne li chaut si sont parant,
Ces espose, c'une n'enprant
Mais qu'il gaaint.
Ce set-il bien qu'en pechié maint,
Mais li deliz do mont lo vaint
Qui moult li plaist.
De ce ce vit, de ce ce paist
Richemant; jà ne cuit qu'il laist

890   Iceste vie.
En volanté m'est que vos die
De ses pechiez une partie
   Des criminaux.
Moines devint à Clervax,
S'ot les blans dras, c'ert moines faux
   Et tot sanz loi
A ses freres manti sa foi,
Fuit s'an, s'enmena o soi
   Un cheval sor,
900 Si enporta tot lo tresor,
Croiz, calices d'argent et d'or :
   Li fox, li ivres
Bien enporta soixante livres,
   Car grant despense
Moine Sanson, qu'il ne s'asanse,
De fuir tant ne se panse,
   Mais despensant
Partot ravist, par tot despant.
Maint cuer a fait triste et dolant
910   L'aingin Sanson :
Jusqu'au flun Jordain n'a maison
Ne covant de religion
   O n'ait pris ordre :
Qant lui plaist, bien s'an set estordre,
Mais il vialt ainz ses freres mordre :
   Trestoz les robe.
Pechié ne dote, ne porbre
Toz les vaint Sansons par sa lobe.
   Il devint prestes :
920 Sacrez fu, ce dit, à Vincestre.
A ces nonains dist qu'il vialt estre

Lor Chapelains ;
Mar lo créirent les nonains,
Car les plusor en fist putains,
Puis les roba.
Tant a alé et ça et là
Que plus de cent en afola.
Une abéesse
En amena grosse et espesse,
930 Puis devint-ele jugleresse.
Sanson enchante
Trestotes celes o il ante.
I f..t la niece et puis la tante,
Puis les serors,
A droit lo fait et à rebors.
De sor toz autres lecheors
Iert-il lechieres ;
Sor eles a esté trechieres
Plus que gorpille
940 Qui par engin prant la cornille.
Sanson art fames et essille ;
La mere f... et puis la fille
Et les coisines.
Sanson les f... totes sovines,
Les genoz lor met as poitrines :
Il croist en coste,
Et a copresse et à søposte ;
Sanson croist bien
A bacher et à pissechien.
950 Plus set Sansons,
Car il les croist à estupons.
Pardonez nos s'ansi parlons
Vos qui entandez nos raisons,

Tex est l'estoire,
N'en volon oster ne acroire :
De bien croistre ot Sanson gloire,
Et pris et los.
Maintes en monta sor les dos
A cui il fist croistre les os ;
960 Onques Sansons n'ot repos
De lecherie.
D'angigner ot il la maîtrie,
Toz les vainqui de lecherie.
Sansons set tot,
Une estorce set et un bot,
N'i a putain se il la f...
Qanque li face dire trop
D'el que de boche.
Mal ait Sansons qui si les toche.
970 Cele robe avec cui coche
En recelée.
Mainte en aura ensi menée,
Et qant ce vint à l'ajornée
Trovoit sovine.
Cel jor l'estovoit estre an mue,
Ne se demonstroit pas en rue.
Trop set Sansons qui si treslue
Et qui si enble
A totes celes où asanble.
980 Richaut sa mere bien resanble
Qu'il fu ses fiz.
Ainz Sansons ne fu escharniz
Fors par Richaut la meretriz :
Seignor, oez
Conmant Sansons fu enganez,

Bien lo sai dire.
Sansons qui des fames est sire,
Set anz o plus fu en Sezille.
Puis s'an avança vers S. Gile
990   Droit à Tolose
Que li Rois Henris tant golose,
Mainte meschine et mainte espose
    Il fist dolante.
Qant l'estre plus ne li talante,
    Vint en Berri
Là o sa mere l'ot norri :
    Véoir la veut :
Cuida fust la o heter sueut,
N'i estoit pas dame Richaut.
1000   Sansons s'an torne
Les chastiex vait en chant a ornée
A Paris vient, iluec sejorne
    Une quinzaine,
Grant joie et grant deduit i moine;
Mainte putain i mist en poine.
    Vient à Biauvez,
Iloques tient Richaut ses plaiz.
Qant Sansons vint, moult fu destroiz
    Des citeuins,
1010 Tuit li demandent s'il est sains.
Sa guere quiault vers les putains.
    Richaut lo voit,
A lui est venue tot droit :
    El lo salue.
Il li rant, mais ne se remue,
Sansons ne l'a pas conéue,
Car douze anz a ne l'ot véue.

Richaut se rit
Des deduiz que faire li vit.
1020　　A soi méismes panse et dit :
Si m'aït Dex,
De nos deus est li plus cruex,
O je vers ome, o li vers fames,
Car mout semes
Saje de l'art.
Sansonet escot et esgart
En cel carrage.
Richaut n'atant plus, ainz s'aproche,
Vient à l'ostel.
1030　　Herselot trova la lael,
Tote jor n'antandoit à el,
Fors au panser
Conmant porroit Sanson gaber
Et engigner.
Richaut fait Herselot baignier,
Au col li mist bon mantel chier,
D'orfrois li lace
Les deus costez, et entre brace.
De blanchet li poyoit la face
1040　　Et lo menton;
El vis asist lo vermillon
De sor lo blanc,
Por ce que del natural sanc
Po i avoit.
Hersanz part bele, pas n'estoit,
Ainz ert boschiée.
Richaut se haste ainz que s'an chiée
Cele color :
Bien sanble fille de contor.

1050 Par li ert Sansons en error,
Se Richaut puet :
Cointemant ovrer lor estuet.
Richaut o Herselot s'esmuet,
Vont s'an lo pas
De l'autre part chiés dan Thomas,
Un riche marchéant de dras.
Une béasse
Avoit en la maison moult grasse
Qui de tripot sot une masse :
1060 Richaut l'apele,
Parlez à moi, ma damoisele,
Dire vos sai bone novele,
Or de l'aidier ;
Se tu viax avoir bon loier,
Monte laissus en cel solier
O Herselot,
Que vostre gent n'en sache mot,
Tout li a conté lo tripot :
Or monte sus.
1070 Richaut s'an ist, ne tarda plus.
Ensi con ele issoit de l'ius
De la maison,
Garde, si voit venir Sanson,
Encontre l'a mist la raison.
Tint soi moult simple,
Qu'il ne saünté mist sa guinple
Sor son viaire.
Primes parole por atraire,
Après, soef, por miaux atraire,
1080 Sansons n'ies pas, par S. Alaire,
Frans, ne cortois, ne debonaire,

Por noiant te vantes
Q'antremetre te sez de tantes,
N'a moi ne viens, n'a moi ne antes :
Moult par fais mal.
Jà tant n'iras n'amont n'aval
Que tu vieignes à mon ostal,
Sansons vien i.
Il n'est pas loin, voiz lo le ci :
1090 La moie foi, Sansons t'afi,
Se vialx do mien.
Jà ne voldras icele rien
Que tu n'aies, car je t'ain bien.
Amis Sansons, avec moi vien.
Sansons l'antant,
Bien aperçoit qu'ele li mant,
Et sel' trais à decevement,
Ne l'araisone :
Haï, quel nonain et quel moine!
1100 Moult set chascuns de faloine
Et de boidie.
Sansons li dist à voiz serie :
Comant avez vos non, amie?
Amis, an m'apele Florie.
Florie ! bele,
Benoiete soit tex damoisele
Qui son ami enssin apele!
Merciz et grez
Del bel apel que fait m'avez;
1110 Jà dites vos que vos m'amez,
Et je ain vos.
Sansons garda li aurillox;
Amont à la fenestre,

Vit Herselot à la fenestre :
Florie, dit por Saint Silvestre,
  Qui est cela ?
Voiz quel cors et quel vis ele a.
Où ? dist Richaut, ce n'a mestier,
C'est la fille à un chevalier
1120 Prou et cortois,
Qui l'a mise chiés un borjois
Qui l'aprant à ovrer orfrois
  Avec sa fille.
Sanson d'angoisse frecille ;
Or ne se prise une corquille
  S'il ne se leve.
Florie bele, car te leve.
Vers cui ? vers moi, qu'ele me seve
  Et qu'ele m'aint.
1130 Ostez, dist-ele, à rien n'ataint,
De lui aidier Richaut se faint.
S'amor, dit-il, lo cuer m'estraint
  Desoz l'aissele ;
De si qu'à Rome n'a si bele,
Non, de si qu'as porz de bordele.
Florie, va, del jeu l'apés,
Se tant fais que mete ma sele,
  Je sui tes hom,
Si pran del main tot à bandon.
1140 Richant en vait en la maison
  Faire proiere :
Trestot dit à la chamberière,
Con lo feront, en que maniere.
A Sansons s'an revait arriere :
  Po de chose

Avez rien fait? oïl. Quel chose?
Vaincue l'ai la flor de rose,
Mais moult par sui herdie et ose
 Que ç'ai enpris.
1150 Par la foi que doi Saint Denis,
Trestot l'avoir de cest païs
 Ne me garroit,
Se li Chevaliers lo savoit,
Que n'aüsse de mort destroit.
 Moult sui desvée,
Moie corpe malaürée
Je ai la meschine enjannée,
 Mais or t'an va,
S'anprès à vespres revien ça,
1160 Car, se je puis, ele i vanra
 Hastivement;
Mais il est moult de haute jant,
Si convient bel atornement:
Là où si riche rien descent
Auroies tu nes point d'argent?
 Sansonez l'ot,
Bien aperçoit qu'ele l'anclot,
Puisque do suen vialt faire escot
 Mais lui sovient
1170 Qu'il ne done ce que chier tient
A ce qu'il aime, à poine vient.
 Sansons foloie,
Cinc sax li done de monoie,
Et cele dit que plus acroie,
 S'an a mestier,
Il sora tot au repairier.
Sansons la cuide engignier,

Et ele Sanson.
Richaut a receu son don
1180   Par ton tenant;
Herseloz trait son vis avant,
Si li a fait un bel sanblant.
Richaut la cine de son gant,
    El se retrait.
Amis Sanson, tu as ton plait,
Va, si revient. Sanson s'an vait.
    Richaut remaint,
Del couroi faire ne se faint,
Del autrui en a-el fait maint
1190   Des biax acors.
Et Richaut quiert set lecheors
Qui li venissent à secors
    D'un home prandre :
Tot lor tripot lor fait entandre,
    Tot lor aprant,
Qant il vanra celéemant
    A la meschine,
Tot lo despoillent par ravine,
Nes tochent d'espée acerine
1200   Ne de baston,
Qar bien savoit que c'est Sanson
    Ses fiz,
Qui ainz ne pot estre escherniz
Gaber lo vialt la meretriz.
    Ci li otroient,
Car si detor trestuit estoient,
A l'ostel liée l'an envoie.
    Richaut repaire,
Vient à l'ostel, lo feu esclaire,

1210 Jons et flors espandre par l'aire,
   Et li jors faut.
Ez-vos Sanson en l'ostel saut,
Qui moult estoit et liez et baut.
Florie, fait-il, Dex vos saut,
   Li Fiz Marie !
Sanson, Dex te benéie.
Don n'est encor venue m'amie ?
   Nenil, amis,
Que diz ? Sanson trop ies hastis,
1220 Encor ne puet, n'est mie asis.
   Ez vos Hersant.
Sansonez par la main la prant.
La pute tranble dant à dant.
   Avoi ! Florie,
Avez me vos donques traïe ?
Sanson li dist, nenil, amie,
   Nenil, ma bele,
Mais vostre amor moult me favele.
Li cuers m'estraint de soz l'aissele
1230   Por vostre amor,
Se je par vos n'en ai retor,
Jà n'aura mais joie nul jor.
   Et Herselot
Li respont au miauz qu'ele sot,
Plore et sangle mot à mot,
   Tot par faintie.
Florie, mal as esplotie
Qui à Sanson m'as acointie;
Mais or li otroi m'amistie
1240   Par vostre lox.
Herdic sui qant faire l'ox,

Moult par sui fole.
Dit Richaut, jà n'en iert parole.
Et Sansons la baise et acole,
Et ele plore.
El haster Sanson se demore
Mais del f..tre estoit tans et ore
Jà li feist
Se Herseloz li consantist ;
1250 Mais el tressant, tranble et fremist
Con s'el fust chaste.
Richaut qui tot prant et tot gaste,
La table a mise,
Les Sanson s'est Hersant assise,
Des més mangerent à devise
Et burent moult
De bon vin ferré et estolt.
Herselot avoit cler lo volt
A la chandoille :
1260 La face avoit clere et vermoille,
Par que ce soit une mervoille
Del vermeillon.
Après mangier la prist Sanson,
Si l'anmoine, o voille, o non ;
El lit l'estant
Les dras li lieve. El se desfant
Por les lecheors qu'ele atant ;
Si estoit ele nequedant
En grant engoisse
1270 Del' reçoivre plus que n'est moisse.
A deslacer Sansons s'esloisse,
Par le peignil qui sanble moisse,
Li mist l'outil,

Car la pute tot son penïl,
Dès qu'il s'ahurte au dusil,
 Au corz abrive.
Il n'i trova ne fonz ne rive
Plus qu'i féist en une huie.
 Sanson s'esmaie,
1280 Arriere saut, si se desraie.
Ahi, dist-il, pute fresaie,
 Escharni m'as ;
Mauvais serai s'ensi t'an vas,
Einçois me laisseras tes dras :
Certes jà ne m'an gaberas.
 Il lieve sus,
Et Herselot lo retrait jus.
Ez vos les lechéors à l'ius,
 Traient les branz.
1290 Que féist un encontre tanz ?
Ne vos movez, dit li plus granz :
 I l'ont saisi.
Ce dit Richaut, seignor, merci
Por quoi l'avez si asailli ?
 Ce est folie.
Li uns respont: Florie,
Nostre parante avez honie,
Et vos et il perdroiz la vie.
 Moult lo menacent,
1300 Lo mantel del col li delacent,
 Tot lo despoillent :
Ne li font mal don il se doille.
Sanson crient que mort ne recoille,
 Demande lor :
Por coi me honissiez ? Seignor,

Ce dit li uns, por ma seror
Que avez traite à desenor.
Richaut lor prie par amor
 Qu'il ne l'ocient;
1310 Et cil ne font mais que s'an rient.
 Plegiez lo moi,
Ce dit Richaut; desor ma foi
Di li plus maistres, je l'otroi.
 Or est plegiez,
En la maison se gist toz liez.

CI FENIT DE RICHAUT.

LI DIS DE LE VESCIE A PRESTRE,

PAR JAKES DE BASIU.

En lieu de fable vos dirai
Un voirs ensi k'oï dire ai,
D'un prestre hi astoit manans
Deleis Anwiers : li remanans
Estoit mult biaus de son avoir,
Car plains estoit de grant savoir,
Si n'avoit pas tot despendut,
A amassier avoit tendut.
S'estoit riches hons et moblés,
10   Buez et vaches, brebis et blées
Avoit tant c'on n'en savoit conte;
Mais li mors qui roi, duc ne conte
N'espargne, l'ot par son message
Somont al naturel passage.
Entropikes ert devenus,
De nul home n'estoit tenus
Ki li promesist longe vie.
Li prestes qui out grant envie
De bien morir et justement,
20   Manda tost et isnelement
Son doiien et toz ses amis,
Son avoir entre lor main mis
Por donner et por departir

Cant ilh verront que departir,
De son cors estovra l'ame.
Jowel, cossin, pot, ne escame,
Cuete, tuelle, neiz une nape,
Brebis, moutons, buef, ne sa chape
Ne li remaint que tot ne donne,
30 Et nome chasconne persone
A cui ilh wet c'on doinst ses chozes
Descovertes, non pas closes
Lettres saeler et escrire
En fist, que ne le vos puis dire
Plus briement; quant qu'il avoit
Il dona tot quant qu'il savoit
Con chil qui n'avoit esperance
D'avoir de son mal aligance,
Car sa maladie ert amere.
40 Atant se sont d'Anwier dui frere
De Saint Jake issu por prechier,
Qui mult se wellent estachier
Cant aucun desviiet ravoient.
Cele part tot droit ont lor voie,
Si sunt chil le prestre venus,
I estre quidarent retenus
Al mangier, à joie et à feste
. . . . (*)
Si c'autrefois esté i furent;
50 Mais ne mangierent ne ne burent,
Car malade ont trové le prestre.
Nonporquant li ont de son estre
Demandé et de son afaire.

(*) Il manque un vers ici.

Ses mains manient, son viaire,
Ses piés, ses jambes regarderent,
Et tot son cors mult bien tansterent,
Si lor sembla bien par droiture
C'awoir ne poist de son mal cure,
K'i ne l'en coviengne morir.
60 Trop lonc tans l'a laisié norrir,
Si n'est pas legiers à curer ;
Mais desir nos covient curer,
Dist l'uns à l'autre, c'est passé,
Ke del avoir k'a amassé
Doinst à nostre maison vingt livres,
A le por refaire nos livres ;
Se nos le poons ensi faire
A nos prius devera plaire,
Et si en seront liet no frère.
70 Vos dites voir par Dieu, no pere;
Frere Lowis, or i parra
Liqueis miez à lui parlera,
Et mostrera nostre besongne.
Al prestre qui out grant esoingne
De maladie ont dit sans faille :
Sire, chis maus mult vos travaille,
Vos nos sembleis mult agreveis,
De vostre ame penser deveis;
Doneis por Dieu de vostre avoir.
80 Dist li prestes, ne puis savoir
K'aie caché sortout ne cote,
Neis les linchnes à coi me frote
Ke tout n'aie por Deu doné.
Coment aveis vos ordené,
Dient li fere, vos besongne?

Li escriture nos temongne
C'on doit garder à cui on done,
S'enploiiet est à la persone
A cui on wet aumone faire.
90 Li prestes respont sans contraire :
J'ai à mes povres parentiaus
Doné brebis, vaces et viaus,
Et as povres de cele vilhe
Ai doné ausi, par Saint Gilhe,
De bleis qui vaut plus de dis livres,
Por ce ke je soie delivres
De ce ke j'ai envers iaus mespris,
Car en toz iaus mon vivre ai pris.
Si ai doné as orfenines,
100 A orfenins et à beguines,
Et à gens de povre puisance,
Et si ai laisiet por pitance
Cent souz as freres des cordeles.
Ces amuenes se sunt mult beles,
Et as freres de no maison
Aveis-vos fait nule raison?
Ce dient li doi frere al prestre.
Nai voir. Ce conment puet estre ?
En maison a tant de preudomes;
110 Et à vos prochain voisien somes,
Et si vivons mult sobrement;
Vos ne moreis pas justement
Se del vostre ne nos laiiés.
Li prestes trestous esmaiés
Respont : par les celz de ma teste
A doner n'ai ne bleif ne beste,
Or, ne argent, chanap ne cope.

Chascons des freres li rencope
Et li mostre, par exemplaire,
120 K'ilh puet bien un de ses dons retraire
Et rapeler por iaus doner.
No nos vorimes mult pener
Ke vostre ame fust adrechie,
Car chaiens a esté drechie
Soventes fois bien notre escuele,
Et li amuene si est biele
Ki est à nostre maison mise.
Nos no vestons nulle chemise
Et si vivomes en pitance :
130 Ce sache Diex, por la valhance
De vostre argent nel' disons mie.
Li preste l'ot, si s'en gramie,
Et pense qu'il s'en vengera,
S'ilh puet, et qu'il les trufera :
Mar le vont or si près tenant.
As freres respont maintenant :
Appenseis sui, doner nos welh
Un Jowel ke mult amer suel,
Et aime encore par Sains Piere;
140 Je n'ai chose gaires plus chiere,
Milh mars d'argent n'en prenderoie,
Et se je bien haitiés estoie,
Je n'en voroi mies avoir
Deus cens marchies d'autre avoir.
Diez vos a chaiens asseneïs,
Vostre prieus me ramineis,
Si vos en ferai conissanche
Ains que de vie aie faillance.
Li frere, sans duel et sans ire,

150 Ont respondut, Diex le vos mire;
Cant voleis-vos que revenons,
Et nostre prieuz ramenrons?
Demain, je sui où diex plaisir,
Vo premesse deveis saisir
Ains que je trop aggreveis soie.
Atant ont acuelli lor voie
Li frere : à Anwier sont venu,
Si ont lor chapitre tenu,
Chascons s'aventure raconte.
160 Mais chil n'ont cure de lonc conte,
Ains ont dit haut en audience,
Faites venir bone pitance,
Deux cens libvres gaangniet avons
A un prestre ke nos savons
Malade chi a une vilhe.
Frere Nichole et frere Gilhe,
Frere Guilhiame et frere Ansiaus
Vinrent oïr ces mos nouviauz
Ki mult forment lor abelissent.
170 De ces grans poisons mander fisent,
Viez vin novel, fions et pasteis,
Chil grans mangier fu mult hasteis.
Chascuns de lui bien aisier pense,
Ne burent pas vin de despense,
De boire et de mangier bien s'aisent,
Por le prestre le hanap baisent
Ki le jowel lor ot promis.
Cant en lor testes orent mis
De ce bon vin, grant feste fisent,
180 Lor cloches sovent en bondissent
Ausi con ilh i awist cor sain.

N'i a voisin qui ne se saint,
Et se merveillent qu'il avoient.
Qui miez miés as preschers s'avoient
Por la grant merveilhe esgarder.
Nus d'iauz ne se savoit garder
De mener vie deshoneste,
Car chascons a ferre la reste
De bon vin et de lor pitance.
190 A lor diverse contenance
Et al maintieng et à lor estre
Semblerent bien hors de sens estre.
Chascons Ki les voit, s'en merveilhe,
Et frere Lowis s'aparailhe
De demander con faitement
Il poroient plus sagement
Al prestre querre lor promesse.
Demain anchois c'on chante messe
Se fera bon metre à la voie ;
200 Dist chascons, se Jhesu m'avoie,
Anchois ke li mors le sorprengne,
Si conment ke la choze preugne,
De no don aions conissance :
Nos i arons mainte pitance,
Si s'en doit-on mult bien pener.
Frere Lowis : lesqueis miner
I voreis-vos, or le nos dites.
Frere Guilhiames li ermites
En venra, et frere Nicole,
210 Bien savons dire la parole,
Et si venra frere Robiers,
Çaiens n'a ni sage convers,
Si portera no breviaire ;

De no prieus n'avons ke faire.
Ensi ont le plait orriiet.
Lendemain se son avoiiet
Tot droit vers la maison le preste,
Jà n'i cuidierent à tans estre;
Mais ans ke li jors fut passeis
220 Amassent ilh miex estre asseis
A Anwiers dedens lor maison.
Atant ont le prestre à raison
Mis, et de Deu l'ont salué,
Puis demandent s'il a mué
Son mal en nul aligement.
Li prestes mult très sagement
Lors dist : bien soiiés vos venu :
Je n'ai mie desconéu
La don ke promis vos avoie,
230 Encors en sui-je bien en voie :
Faites les eschevins venir,
Et le maieur, si k'au venir
Ne vos en puist nule grevance;
Devant iaus la reconissance
Mult volentiers vos en ferai,
Et la chose vos nomerai
Et vo dirai ù ele ert prise.
Entrués ke li prestes devise
Frere Robers a tant pené,
240 K'ilh a le maieur aminé
Et toz les eschevins ensemble.
Li quatre frere, ce me samble,
Les ont hautement benvigniés.
Li prestres qui fu ensigniés,
Si a parlé promièrement,

Et lor a dit si faitement :
Sangnor, vos estes mi ami,
Por Dieu, or entendeis à mï.
Frere Lowis, frere Symons
250 Vinrent ier chi faire sermons
K'ilh me cuidoient en santé;
Mais Dieu par sa grasce a planté
En moi maladie si grieve,
C'aparant est ke mais m'en lieve.
Il me virent et esgarderent,
Et après si me demanderent
Se j'avoie pensé de m'ame,
Et je lor dis par nostre Dame
Ke j'avoie trestot donet.
260 Ilh demanderent s'ordiné
A lor maison riens née avoie.
Et je dis non. Se Diex m'avoie
Il ne m'en estoit sovenu.
Or estoient trop tart venu,
Je n'avoie mais que doner.
Non, dissent ilh, trop mal mené
Vos voi, mavaisement moreis
S'en cestui propoz demoreis,
Se vos ne nos doneis del vostre :
270 Et je, par sainte patenostre
Ne welh pas morir malement,
Si ai pensé si longement
K'apenseis me sui d'une coze
Ke j'ai en mon porpris encloze,
Ke j'aime mult et ting mult chiere,
Mais je lor doin en tel manière
K'ilh ne l'aront tant con vivrai,

Car onkes ne le delivrai
En autrui garde qu'en la moie.
280 Sachiés ke durement l'amoie
Et amerai toute ma vie.
Sans convoitise et sans envie
Lor done chi en vo presence,
Et que nus n'i amene tenche.
Dient al prestre li cinc frere,
Dite quel chose c'est, biaz pere.
Volentiers voir : c'est me vesie,
Se vos l'avoiiés bien netoiie,
Miez que de corduan varra
290 Et plus longement vos durra,
Se poreis ens metre vo poivre.
Nos aveis nos çi por dechoivre
Mandeis? fos prestes entesté,
Avoir nos cuidiés ahonteis,
Mais n'en aveis, par Saint Obert;
Bien no teneis or por bobert.
Mais vos, por beste me teneis
Cant les dons que je ai doneis
Me voleis faire recolhir,
300 Bien me faites le sanc bolir,
Ki voleis que je le rapiele;
Bien vo di que pot ne paele,
Ne riens née à doner n'avoie.
Or me voleis metre en tel voie
K'en vos soit miex l'amouene afise
K'en liew ù je l'ewise mise,
Por ce que de tos melhor estes.
Li Jacobin baisent les testes,
Si se sunt retorné arriere

310 Vers lor maison à triste chiere ;
Et tot chil qui là demorerent
De ris en aise se pamerent
Por la trufe de la vesie
Que li prestes ot tant prisie.
As Jacobiens qui bien en burent
Et mangierent, ot en rechurent
De vin et de poissons pitance
Jakes de Baisiw sans dotance
L'a de nex en romant rimée
320 Por la trufe qu'il a amée.

DES TROIS CHEVALIERS
ET DEL CHAINSE,

PAR JAKES DE BASIU.

Par bon semblant et par bel dire
Sevent acun frelon plain d'ire
Autrui soprendre et dechivoir,
Et cant ilh sevent de ce voir
Dont ilh sont de savoir engrant;
Mais n'aront rien, s'aront en grant
Anuit, et en grant deshonor
Mis, chis cui offroient honor.
Por ce ne seit-on mais cui croire,
10 Que li faus ne welent recroire
De lor traison porchachier,
Les loiaus font fi des chachier,
Ains qu'il soient de riens créu,
Ke teil travalh lor sont créu
Qu'il n'ont repos, ne jor, ne eure
De pener à ce K'al deseure
Puise lor loialté monter,
Si con fist chil dont velh conter.
Ilh avint c'une gentis dame,
20 N'avoit plus bele en un roiaume,
Ne plus large, ne plus cortoise;

Contesse n'estoit ne duchoise,
Mais ele estoit de haut parage,
Prise l'avoit par mariage
Uns bachelers de bone afaire.
Laiens avoit mult grant repaire
De chevaliers, car riches ere,
Cortois et larges à despendre.
Il n'estoit mie tornoyeres,
30 Mais ilh estoit bons herbegieres :
En grans mangiers et en grans dons
Despendoit le sien li prendons,
De ses voisins avoit bon pris :
En cele marche avoit pris
Et criet un tornoiement.
Laiens prisent herbegement
Troi chevalier qui i aloient :
D'amis et d'avoir mult valoient
Li dui, et ausi de prouece,
40 Mais li tiers n'ot pas grant richece;
De certe n'avoit k'au tornois
Douz cens livrées, ne tornois
Ne li eschapoit qu'il n'i fust.
Il ne cremoit acier ne fust
Cant ilh avoit la teste armée.
Tot troi ont la dame enamée,
U ilh l'ont fausement proyée.
La dame s'amor otroyée
N'a à nul d'iaus, ne escondite :
50 Nonporcant mainte raison dite
Li a li plus riches des trois,
Por s'amor se fait mult destrois,
Lui et son pooir li presente :

Ha, dist-ilh, duce dame gente,
Mon cuer, mon cors, ma mort, ma vie
Sor vos voloir n'aroi envie
De moi greffre lessier sechier,
Mors sui, et se, dame, se chier
Ne m'aveis tant ke m'amor prendre
60 Welhiés sans vostre au mains rendre,
Car vostre amur ne requier mie,
Petit vail por avoir amie
Si bele, si bone et si sage.
Dame, humiliiés vo corage
Tant qu'ensi soie rechéus ;
Por vos serai si prens véus
K'en cortoisie et en largece
Florirai, et en grant proéche,
Si à vos sui par votre amis.
70 Chascons des autres deuz a mis
Son cuer, sa pensée et s'entente
Au faire proyere ausi gente ;
Al miez qu'il sorent l'ont requise.
Et la dame fu si aprise
Ke sagement s'en departi.
Au matin sont d'iluec parti ;
Car lendemain dut tornois estre.
A son hostel et à son estre
Ala chascons teil qu'il l'avoit.
80 La dame ki asseis savoit
De bien, un sien blanc chanse a pris,
A son escuier bien apris
En cui avoit mult grant fianche,
A fait do chanse delivrance,
Et li dist k'al tornoi en voise

Purement, et sans faire noise
A cel chevalier le me livre,
Et li noma. Di lui se vivre
Wet, si qu'il dist, en mon service,
90　Demain veste cest chanse riche
Al tornoi, sans autre arméure
For son hiame, et chachéure
De fer, et espée et escut.
Si le prent, et ilh l'a vestut,
Al tornoi ensi faitement,
Retorne à moi isnelement;
S'il ne le prent, va à celui,
Son nom li dist : di li que lui
Envoie cest chanse, en tel guise
100　Ke je à cestui te devise.
S'il nel' rechoit, al tiers le porte,
C'est chil qui parla à la porte
Huymain à toi derrainement,
De par moi di li ensement
K'aus autres dous t'ai rové dire.
Chil prent le chanse, atant s'atire,
Vers le tornoi acuet sa voie,
Celui le balhe ù on le voie,
Sens mesprendre dist son message.
110　Li bachelers rechut le gage
Et dist k'al tornoi s'en parra,
Tant fra d'armes c'on en parra
Por l'amor de sa dame chiere.
Un poi après baisant la chiere,
Entre ses conpagnons repaire,
Paors li palist son viaire,
Tant crient la jornée et resongne :

Proeche li dist et tesmogne
C'on ne doit pas avoir sans paine
120 Amor de dame soveraine :
Amurs de fauseté l'escuse
Cant le voloir celui renfuse
A cui si amis se faisoit,
S'il rent le chanse ilh mesfaisoit.
Paors le revient assaillir
Et li dist k'à l'amor faillir
Le covient, conment qu'il en prengne
S'il avient ke le chanse prengne,
Mors est ; si à l'amur fara,
130 Nel' prende pas miés li venra
Qu'ilh vive et à amie failhe.
Ensi est ses cuers en bataille,
Et ne seit u laisier, u faire.
En la fin paors tant le maire
Ke le chanse al valet rendi.
Al secunt chevalier tendi
Li escuiers la main, et donne
Si que ne s'en perchut personne.
En teil guise et en teil maniere
140 Le rechut et renvoie arriere
Ke chil devant le renvoia.
L'escuier le chanse ploia,
Al tiers chevaliers est venus
Et li offre. Là retenus
Est li chanses mult liement,
Et dist ke le conmandement
La dame volentiers fera :
De chanse miex armeis sera
Ke de nul arme qu'il avoit.

150 Son palefroit, dont plus n'avoit,
Done à l'escuier, et li rueve
Ke lués u ilh sa dame trueve,
Ke de par lui grasces li rende
Do bel don, et qu'ele en gré prende
Ce qu'il pora d'armes ens faire.
La nuis s'en va, li jors esclaire,
Hiraut crient, lachiés, lachiés;
Li chanses estoit enbrachiés
Do bacheler estroitement,
160 Baisiet l'avoit mult dolcement
Plus de milhe foies la nuit,
Et dist bien anchois qu'il anuit
Fera ens d'armes tel jornée
C'onques ne fu à nul jor née
Dame por cui tele fuist faite.
Mult s'esjoïst et se rehaite
Et loie amors quant tant l'oneure.
Coardise en cui paurs meure
Li ramentoit d'achiers les brans
170 Dont il aura trenchiés les flans.
Des espales et des costeis
Onques mais ne rechut toz tez
Bachelers con rechiveras,
Ta proeche deceveras
Por la biele et por truferie:
Morte est la char, t'ame perie,
Dieu et le siecle pers ensamble.
Toute la chars fremist et tramble
De ce ke paür li raconte;
180 Mais ses cuers noiant n'i raconte
A cui coute riens la besongne:

Amors li dist et li tesmogne
K'al chanse vestir aquerra
Tel joie qu'autre ne querra;
Ele li mostre conpangnie
De bele dame et d'ensengnie,
Duz regars, acolers, biaz rires,
Et baisiers ki n'est pas li pires,
Sage parler et enbrachier
Si en doit faire sa char achier
190 Por tant de desduis rechivoir.
Or perchoit ilh que decevoir
Le wet paür et coardise.
D'autre part proeche l'atïse
Et li dist qu'ensi astoit
Ke ilh le chanse ne vestoit
C'à blame ne li seroit torné,
S'il avoit son cors atorné,
Si k'avoir ne péust grevance
200 Por cop d'espée ne de lance,
Petit pris d'armes doit aquerre;
Mais s'il est en pieche de terre
Mal montés, à pou d'arméures,
Et il ose colées dures
Rechivoir et à son pooir rendre
. . . . (*)
Autrui, por ce ne pert-ilh mie
Pars d'armes, ne grasce d'amie,
Et si jugor jugent droiture.
210 Ensi proeche l'asséure
Et de bien faire li enorte.

(*) Il manque un vers ici.

Amors l'enhardist et conforte
Tant ke del chanse li changiers
Al plus treffort haubert dangiers
Ne li plairoit, et si seiust
K'a sa dame ausi bien pleiust
Ke le chanse avoir vestu
Trop a alarmes arestu,
Ce li samble, les chauce lace.
220 L'espée chaint, l'escut enbrache,
Monte à cheval, son elme a prise,
Por pou ke ses estriers ne brise,
Si s'afiche sus à l'esmuevre,
Por sa dame tel cuer recuevre
K'ilh ne crient mort ne blecéure,
Vers son content tot l'ambléure
S'en va en l'escut enbuisies
Ses contraires a si buisies
Al branc d'achiet, et tant malhies
230 Ke lor escus a detalheis,
Lors habiers ros et enbareis
Lors hiames, et ja ert debarreis
Ses chauses, et mult depechiés
Et s'ert ses cors forment blechiés.
Maïs li cuers noient ne s'enmaie,
Il ne sent angoise de plaie
Ki li seit à l'espée faite.
Tout adés a la main entaite
De lui al branc asséurer.
240 Se ses cors pewist endurer
Ce que li cuers oisaist emprendre
Tous les covenist à lui rendre.
Adés est en la plus grant presse

De cos mengiers son chanse anesse
Et d'autrui armes paist s'espée.
Tant a le char par lius copée
Ke tous li chanses en sanc bangne,
Chascons ki l'aperchoit l'espargne,
Mais ce n'est pas par son voloir;
250 Ce li fait plus le cuer doloir
K'il ne trueve ki sor lui fiere,
Ke de ses plaies la haschiere.
De content en content s'acointe
Adés li membre de sa cointe
Ki le chanse li ot tramis,
Bien s'est maintenus con amis.
Tant fu ferus et tant feri
Que mult de sa force peri.
Por tot le tornoi l'aventure
260 Conoist-on qu'il n'a arméure
Fors ke le chanse seulement.
En trente liés crueusement
Fu navreis, mais ne recroit mie,
Toute jor maintient l'eskermie
Tant ke li tornois fu espars.
On li done, de totes pars,
Le pris do tornoi, et en voie
Chascuns al hosté le convoie.
Il fait ses plaies remuer,
270 Por mal qu'il ait ne puet muer
Ke ce chanse garder ne face;
Tout ensi ne wet oster tache,
Ne le donroit por tot à perdre,
Ce jure ilh par le Roi celestre.
Chascuns ki l'ot, mult s'en merveille.

Li escuiers soi r'apareilhe
Ki le chanse avoit aporté,
A sa dame a mult enorté
K'ele pense do chevalier
280 Ki por s'amor est contalhiés
Tant qu'il a del tornoi le pris;
Mais tant a le cors entrepris
De plaies ke niens est de vie.
. . . . (*)
Je serai de sa mort copable,
Il a miés fait son dit estauble
Ke li autre dui qui plus dissent.
Dame, fait chil, le chanse prisent,
Mais ne l'oserent retenir.
290 L'escuier fait sovent venir
La dame al chevalier playet,
Tout son despens li a payet,
Et son amur li a donée.
Chis dons a la plaie sanée
Al chevalier qui plus li grieve,
Por un petit qu'il ne se lieve,
Contre le duch cop désiré.
Li autre dui sont mult iré
Cant ilh le chanse refuserent,
300 En lor cuer forment s'en blamerent,
Non pas por tot, por le damage
De l'amor de la dame sage,
Mais por ce ke mains sont hardis
Ke chil qui del prendre enhardi,
Chascons se tient à engeneis.

(*) Il manque un vers ici.

Li bachelers fu près saneis,
Des plaies k'al tornoi a prises.
Li maris à la dame aprises
Avoir beles cors à tenir,
310 Encor les voloit maintenir,
Car pas n'iert apovris d'avoir.
Il li prent volenteis d'avoir
Sor son fiez et sor ses tenures
Festes de jostes d'aventures.
Tant porcacha qu'eles i furent
Toutes planieres, huit jors durent.
Après i out tornoiement,
Là out donné maint parement
Et maint mangier cortois et riche.
Li bacheler n'ot pas euer niche
320 Ki à la dame estoit maris,
Largece amoit plus ke Paris
N'amaist onkes nul jor Helaine;
Cort tint ki ne fu pas vilaine;
Tot chil qui vorent i mangierent
Et orent quant qu'il sohaidierent
Tant ke por boire et por manger.
La feme al seignor del manger
Servi, o li mainte puceles.
330 Li chevaliers plaiiés noveles
Sout ke la dame sert à table
A sa cort ki est honerable :
Son chanse errament li renvoie
Por son escuier et li proie
Ke por l'amur de li le veste,
Cant k'ele ait servi à sa feste
Desore toz sez paremens,

Ce li ert mult aligemens.
Li escuiiers le chanse a pris,
340 A la dame, con bien apris,
Dist son message sans mesprendre.
La dame tent sa main por prendre
Le chanse ki mult ert solhiés,
Et dist, por ce qu'il est molhiés
Dou sanc à son ami loiaul,
Tient ele à parement loial
Le chanse, car or fins ne pieres
Ne poroient estre si chieres
Ke li sanc dont ilh estoit tains
150 Et dist que le vestiroit ains
K'ele tenist vin ne viande
Puis ke ses duz amis li mande.
Lors l'acole de bon corage,
Après le vestit. Or ne sa-ge
Liqueis d'iaus dous fist plus grand chose
L'uns por l'autre; chascons l'en cose
De trestoz chiaus k'ele a servi,
Et dient qu'ele a deservi
C'on li face grant desonur,
360 Car ele l'a por faire honur
A aucun chevalier vesti.
Il sevent bien trestot cesti
Ke ses sires ne porsuit armes.
Trestot plerent à chaudes larmes
Por ce ke hors del sens le quident.
Cant ont mangié, sa sale wident,
Es gardiens vont esbanoiier.
La dame al chanse reploiier
Et al regarder met s'entente.

370 Mult en fu à son seignor ente,
Mais ilh ne fist semblant ne chiere,
On ne l'en vit muer maniere,
Ne mains parler, ne mains taisir.
Or prie Jakes de Basiu
As chevaliers et as puceles,
As dames et as damoisieles,
Et as chevaliers ensiment
K'il fachent loial jugement
Liqueis d'iaz fist plus grant emprise,
380 U chil qui sa vie avoit mise
En aventure, aimant sa dame,
U cele ki honte ne blame
Ne cremi tant ke lui irer,
Por s'amor s'ala atirer
Del chainse, si c'ai dit deseure:
Jugiés droit, k'amurs vos honeure.

LE POVRE CLERC.

Je ne vol pas faire lonc conte :
Cist fabliaux nos dit et raconte
Que à Paris ot demoré
Un Clers tant que par povreté
Li covint la ville à laissier,
Et qu'il n'ot mais que engagier
Ne que vandre, don rien aüst.
Très bien vit que pas ne poüst
En la vile plus demorer.
Car mauvais fust lo séjorner,
10 Puis qu'il ne s'an saüst o prandre,
Miauz valt-il laissier son aprandre.
A la voie s'est li Clers mis,
Et si s'an va en son païs
Con cil qui en ot grant talant ;
Mais n'ot o soi gote d'argent,
Si en est moult desconforté.
Cel jor en est li Clers alez,
Onques ne but ne ne manja.
En une vile qu'il trova
20 S'an est chés un vilain entrez,
N'i a fors la Dame trové
Et la béasse solemant.
Moult fu de fier contenemant

La Dame, ce li fu avis :
L'ostel li a li Clers requis
Par charité et par amor.
Danz Clers, fait-ele, mon seignor
N'est mie ceianz orandroit,
Et je cuit qu'il me blasmeroit,
30 Se je avoie herbergié
Vos ne autrui san son congié.
Lors dist li Clers une parole :
Dame, fait-il, je vien d'escole,
Si ai hui alé moult à toise,
Mais or faites conme cortoise,
Si me herbergiez sanz plus dire.
Ele l'esquialt à escondire
Plus qu'ele n'avoit fait devant.
Ez vos un vallet tot errant
40 Qui deus baris de vin portot :
La Dame, au plustot qu'ele pot,
Les bariz reçut et muça.
La baiasse s'apareilla
Un gastel rasti qu'ele avoit;
Char de porc qui el pot estoit
A traite et mise en un platel.
Certes, Dame, moult me fust bel,
Fait li Clers, de remaindre o vos.
Et elle dit tot à estrox :
50 Dans Clers, ne vos voil herbergier,
Alez vos aillors porchacier.
Atant li Clers de li se part,
Et la Dame à cui il fu tart,
As talons li a l'uis fermé.
Mais il n'a gaires loin alé

Qant il encontra un Prevoire,
Enbrunchié en sa chape noire,
Qui par delez lui s'an passa :
Onques un mot ne li sona.
60 En la maison s'an est entrez
Là don li Clers s'an fu tornez.
Si con li Clers se demantoit
En quel leu ostel troveroit.
Un prodom l'oï demanter ;
Tantost lo prist à apeler :
Qui estes vos, qui là alez ?
Certes uns Clers sui moult lassez,
Car je ne finai hui d'aler,
Et si ne puis ostel trover.
70 Por Deu et por Saint Nicolas,
Danz Clers, ne vos esmaiez pas,
Car vos avez ostel trové.
Dites moi, avez vos esté
En ceste maison qui est ci ?
Sire, orandroit que j'an parti,
Je ne vos ai que aprester.
Lors prant li Sires à jurer.
Or retornez hardiemant,
Que foi que je doi Saint Climant,
80 L'ostel est miens, sel' presteré
Et vos et autre que voldré.
Je vieing del molin auramant,
Si port farine de fromant
Por faire à mes enfanz do pain.
Or s'an vont andui main à main,
Araumant vienent à la porte ;
Et li prodom qui son fais porte,

Apele et crie duremant,
Tantost con li Prestes l'antant.
90 Lasse! Fait-el, s'est mon seignor,
A! sire prestes; par amor,
Esploitiez vos tost et muciez
En cele croiche, et si soiez
Moult aséur, car gel' ferai
Cochier au ainz que je porrai.
Et li prestes sauz demorance
Tantost en la croiche s'elance.
Tant a li Sires apelé
Qu'ele li a l'uis desfermé.
100 Il et li Clers sont anz entré.
Sire Clers, or vos desfublez,
Fait li Sires, et si soiez
Liez et bauz et toz envoisiez,
Car j'en seroi moult joios.
Dame, fait-il, que faites-vos?
N'aprestez vos que nos manjon?
Sire, se avé-ge pardon,
Je vos di que aprester.
Lors prant li sires à jurer,
110 Por les sains Deu, dites vos voir?
Certes vos poez bien savoir
Q'os laisastes au matin
Qant vos alastes au molin.
Dame, fait-il, je n'y pans mie,
Se Dame Dex me benéie,
Por solement cest Clerc me tient.
Sire, fait-ele, or vos covient
Faire do miauz que vos porez,
Tost est uns mangiers trespassez.

120 Esploitiez tost, fait la beasse,
    Prandre la flor et se en passe,
    Don tu lor faces à mangier
    Del pain, puis s'aillent cochier.
    Li sires fu moult coreciez.
    Lors avoit son Clerc araisnié :
    Dan Clerc, se Dex me benéie,
    Maintes chose avez jà oïe,
    Car nos dites une escriture
    O de chançon, o d'aventure,
130 En tant de tans conme l'an cuist
    Ce que mangier, devons enuit.
    Li Clers li respondi briément :
    Sire, fait-il ne sai conmant
    Fables déisse, que ne sai,
    Mais une péor que g'i ai,
    Que je ai éu diré bien,
    Car de fablel ne sai-je rien :
    La péor je la vos dirai.
    Et je quite vos clamerai,
140 Fait li sires, por la péor,
    Car je sai bien que fableor
    N'estes vos mie par nature;
    Mais or nos dites l'avanture,
    Fait li par amors li prodome.
    Sire, fait li Clers, c'est la some,
    Que hui par un bois trespassai ;
    Qant l'oi trespassé, si trovai
    Après un moult grant flou de pors
    Granz et petiz et noirs et sors,
150 Mais li pastor pas n'i estoit,
    Et de moult gras pors i avoit.

Si con je ses pors esgardoie,
Et un granz lox aquialt sa voie,
Si enporte tot de randon :
Assez estoit gras par raison,
Bien en fu la char aussi grasse
Conme cele que la béasse
Trait or n'a gaires de son pot.
Tantost conme la Dame l'ot,
160 Si esperdi tot son espoir.
Q'est-ce, Dame? dit li Clers voir,
Fait li sires, de ce qu'il dit!
Cele set bien que escondit
Ne li vausist une maaille,
Oïl, sire, fait-el, sanz faille,
Je en avoie prochacié.
Dame, fait-il, de ce sui lié,
Que or a viande convenant.
Ore, dan Clers, del dire avant,
170 Que enuit non n'avons-nos garde.
Li Clers del dire ne se tarde :
Sire, fait-il, conme je vi
Que li lous ot lo porc saisi,
Certes si m'an pesa formant.
Li lox del mangier n'ert pas lant,
Ançois lo deront et depiece.
Je l'esgarde une grant piece,
Conme li sans en degoutoit,
Bien autre vermax estoit
180 Conme li vins que li garçons
Aporta en ceste maison
Anuit qant ostel demandoie.
La Dame ne sert qu'ele doie

Dire, tant par est coreciée.
Lors l'a li sires araisniée.
Qu'est-ce, Dame, avon-nos vin?
Oïl, sire, par saint Martin,
Nos en avon à grant planté,
J'avoie bien de vos pansé
190 Assez mialz que je ne disoie.
Dame, fait-il, se Dex me voie,
Saviez mon, j'en sui moult liez :
Por cest Clers qui est herbergiez.
Certes en sui-je plus joiant.
Danz Clers, dites encor avant.
Certes, fait li Clers, volantiers.
Sires, li lous estoit moult fiers,
Si ne soi que faire déusse,
Mais esgardé se je péusse
200 Trover chose don lo ferisse.
Ne sai que plus vos en déisse,
Une pierre lée trovai,
Si cuit que pas n'en mantirai,
Que li gastiax qui est ceianz,
Que la béasse fist orainz,
Est moult plus lez qu'ele n'estoit.
La Dame set et ot et voit
Que il n'i a mestier celée :
Lors l'a li sires regardée,
210 Qu'est-ce, Dame, avon-nos gastel?
Oïl certes, et boen et bel,
Fait la Dame, tot à eus fait.
Don amande moult nostre plait,
La Deu merci, fait lo seignor :
Par foi, dan Clers, ceste peor

A esté de boene maniere;
Or poez faire bele chiere,
Car pain et vin et char avon,
Si n'en sai gré se à vos non.
220 Or est vostre péor faillie.
Non est, se Dex me benéie,
Ne faudra pas en itel guise,
Car qant je oi la pierre prise,
Je la cuidai au lou giter,
Et il m'aquialt à esgarder
Tot autresin conme li prestes
Qui m'esgarde des los fenestres
De cele creche qui est là.
Prestes! li sires s'escria,
230 A-t-il donques preste ceianz?
Lors sailli en piez, ne pot ainz,
Tantost corut lo preste prandre.
Li provoire se volt desfandre,
De moult grant noiant s'entremist.
Et li prodom tantost lo prist,
Si li avoit la robe ostée:
La cote et la chape a donée
Au Clerc qui la peor ot dite,
Bien li a rendu sa merite,
240 Et li Prestes ot assez honte.
Cist fabliax nos dit et raconte
Q'an son respit dit li vilains
Que à celui doint l'an del pain,
Q'an ne cuide jamais véoir :
Car l'an ne cuide pas savoir
Tel chose qui vient moult sovant,
C'est domage al plus de la jent;

Et à la Dame tot premiere
Qui au clerc fist si laide chiere
250 Qant il oustel li demanda,
De quanque il la nuit conta,
N'aüst-il jà un mot soné,
S'el li aüst l'ostel presté.

DE CONNEBERT,

PAR GAUTIERS.

GAUTIERS qui fist de preste taint,
Tant a alé qu'il a ataint
D'un autre preste la matiere
Qui n'ot mie la coille entiere,
Qant il s'an parti de celui
Qui li ot fait honte et anui,
Ensin con i poez entendre
Se vos un po velez aprandre.
Je vos dirai trestot briément
10   La fin et lo conmancemant,
Conme li prestres fu senez,
Et en après don il fu nez;
Lo non de lui et de la Dame
Por que il reçut si grant dane
Qu'il enporta lo v.. sanz coille :
Tote baiene et tote doille
Convint méismes à tranchier
A un moult boen rasor d'acier;
Mais il lo fist moult à enviz,
20   Car moult en enpira ses v...
Li prestes ot à non Richarz

Qui moult estoit fox et musarz,
Et si fu nez de Cocelestre,
Et il et trestot son encestre.
En la vile chantant estoit
O il lonc tans chanté avoit :
Grant avoir i avoit conquis,
Et avoit au mains, tant pris
Don il perdoit les donans cox,
30 Car maint prodome avoit fuit cox.
Por ce qu'il ert de haute gent,
S'avoit assez or et argent,
Si estoit moult noble et moult cointe;
De mainte Dame estoit acointe.
La fame d'un fevre ot amée
Qui moult ert par lui renomée,
Por ce qu'ele ert et bele et blanche,
Et de moult cortoise sanblance :
Formant l'avoit li prestres chiere,
40 Car moult l'amoit de grant maniere.
La Dame avoit non Mahalt,
Et li prodons ot non Tiebaut.
Tiebauz estoit de bone gent,
En la contrée ot maint parant,
A ax se plaint tot en apert
De ce que ainsi enor pert
Por lo preste qui tant nel' dote;
Que sovant à son huis ne bote,
Et qu'il ne vieigne en sa maison
50 Par moult vilaine desraison :
Si en voldroit vanjance prandre,
S'il l'i pooit nule foiz prandre,
Et se j'avoie vostre effort,

Vostre aïde et vostre confort.
Don respondirent tot de plain
Cil qui erent coisin germain,
Amis tot delaissiez ester,
Vos n'i poez rien conquester
De si très faite ovre entremetre,
Ne la doit nus hom avant metre :
60 Chastoiez vo fame la fole,
Qui tot vos destruit et afole.
N'iron oan por li à Rome,
Ainz remandron come prodome.
Cil respondi par mautalant,
Je ai de l'ocirre talant,
Mais trové vos ai à l'essai,
Vos estes cox, que bien lo sai.
Li prestes toz nos desenore,
70 Tel i a son anfant enore,
Moult m'an sui bien aperceuz,
Honiz nos a et decéuz ;
Mais cil n'est pas cortois ne frans
Qui set que il est cox sofranz :
Puis qu'il lo set et il lo sofre,
L'an le devroit ardoir en sofre.
Tote la première foiée
Li part lo fiel desor lo foiée;
Je l'ai sofert, ce poise mi,
80 Ce entandent bien mi ami;
Mais je m'an cuit bien vangier,
Ainz que l'an doie vandangier.
Cil oent bien qu'il avoit dit,
De Deu soit li prestes maudit,
Et si i ot assez de ceus

Qui s'an toruerent tuit honteus.
Ensi li parlemanz depart,
Et il s'an vont de totes parz ;
Et cil arriere s'an retorne
90 Iriez, dolanz, pansis et morne.
Li prodons un sergent avoit
Qui son afaire bien savoit :
D'une part à consoil lo trait,
Si li conte tot et retrait.
Biax dolx frere, biax doz amis ;
Vos m'aviez pieça promis
Que vos feroiez mon voloir
Trestot selone vostre pooir,
Je vos dirai un po d'afaire
100 Que moi et vos covient à faire,
En vos, ce sachez, me voil croire.
Je me voil vangier del prévoire
Qui me fait moult grant descordance ;
Je ai en vos moult grant fiance,
Je l'ocirré se vos volez,
Et vos seroiz toz jorz delez.
Et cil respont, je n'ai envie
Qu'i perde jà par moi la vie,
Mais se gel' puis ceianz tenir,
110 Ne à l'aler, ne au venir,
Je li voldrai coper les cous
Par cui je sui eluol et cous.
Por Deus, amis, or en pansez
Si q'an façoiz mes volantez.
Li vallez dit, ainz l'ajornée
Sera ceste chose eschevée
Se vos i volez poine metre

Et de lui gaiter entremetre.
Ce laissierent à cele foiz,
Mais il se plevirent lor foiz
120 Que c'il tainent lo chapelain,
Il lo metront en mal pelain.
Or entandes conmant avint.
Un po ançois la mienuit
Avoit cil qui moult ert recuit,
Une forje desus la voie,
Que nus n'i passe qu'il ne voie :
En sont endui venu ensanble.
130 Li vilains les charbons asanble,
Puis sofla tant qu'il fu espris;
As tenailles a un fer pris,
Tant lo chaufa que il escume.
Après lo coucha sor l'anclume,
Si ferirent tot à bandon
Plus de cent foiz en un randon.
Qant li prestes ot et antant,
Plus n'i areste, ni atant;
Isnelement do lit se lieve,
140 Que nule chose ne li grieve,
Qant de la dame li remanbre,
Dont li fremissent tuit li manbre.
Li v..z li conmance à drecier
Qui moult fait la chose coitier.
Vers la maison celui c'est mis
Qui n'estoit mie ses amis.
Qant là dedans en est venuz,
Si se despoille trestoz nuz,
Si s'est couchié dedanz lo lit
A grant joie, à grant delit.

La Dame en ses braz lo reçut,
150 Et li vilains s'an aparçut
Qui tote nuit l'avoit gaitié
Et atandu et soaidié :
Si a dit à son vallet, oste,
Je cuit que nos avons un oste,
Ne sai se il est despoilliez.
Or doint dex qu'il soit escoilliez,
Que male honte li aveigne
160 Ençois que arriers s'an revaigne;
Si fera-il se onques puis.
A icest mot a overt l'uis,
Si ont lo fer tot coi laissié,
Venu i sont tuit eslaissié.
Li vilains ala vers sa fame,
Et li prestes ert sus la Dame,
Qu'il la tenoit en tel engoisse
Que par un po qu'il ne l'escuisse.
Qant li orlages fu chéuz,
170 Et Conneberz fu repéuz
Don li prestes ot toz ses debiaux
Et ses déduiz et ses aviaz,
La Dame baise en la boche,
Puis li a dit, amie doce,
Don n'estes-vos trestote moie?
Ele respont, se Dex me voie,
Vostre est mes cuers, vostre est mes cors
Et par dedanz et par defors;
Mais li cus si est mon mari,
180 Cui j'ai fait mainte foiz marri.
Dame, fait cil, li cus soit suens,
Et toz li autres cors soit miens,

Mais je lo li batrai sovant;
Ce li met-je bien en covant;
Il est bien droiz que je lo hace
Por lo vilain qui me menace.
A cest mot ez vos ataingnant
Et son seignor et son sergent,
Lo preste, et hors du lit sachié,
190 Et si n'i ont gaires tancié,
Et li ont tant batu lo dos,
C'onques li boens vilains Mados
Q'ele tenoit por Curoin,
Ne feri tant sor Baudoin,
Qant il traist Drian de la fosse
Qui tant est visible et enosse.
Qant il l'ont batu et fautré,
De la coroie d'un baudré
Li lient amedos les poinz,
200 Si qu'il les tint ensanble joinz;
Puis li lacerent en la gorje,
Si lo menerent vers la forje.
Cil lor crie merci et dit,
Seignor, fait-il, qui preste ocit,
Il ne puet mie preste randre;
Si vos me laissiez à reanbre,
Je vos donrai bien deus cens libvres,
Si les auroiz demain delivres.
Dist li vilains, de vostre avoir
210 Ne quer-je ja denier avoir;
Mais vos c..lles qui maintes foiz
Me bat mon cul sor mon defoiz,
En aura ja mal guerredon,
Se Dex me face avoir pardon.

A ces paroles l'a aers,
Et par lo v.. et par les ners
U li c....lon erent pendant,
Si l'anmenerent tot tandant
A l'ostel joste la fornaise,
220 Don fu li prestes en mal aise.
Et cil par la c..lle lo prant
Cil qui nul secors n'i atant,
Car li vallez li dist par ire,
Conmant que l'Evesques s'aïre,
En charité, danz prestes fox,
Vos i lairez les c..lles endox.
Se vos i faites cri ne noise,
Jà n'i querré baston ne hoise
Que je orandroit ne vos fire,
230 Por la cerveles desconfire,
De cest martel o mes deus mains.
Des c..lles perdre soiez sertains,
Car vos n'en poez eschaper.
Don li va la c..lle enhaper
Que il avoit au cul pandue,
Sor l'estoc li a estandue,
Si a feru cinc clos parmi,
Les quatre entor, et l'un parmi,
Mais li graindres est par dedanz.
240 Li prestes rechingne les danz,
Et cil dient endui ensanble,
Sire prestes, que vos en sanble?
Adonc n'est or li cus vangiez
Qui si a esté laidangiez?
Puis a un rasor desploié,
Si l'a sor l'anclume apoié,

Après li font les mains delivres :
Il ne fust si liez por cens libvres ;
Don dist li prodom, par mes iauz,
250 Ma forje est moult povres et vialz,
Il n'a paior de si qu'au Tarse,
Je voldroie qu'ele fust arse ;
Se li hernois estoit ostez,
Jà i seroit li feus botez.
Li vallez qui moult estoit fors,
En a lo hernois gitié fors.:
Qant il ot osté les costiax,
Les tenailles et les martiax,
Don mistrent lo feu en la raime.
260 Se li prestes tant sa c..lle aime
Qu'il ne la cope ne ne tranche,
Ne l'aura que la mort ne sante :
Car se la grant flame l'ataint,
Jà aura lou viaire taint ;
Des chevox sera desevrez
Et les sorcis aura brunlez.
Quant voit que li feus lo sorprant,
Enz en sa main lo razor prant,
Sa c..lle cope par tel haste
270 Q'an en poïst faire un grant haste
De ce qu'il en laissa arriere.
Car il em prist en telle maniere
Qu'il i laissa les deus c......
Autresi grans con deus roignons.
La pel est si grant et si rosse
Q'an en poïst faire une borsse
Qant li prestes fu esgenez,
Lors dit que de male ore est nez ;

Et li vallez qui fu au prone
Li a gietée une ranpone.
Sire, ma dame vos esgarde
Ses cus n'a de vos c..illes garde,
Vos li avez treves donées,
Or sont remeses les pognées ;
Vos ne batroiz jamais crepon,
Aînz manroiz vie de chapon.
Li prestes ne sona un mot
De ce que cil lo laidanjot,
Qui malement est atirez :
Il est batuz et detirez,
Si estoit brullez conme pors,
S'avoit perdu toz ses depors
Por la c..lle don il n'a mie :
Puis li covint mander un mire
Qui lo sena moult longuemant
Par la force d'un oignemant.
Qant li termes fu trespassez
Qu'il fu gariz et repassez,
Si s'an ala clamer à cort,
Mais il n'i ot ne lonc ne cort
Qu'il ne déist trestot à hait,
Si lor aïst Dex, bien a fait,
Car fussient or si atorné
Tuit li preste de mere né
Qui sacrement de mariage
Tornent à honte et à putage !
Ainz cil n'en ot autre droiture.
Ensine define l'avanture
Et si est veritez provée.
Puis i fu la c..lle trovée,

Sor les charbons, moult bien rostie,
Plus ne fu en son cul santie;
Ençois la pristrent dui mastin
Qui la mangierent sanz conmin.

DE BRIFAUT.

D'un vilain riche et non sachant,
Qui aloit les marchiez cerchant,
A Arras, Abeville alanz
M'est venu de conter talanz,
S'en diré, s'oïr me volez.
Moult doi bien estre escoutez,
De ce di-ge que fox que nices,
Que tiez hom n'est pas de sens riches
Où l'en cuide moult de savoir,
S'il est povres et sans avoir
10   Que l'en tenroit pour fol prové.
Issi avons or esprové .
Lou voir et fait devenir fax,
Li Vilains avoit non Brifax.
Un jor en aloit au marchié,
A son col avoit enchargié
Dix aunes de moult bonne toile
Par devant li bat à l'ortoille
Et par deriers li traïnoit.
Un lerres derrieres venoit
20   Qui s'apensa d'une grant guille.
Un fil en une aguille enfille,
La toille s'oslieve de terre
Et moult près de son piz la serre,

Si la qeust devant à sa cote,
Près à près do vilain se frote
Qui embatuz s'ert en la fole.
Brifax en la presse se foule,
Et cil l'a bouté et sachié
Qu'à la terre l'a trebuchié
30 Et la toille li est chaüe,
Et cil l'a tantost recéue,
Si se fiert entre les vilains.
Quant Brifax vit vuides ses mains
Dont n'ot en lui que corrocier
En haut commença à huchier.
Diex ! ma toille, je l'ai perdue,
Dame Sainte Marie aïue !
Qui a ma toille ? qui la vit ?
Li lerres s'estut un petit
40 Qui la toille avoit sor son col
Au retorner lo tint pour fol,
Si s'en vient devant lui ester,
Puis dist, qu'as-tu à demander,
Vilains ? Sire, je ai bien droit
Que j'aporté ci orendroit
Une grant toille, or l'ai perdue.
Se l'éusses ausi cosue
A tes dras com je ai la moie,
Ne l'eusses gitiée en voie,
50 Dont s'en vait et lou lait atant,
De sa toille fist son commant,
Car cil doit bien la chose perdre
Qui folement la let aerdre.
Atant Brifax vient en maison,
Sa feme lou met à raison,

Si li demande des deniers.
Suer, fait-il, va à ces greniers,
Si pren do blé et si lo vent,
Se tu viax avoir de l'argent,
60 Car certes jo n'en aporte gote.
Non, fait-ele, la male goute
Te puist hui cest jor acorer.
Suer, ce me doiz-tu bien orer
Et faire encor honte graignor.
Ha ! par la Crois au Sauveor,
Qu'est donc la toille devenue ?
Certes, fait-il, je l'ai perdue.
Si com tu as mençonge dite
Te preigne male mort soubite !
70 Brifaut, vos l'avez brifaudée,
Car fust or la langue eschaudée
Et la gorge par où passerent
Li morsel qui si chier costerent !
Bien vos devroit-en devorer.
Suer, si me puist mors acorer
Et si me doint Diex male honte
Se ce n'est voirs que je vous conte !
Maintenant morz celui acore,
Et sa feme en ot pis encore,
80 Que ele enraja tote vive
Cil fu tost mors, mais la chaitive
Vesqui à dolor et à raje.
Ensi plusor par lor otrage
Muerent à dolor et à honte.
Tiex est la fins de nostre conte.

CI FENIT DE BRIFAUT.

DO CHEVALIER A L'ESPÉE.

Cil qui aime desduit et joie
Viegne avant, si entende et oie
Une aventure qui avint
Au bon Chevalier qui maintint
Loiauté, proece et anor
Et qui n'ama auques nul jor
Home coart, fax ne vilain :
Je cont de mon saignor Gauvain
Qui tant par ert bien ensaigniez,
Et qui fu des armes prisiez
10 Que nus reconter ne sauroit.
Qui ses bones teches voudroit
Totes retrere et metre en brief,
Il n'en vendroit oncques à chief.
Se je nes puis totes retrere,
Por ce ne me doi-je pas tere
Que je ne die totes voies
L'en ne doit Crestien de Troies,
Ce m'est vis, par raison blasmer,
Qui sot dou Roi Artu conter,
20 De sa Cort et de sa mesniée
Qui tant fu loée et prisiée,
Et qui les fez des autres conte,
Et onques de lui ne tient conte :

Trop ert preudon à oblier;
Por ce me plest à reconter
Une aventure tot premier
Qui avint au bon chevalier.
 Li Rois Artus, en un esté,
Estoit à Cardoil sa cité,
30 O lui la Roïne et Gauvain,
Keu lo Senechal et Yvain,
Et des autres vingt solement.
A Gauvain prist tot jors talent
D'aler desduire et déporter.
Lors fist son cheval aprester,
Cortoisement s'aparrella,
Uns esperons à or chauça
Sor unes chauces decopées
De drap de soie bien ouvrées.
40 Si ot unes braies chauciées
Moult très blanches et moult dongiées,
Et chemise gascorte et lée,
De lin menuement ridée,
Et un mantel vair afublé.
Moult richement fu atorné,
Puis s'en est de la ville issu.
Tot lo droit chemin a tenu
Tant que en la forest entra.
Lou chant des oisiax escouta
50 Qui moult chantoient doucement.
Tant i entendi longuement,
Por ce qu'il en oï plenté,
Que il entra en un pensé
D'une aventure qu'il savoit
Qui avenue li estoit.

Tant longuement demora
Qu'en la forest se desvoia
Et qu'il perdi son chemin :
Li solax torna à declin,
60 Si commença à porpenser,
Et il prenoit à avesprer,
Quant de cel penser fu issu ;
Mès onques ne sot où il fu.
Lors cuida retorner arriere,
Puis entra en une charriere
Qui toz jors avant lou mena,
Et il plus toz jors anuita,
Et que il ne sot où aler.
Il conmença à esgarder
70 Devant lui, aval une voie
Parmi une clere fustoie,
Si vit un grant feu alumé.
Cele part est son pas alé,
Car il quida que il trovast
Aucun home qui l'avoiast,
Ou boscheron ou charbonier.
Lors vit lez lou feu un destrier
Qui fu à un arbre aresnez :
Il est desci au feu alez,
80 Si vit un Chevalier séant.
Salué l'a de maintenant.
Cil Diex, fet-il, qui lo mont fist
Et les ames es cors nos mist,
Vos doint, biax Sire, en lui grant part !
Amis, fait-il, et Diex vos gart,
Car me dites d'où vos venez
Qui a tele eure seus alez.

Et Gauvain li a tot conté
De chief en chief la verité,
90 Conment il en desduit ala
Et puis conment il esgara
En la forest por un pensé
O il se fu trop oblié,
Si que il en perdi sa voie :
Et li Chevaliers li otroie
Qu'il lou remetra lou matin
Moult volentiers en son chemin,
Ne mès qu'o li se demorast
Et conpagnie li portast
100 Tant que cele nuit fust passée.
Ceste proiere est créantée,
Jus mist sa lance et son escu,
De son cheval est descendu,
Sou lia à un aubrisel
Et s'escovri de son mantel,
Puis s'est delez lou feu assis.
Li uns dax a à l'autre enquis
Coument il ont lou jor erré,
Et Gauvain li a tot conté,
110 C'onques mentir ne li daigna :
Et li Chevaliers li fausa,
Onques mot de voir ne li dist :
Assez orroiz por coi lo fist.
Quant il orent assez vellié
Et de plusors choses plaidié,
Lez lo feu se sont endormi.
A l'ajornement s'esperi
Messire Gauvain tot premier,
Puis esveilla lo Chevalier.

120 Ma meson de ci est moult près,
Deux liues i a, et non mès,
Si vos pri que vos i venez,
Et sachiez que vos i aurez
Ostel moult bel et volentiers.
Lors monterent sor lor destriers,
Lor escuz et lor lances pristrent,
Et lor espées, si se mistrent
Tantost en un chemin ferré.
N'orent mie granment erré
130 Quant de la forest sont issu,
Et au plain païs sont venu.
Li Chevaliers l'araisona,
Sire, fet-il, entendez cà.
Toz jors est costume et usage,
S'uns Chevaliers cortois et sage
Enmoinne un autre aveques lui,
Que il envoie, devant lui,
Fere son ostel atorner,
Que il i porroit tost trover,
140 Qui lor venue ne sauroit,
Tel chose qui li desplairoit;
Et je n'ai cui g'i envoi,
Ce véez bien, ne mès moi ;
Si vos pri qu'il ne vos desplaise.
Venez belement à vostre aise,
Et je irai grant oirre devant.
Lez un plesséiz ça avant
Est un val, verrez ma meson.
Gauvain set bien que c'est raison
150 Et afaitement que il dit,
Por ce se mist à pas petit,

Et cil s'en va grant aléure.
Messire Gauvain à droiture
A quatre pastoriax trovez
Delez lo chemin arestez ;
Saluez les a doucement,
El non Dieu son salu li rent,
Trespassa les, ne lor dist plus.
Ahi! fet li uns, tant mar fus
160 Biax Chevaliers genz et adrois ;
Certes il ne fust mie drois
Que fussiez bleciez ne laidiz.
Gauvain en fu toz esbahiz
Qui les paroles bien entent;
De ce se mervella forment
Par quel raison il lo plaignoient
Quant il de rien nel' conoissoient.
 Vistement à ax retorna,
Tot de rechief les salua,
170 Docement lor a demandé
Que il li dient la verité
Por coi il ont dit que mar fu ;
Et li uns li a respondu :
Sire, dist-il, pitié avon
De ce que seuré vos veon :
Ce chevalier qui là devant
S'en va sor cel cheval ferrant,
Moult en a véant nos mené,
Mès nus qui en soit retorné
180 N'avons-nos pas encor véu.
Et Gauvain dist, amis, sez-tu
Se il lor fet rien, se bien non?
Sire, par cest païs dist-l'on

C'ome quil' contredit de rien,
Que que ce soit, o mal, o bien,
En son ostel lo fet ocire :
Nos nel' savons que d'oïr dire,
Car onques encore ne vit
Nus hon qui delà revenist;
190 Et, se nos croire vos volez,
Jà avant plain pié no sivrez,
Se vos avez vostre cors chier;
Tant par iestes biax Chevalier,
Que domache iert, s'il vos ocist.
Et messire Gauvain lor dit :
Pastorel, à Dieu vos conmant,
Ne voil, por lou dit d'un enfant,
Leissier l'oirre de son païs :
S'il fust séu en son païs
200 Que il l'éust por tant lessié,
A toz jors li fust reprochié.
 L'ambléure de son cheval
Erra pensant de ci al val
Que cil ensaignié li avoit.
Delez un grant plesséiz voit
Sor une mote un bel chastel
Qui estoit fermez de novel :
Lou fossé voit lé et parfont,
Et el baille devant lo pont
210 Avoit moult riche herberjage.
Onques Gauvain en son aage
Nus plus riche n'ot mès véu,
Se à Prince o a Roi ne fu;
Mès je ne me voil demorer
Au herberjage deviser,

Mès que moult estoit biax et riches.
Il est venuz desci qu'as lices,
Ainz est par mi la porte entré,
Et a lou baille trespassé,
220 Et est au chief do pont venu.
Encontre lui est acouru
Li Sires qui fait grant sanblant
Qu'il soit de son venir joiant.
  Les armes reçut un vaslet,
Uns autres prist lou gringalet,
Li tiers les esperrons li oste :
Lors l'a par la main pris son oste,
Si l'a lo pont amont mené,
Et ont un moult biau feu trové
230 En la sale devant la tor,
Et moult riche séoir entor,
Covert d'une porpre de soie.
A une part, que il lo voie,
Li ont son cheval establé,
Et si li a-l'en aporté
A grant plenté avoinne et fain.
De tot lo mercia Gauvain,
Que de riens no voust contredire.
Li ostes li a dit : biax sire,
240 L'en atorne vostre disner,
Et sachiez que de l'apprester
Se hastent forment li serjant;
Or vos deduisiez à itant,
Soiez toz liez et à vostre aise :
Se rien i a qui vos desplaise,
Si lou dites séurement.
Gauvain dist que à son talent

Est l'ostel do tot atorné.
Li sire est en la chambre entré
250 Por une soe fille querre,
Qu'il n'ot entre tote la terre
Damoiselle de sa valor.
Je ne vos porroie, à nul jor,
La biauté tote ne demie
Don ele estoit plainne et garnie;
Ne je ne la voil trespasser,
Si la voil à briés moz conter.
Quanc'onques nature sot fere
Qui à cors d'ome déust plere,
260 De cortoisie et de biauté,
Ot tot entor li asanblé.
Li ostes qui n'ert pas vilain,
L'a prise par la destre main,
Si l'a en la sale amenée.
Et Gauvain qui l'a esgardée
La grant biauté qui ert en li,
A bien pou qu'il ne s'esbahi,
Et neporquant si sailli sus.
La damoiselle encore plus,
270 Quant ele ot Gauvain esgardé,
S'esbaï de sa grant biauté
Et de son grant afaitement;
Et neporcant cortoisement
Et à briez moz la salua.
Tantost par la main li bailla
Tantost à mon saignor Gauvain,
Si li a dit, je vos amain
Ma fille, qu'il ne vos anuit,
Car je n'ai nul plus bel desduit

A vos déduire et deporter :
Ele vos saura bien porter,
S'ele vialt, bele conpaignie.
Je voil qu'il no desvoille mie;
Tant a en vos sens et valor
Que s'el vos amoit par amor,
Jà n'en auroit se anor non.
Endroit moi vos en fais un don,
Que jà de vos n'iere jalous,
Ainçois li coumant oiant vos
Que jà de rien ne vos desdie.
Gauvain bonement l'en mercie,
Qui contredire no viaut pas :
Et cil s'en ist en-eslou pas
Vers la cuisine demander
S'en porroit à pieces disner.
Lez la pucele s'est assis
Gauvain qui moult ert entrepris
Por l'oste qu'il dote forment,
Et neporquant cortoisement
Et sanz un point de mesprison
Mist de maintenant à raison
La damoiselle o lou chief bloi.
L'en ne li dist ne trop ne poi,
Sajement l'a à raison mise.
Moult li offre bel son servise,
Et tant li dist de son corage,
Que cele qui preuz ert et sage
Aperçut et entendi bien
Qu'il l'ameroit sor tote rien
Se il li venoit à plaisir.
Lors ne se set auquel tenir,

A l'escondire, ou au graer :
Tant l'ot cortoisement parler,
Et tant lo voit de bones mors,
Que ele l'amast par amors,
S'ele descovrir li osast;
Mès por neiant li créantast
A faire li vers li entendre
Quant il n'i poïst jà plus prendre :
320 Bien set qu'ele feist que vilaine,
S'el lou méist d'amors en paine
Don el ne traissist jà à chief.
Mès l'escondire li est grief,
Tant a vers lui son cuer torné :
Lors a cortoisement parlé.

Sire, dist-el, jé entendu
Que mes peres m'a deffendu
Que je de rien ne vos desdie,
Or ne sé-je que je vos die
330 Que se vos avoie créanté
A fere vostre volenté,
Jamès à bon chief n'en trairoie,
Et mort et traï vos auroie;
Mès d'une chose vos chasti,
Et par bone foi le vos di,
Que vos gardez de vilenie,
Ne rien que mes peres vos die,
Que que ce soit, o mal, o bien,
Mar lou contrediroiz de rien,
340 Que morz seriez à itant;
Ne jà mar faciez sanblant
Que soiez de rien acointié.
Estes-vos l'oste repairié

Qui vers la cuisine ert alez,
Et li mengiers fu aprestez,
Si a-l'en l'eve demandée.
Ne voil ci fere demorée,
Quant lavé orent, si s'asistrent,
Et li serjant les napes mistrent,
350 Desus les dobliers blans et biax,
Les salieres et les coutiax,
Après lou pain, et puis lo vin
Es copes d'argent et d'or fin.
Mès je ne voil plus demorer
As més un à un aconter,
Mès moult orent char et peson,
Oisiax rostiz et venoison,
Et moult mengierent liéement.
Et li oste efforça forment
360 Gauvain de boivre, et la pucele,
Et si dist à la damoisele,
Qu'elle efforçast lou Chevalier,
Et dist, moult vos poez prisier
Que je voil qu'el soit vostre amie.
Gauvain bonement l'en mercie.
 Quant mengié orent à plenté,
Lors furent serjant apresté
Qui dobliers et napes osterent,
Et qui l'eve lor aporterent,
370 Et la toaille à essuier.
Li ostes dist après mengier
Qu'il vialt aler ses bois véoir,
Et si rova Gauvain séoir
Et deduire o la Damoisele :
Endementres Gauvain apele

Et li a dit et conmanda
Qu'il ne s'en aut josqu'il venra,
Et conmanda à un serjant
Que se il fait de rien sanblant,
380 Que il lou preignent demanois.
Gauvain qui preuz ert et cortois,
Voit bien que remanoir l'estuet,
Et qu'autrement estre ne puet :
Si li avoit dit erranment
Que il n'avoit d'errer talent
Por qu'il lo voille herbergier.
L'oste monta sor son destrier,
Si s'en va moult grant aléure,
Et va querre une autre aventure,
390 Que de ceste est-il aséur
Qu'il a enclos dedenz son mur.
La Damoisele a Gauvain pris
Par la main, si se sont assis
A une part por deviser
Conment il se porra garder.
Docement et bel lou conforte,
Mès de ce est traïe et morte
Qu'ele ne set la volenté
Que ses peres a en pensé ;
400 Se le séust, et li mostrast
Par quel engin il eschapast ;
Mès onques n'en volt nule dire.
Or se gart de li contredire,
S'il porra par tant eschaper.
Or laisons, fet-il, ce ester,
Jà ne me fera se bien non :
Il m'amena en sa meson,

Si m'i a fet moult bel sanblant
Ne jà dès ici en avant,
410 Quant il m'a fet anor et bien
No doteré de nule rien
De si que je sache et voie
Por quel raison doter lou doie.
Ele li dist, ce n'a mestier,
Li vilains dist en reprovier,
Si lou dient encor plusor,
Q'au vespre loe-l'en lo jor
Quant l'en voit que bele est la fin :
Si fet-l'en son oste au matin,
420 Et Diex, si com je lo desir,
Vos en doint à joie partir
De vostre oste, sanz mautalent.
Quant parlé orent longuement,
Et moult parlé de ce et d'el,
Li ostes revint à l'ostel.

Encontre lui sailli Gauvain
Et la pucele main à main,
Moult l'ont doucement salué.
Il lor dist qu'il s'est moult hasté,
430 Qu'il cremist, se il demorast,
Que Gauvain ainz ne s'en alast ;
Por ce ne vost plus demorer.
Il conmença à avesprer,
Et il ostes si demanda
As serjans que il soupera.
Sa fille li dist par deduit,
Povez demander vin et fruit,
Et nule autre chose par droit,
Qu'assez menjastes orendroit.

440 Il a maintenant demandé,
Il a premierement lavé,
Puis lor fu mis li fruis devant.
Lou vin aporterent li serjant
A plenté de mainte maniere.
Sire, car fetes bele chiere,
Fet-il, à mon saignor Gauvain,
D'une chose soiez certain,
Il me coste sovent et poise
Quant jé oste qui ne s'en voise,
450 Et qui ne dit sa volenté.
Sire, sachiez la verité,
Fet Gauvain, que je sui haitié.
Quant il orent lo fruit mengié,
Les liz commanda l'oste à fere,
Et dist, je jerré en ceste aire,
Et cist Chevaliers en mon lit:
No faites mie trop petit,
Car ma fille jerra o li;
A si bon Chevalier lo qui
460 Qu'ele est en lui bien enploiée.
Ele doit estre moult haitiée
De ceu qu'en lor a créanté.
Amedui l'en ont mercié,
Et font sanblant que moult lor plese.
Or est Gauvain moult à mal aise,
Que il crient, s'il s'i va cochier,
Qu'il lou face tot detrenchier;
Et si set bien, sil' contredit
En son ostel, que il l'ocit.
470 L'ostes de cochier se hasta,
Par la main la prist, si mena

Dedenz la chambre demanois.
La Damoisele o lo vis frois
I est ensanble o lui alée.
La chambre ert bien encortinée,
Et douze cierges i ardoient
Qui tot entor lo lit estoient,
Si gitaient moult grant clarté.
Et li liz ert bel atorné
480 De riches coutes et de blans dras;
Mès je ne voil demorer pas
En la richece deviser
De dras de soie d'outremer,
De Palerne et de Romenie
Don la chambre estoit enbelie,
De Sebelins, de vair, de gris,
Tot à un mot le vos devis
Quanque convient à Chevalier
Et à cors de Dame atillier,
490 Et en iver et en esté,
I avoit à moult grant plenté.
Là ot maint riche garnement,
Gauvain s'en mervella forment
De la richece que il i vit,
Et li Chevaliers li a dit :
Sire, ceste chambre est moult bele,
Entre vos et ceste pucele
I girois, jà n'i aura plus,
Damoisele, fermez les us,
500 Si faites son conmandement,
Que je sai bien que itel gent
N'ont mie de presse mestier;
Mès d'itant vos voil chastoier

Que les cierges n'en estaigniez
Que j'en seroie moult iriez.
Jo voil, por ce l'ai conmandé
Qu'il voie vostre grant biauté.
Quant vos giroiz entre ses bras,
Si en aura graignor solas,
510 Et que vos véoiz son gent cors.
Lors se mist de la chambre fors,
Et la pucele l'uis ferma.
Messire Gauvain se coucha,
Cele est o lit revenue,
Si s'est lez lui cochiée nue :
Onques proiere n'i estut,
Et cele tote la nuit jut
Entre ses bras moult docement.
Moult la bese et acole sovent,
520 Et si est tant avant alé,
Qu'il en féist sa volenté,
Quant ele dist : Sire, merci,
Il ne puet pas aler issi,
Je ne sui pas o vos sanz garde.
Gauvain de totes parz esgarde,
Si ni vit nule rien vivant :
Bele, fait-il, je vos demant
Que me dites qui me desfent
A fere de vos mon talent.
530 Ele respont, jo vos dirai
Moult volentiers ce que j'en sai :
Véez-vos cel branc qui là pent
Qui a cel entrecor d'argent,
Et lou pon et lou heu d'or fin,
Ceste chose pas ne devin

Que vos m'orroiz jà ci conter,
Ainz l'ai véu bien esprover.
Mes peres l'ainme durement,
Que il li ocist bien sovent
540 De moult bons chevaliers de pris.
Sachiez bien qu'il en a ocis
Solement çaïens plus de vint,
Mès je ne sai don il li vint :
Jà n'entrera en ceste porte
Chevaliers qui vis en estorde.
Mes peres biax sanblant lor fet,
Mès jà à si petit forfet
Ne lou prendra qu'il ne l'ocie :
Garder l'estuet de vilenie.
550 Moult lou convient charroier droit.
Maintenant as apris lo droit,
S'il entreprent de nule rien,
Et se cil se garde si bien
Qu'il ne soit de rien entrepris,
La nuit à moi cochier est mis ;
Lors est-il venuz à sa mort,
Savez por coi nus n'en estort.
S'il fait sanblant en nule guise
De volenté qui li soit prise
560 De faire lo moi, maintenant
Lou fiert par mi lou cors lo branc ;
Et se il viaut vers lui aler
Por prendre le et por oster,
Tot par lui salt do fuerre fors,
Si li done parmi lou cors,
Et sachiez de voir que l'espée
Est en tel maniere faée,

Qu'ele me garde toz jors si,
Jà par moi ne fussiez garni.
570 Mès tant iestes cortois et sages,
Que ce seroit moult granz domages,
Si m'en peseroit mais toz dis,
Se por moi estiez ocis.

Or ne set Gauvain que il face,
Onques mais de si grant manace
N'oï parler jor de sa vie,
Et si dote qu'ele lou die
Por soi méisme garantir
Que il n'en face son plaisir.
580 D'autre part si s'est porpensez
Qu'il n'en porroit estre celez
Que il ne fust partot séu
Que il auroit o li géu
Tot sol, nu à nu, en son lit,
Et si avoit por sol son dit
Laissié à faire son pleisir,
Miax vient-il à anor morir
Qu'à honte vivre longuement.
Bele, fet-il, ce est néient,
590 Puisque venuz sui josque-ci,
En fin voil estre vostre ami :
Vos n'en poez par el passer.
Vos ne m'en poez pas blasmer,
Fet-ele. Dès or en avant
Il est de li aprimiés tant
Que ele en a gité un cri,
Et li brans do fuerre sailli,
Sil' fiert rés à rés de costé,
Si qu'il li a do cuir osté,

600 Mais ne l'a pas granment blecié :
Outre a lou couvertor percié,
Et toz les dras desci au fuerre,
Puis se fiert arriers en son fuerre.
Gauvain remest tot esperdu,
Si a son talant esperdu,
Lez li se jut tot esbahi.
Sire, fet-el, por Dieu merci,
Vos quidiez que jou déisse
Por ce que de vous me vousisse
610 Desfendre por tel achoison :
Onques certes, se à vos non,
A Chevalier ne le conté,
Et sachiez que grant mervelle é
Que vos n'iestes, sanz nul resort,
Trestot au primerain cop mort.
Por Dieu, or vos gisiez en pès,
Et si vos gardez desormès
De tochier à moi en tel guise :
Un sages hom a tost emprise
620 Tel chose qui à mal li torne.
Gauvain remest pensis et morne
Qu'il ne set conment se contiegne
Se Diex done qu'il s'en reviegne
Jamès arriers en sa contrée,
Jà ceste chose n'iert celée
Que il ne soit par tot séu
Qu'il aura sol à sol jéu
Anuitiée o une pucele
Qui tant est avenanz et bele,
630 Si que onques rien ne li fist,
Ne de rien ne li contredist,

Fors la manace d'une espée
Qui de nelui n'ert adesée,
Si seroit mès toz jorz honi
Se il li eschapoit issi :
Et si li font moult grant anui
Li cierge qu'il voit entor lui,
Qui rendoient moult grant clarté,
Par qui il voit sa grant biauté.
640 Lou chief ot bloi et plain lo front,
Et ses sorcis qui dogié sont,
Les iauz vers, lo nés bien assis,
Et frès et coloré lo vis,
La boche petite et riant,
Et son col lonc et avenant,
Les bras lons et blanches les mains
Et les costez soués et plains ;
Soz les dras la char blanche et tendre,
Nus n'i séust riens que reprendre,
650 Tant ot lo cors jont et bien fet.
Il s'est vers li doucement tret
Come cil qui n'ert pas vilain ;
Jà li féist lou jeu certain
Quant l'espée do fuerre salt,
Lors li a fet un autre asalt,
Do plat lo fiert parmi lo col.
A poi qu'il ne se tient por fol,
Mès l'espée un poi chancela,
Sor la destre espaule torna
660 Que du cuir li trencha trois doie,
Et fiert en la coute de soie
Que une piece en a trenchiée,
Puis s'est en son fuerre fichiée.

Quant Gauvain se senti navré
En l'espaule, et où costé,
Et voit qu'il ne puet à chief traire,
Moult est dolanz, ne set que fere,
Et anui a de son deport.
Sire, fet-ele, iestes-vous mort?
670 Damoisele, fet-il, je non,
Mès anuit més vous doint un don
Que vous avez rovés de moi.
Sire, fet-ele, par ma foi,
Se eles fussent lors donées
Que eles furent demandées,
Il fust or plus bel endroit vos.
Moult par fu Gauvain angoissos,
Et la Damoisele autresi :
Ne l'uns ne l'autres ne dormi,
680 Ainz veillierent à tel dolor
Tote la nuit de si au jor.

Vistement et tost se leva
Li ostes dès qu'il ajorna,
Puis est en la chambre venuz :
Ne fu mie taisanz ne muz,
Ainz apela moult durement.
Et la Damoisele erraumant
Ovri l'uis et puis est venue,
Si s'est lez lui couchiée nue,
690 Et li Chevaliers vint après.
Andeus les vit gesir en pès,
Si lor demande que il font.
Et messire Gauvain respont :
Sire, bien jà, vostre merci.
Quant li Chevaliers entendi

Qu'il parla si hautemant,
Sachiez que il fu moult dolant,
Que moult estoit fel et eschis.
Conmant, fet-il, iestes-vous vis?
700 Par foi, fet messire Gauvains,
Je sui trestoz delivre et sains;
Sachiez que je n'ai chose fet
Par coi je doie estre à mort tret,
Et se vos, en vostre meson,
Me feïssiez sanz achoison
Mal et anui, ce seroit tort.
Conmant, fet-il, si n'estes mort
Moult m'anuie quant vous vivrez.
Puis est avant un poi alez,
710 Si a à descovert véu
La coute qui trenchiée fu,
Et les linciax ensanglentez.
Vasax, fet-il, or me contez
Delivrement dont cest sanc vint.
Et messire Gauvain se tint,
Qui pas mentir ne li voloit,
Que nule achoison ne savoit
Don il bel covrir se péust
Que cil ne s'en apercéust.
720 L'ostes de parler se hasta,
Vassax, fait-il, entendez ça,
Par droit noient lo me celez :
Vos vousistes vos volentez
De cele Damoisele faire,
Mès n'en péustes à chief trere
Por lou branc qui le contredist.
Et messire Gauvain li dist :

Sire, vos dites verité,
Li branz m'a en deus leus navré,
730 Mès ne m'a pas blecié forment.
Et quant li Chevaliers entent
Que il n'est pas navrez à mort,
Biax sire, fait-il, à bon port
Iestes venuz, mès or me dites,
Se vos volez eschaper quites,
Vostre païs et vostre non :
De tel jent et de tel renon
Poez estre, et de tel afere,
Que toz vos bons m'estouvra faire,
740 Mès j'en voil estre bien certain.
Sire, fet-il, j'ai non Gauvain,
Et sui niés au bon roi Artur,
De ce soiez tot aséur
Que onques mon non ne chanjai.
Par foi, fait l'ostes, bien lo sai
Qu'en vos a moult bon chevalier;
De nul mellor parler ne quier,
N'a vostre per jusc'à Maogre,
N'en tot lou roiaume de Logre
750 Ne seroit-il mie trovez.
Savez conment j'é esprovez
Trestoz les Chevaliers do mont
Qui aventures querre vont,
Péussent en cest lit gesir,
Et toz les convenist morir
Un à un, tant qu'il avenist
Que toz li miaudres i venist.
Li brans lo me devoit eslire,
Car il no devoit pas ocirre

760 Lou miaudre quant il i viendroit :
Et si est esprovez à droit,
Qu'il vos a choisi au mellor.
Et quant Diez vos a fet anor,
Ne sai ne choisir, ne véoir
Qui miax doie ma fille avoir :
Je la vos otroi et créant,
Ne jà mal desci en avant
Auroiz nule garde de moi,
Et si vos doins par bone foi
770 A toz les jors de vostre vie
De cest chastel la seignorie,
S'en faites vostre volenté.
Lors l'en a Gauvain mercié
Qui moult en fu joianz et liez.
Sire, dit-il, bien sui paiez
De la pucele seulement ;
De vostre or ne de vostre argent,
Ne de ce chastel n'ai-je cure.
Lors se leverent à droiture
780 Entre Gauvain et la pucele.
Par lou païs vait la novele
C'uns Chevaliers venuz estoit
Qui la pucele avoir voloit,
Sor qui li branz s'ert deus fois tret,
Que point de mal ne li ot fet,
Et qui ainz ainz i vienent tuit.
Moult ot o chastel grant deduit
De dames et de chevaliers,
Et fu moult riches li mengiers
790 Que li peres fist atorner.
Mès je ne me voil demorer

A aconter quel li més furent,
Mès assez mengierent et burent.
Quant mengié orent à plenté
Et li doblier furent osté,
Cil lecheor dont moult i ot
Mostra chascuns ce que il sot.
Li uns atempre sa viele,
Cil flaüste, cil chalemele,
800 Et cil autres rechante et note
Ou à la harpe, o à la rote :
Cil list romanz et cist dist fables.
Cil Chevalier jeuent as tables
Et as eschés de l'autre part,
O à la mine, o à hasart.
Issi faite vie ont menée
Tot lo jor jusq'à l'avesprée,
Puis souperent à grant déduit.
Assez i ot oisiax et fruit
810 Et de bon vin à grant plenté.
Quant à grant joie orent soupé,
Delivrement cochier alerent,
La pucele et Gauvain menerent
En la chanbre de maintenant
Où il jurent lou soir devant :
Et li ostes o ax ala
Qui de son gré les esposa,
Puis mist ensanble sanz dangier
La pucele et lo Chevalier,
820 Si s'en issi et ferma l'us.
Que vos en diroie-je plus?
La nuit a sa volenté fete,
Onques espée n'i ot trete.

Sil' recovra, pas ne m'en poise,
A la damoisele cortoise,
A qui il ne greva noient.
Issi demora longuement
A tel joie et à tel revel
Monseignor Gauvain o chastel;
830 Puis si s'est de ce porpensé
Que lonc tens i ot demoré;
Que si parent et ses amis
Quidoient bien qu'il fust ocis.
A l'oste a la congié querre,
Sire, dist-il, en ceste terre
Ai demoré tant longuement
Que mi ami et mi parent
Quident que je soie peri,
Si demant la vostre merci
840 Lou congié de l'aler arriere,
Et si fetes en tel maniere
Cele Damoisele atorner
Que j'aie anor de li mener,
Et vos qui la m'avez donée,
Quant je venré en ma contrée
Qu'en die que j'ai bele drue,
Et qu'ele est de bon leu venue.
Li ostes li done congié,
Et Gauvain s'en est repairié
850 Et la Damoisele ensement.
Ses palefrois fu richement
Atornez de frainc et de sele :
Sus est montée la pucele,
Et Gauvain sor son cheval monte.
Que vos feroie plus lonc conte?

Ses armes prist qu'il aporta,
Au congié de l'oste s'en va
Liez et joianz de s'aventure;
. . . . (*)
860 Et quant fors de la porte vint,
La Damoisele son frainc tint.
Il li demande ce que doit;
Sire, fet-ele, je ai droit,
Que j'é fet trop grant obliée :
Sachiez que de ceste contrée
Je m'en irai moult à enviz
Sans mes levriers que j'ai noriz,
Qui moult par sont et bons et biax;
Ainz ne véistes si isniax,
870 Et sont plus blanc que nule flor.
Lors s'est mis Gauvain el retor,
Si va por les levriers poignant,
Et l'oste li va au devant
Qui bien lo vit venir de loing.
Gauvain, dist-il, por quel besoing
Estes-vost si tost retornez?
Sire, dist-il, que obliez
A vostre fille ses levriers,
Si me dist qu'el les a moult chiers,
880 Et que sans ax ne s'en ira.
Et li ostes les apela,
Si les bailla moult volentiers.
Et Gauvain a toz les levriers
S'en revet moult delivrement
A la pucele qui l'atent.
Lors se resont acheminé,

(*) Il manque un vers ici.

Et sont en la forest entré
Par où il estoient venu.
Lors ont un chevalier véu
890 Qui lou chemin venoit contr'eus :
Li Chevaliers venoit toz seus,
Mès il ert armez moult très bien,
Qu'il ne li failloit nule rien
De quanqu'estuet à Chevalier ;
Et séoit sor un bai destrier
Fort et isnel et remuant.
Li Chevaliers venoit errant
Tant que il vint d'ax auques près,
Et Gauvain lou quida en pès
900 Saluer lui et puis enquerre
Qui il estoit et de quel terre.
Mès cil qui ot autre pensé,
A lou cheval esperroné
Si durement qu'il se lança,
Et onques un mot ne sona,
Entre la pucele et Gauvain,
Si l'a prise parmi lo frain,
Puis si revet moult tost arriere :
Et cele, sanz autre proiere,
910 S'en vet delivrement o lui.
Se Gauvain ot ire et anui
Quant i l'en voit issi mener,
Il ne fet mie à demander,
Car il n'ot arme o lui portée
Fors escu et lance et espée ;
Et cil qui bien estoit armez,
Et forz et granz et sorquidez,
Si ot vers lui mal jeu parti,

Et ne porquant, conme hardi,
920 Point Gauvain vers lui lo destrier
Por la pucele chalongier.
Vasax, fet-il, grant vilenie
Avez fet qui avez m'amie
Saisie si estroitement;
Mès or fetes un hardement
Tel conme je deviserai.
Vos véez moult bien que je n'ai
Fors sol ma lance et mon escu,
Et lou branc au costé pendu;
930 Je vos conmant à desarmer
Tant que nos soions per à per,
Si ferez moult grant cortoisie :
Et se vos, par chevalerie,
La poiez vers moi conquerre,
Si soit vostre sans autre guerre;
Et se vos ce ne volez fere,
Soiez cortois et debonaire,
Si m'atendez desoz ces charmes,
G'irai emprunter unes armes
940 Ça arrier à un mien ami,
Et quant g'iere d'armes garni,
Je revenrai de maintenant.
Et se vos d'iluec en avant
La poez conquerre vers moi,
Sanz mautalent la vos otroi,
Issi de voir lo vos créant.
Et cil respont de maintenant :
Jà à vos n'en iert congié pris,
Et se g'i ai de rien mespris,
950 Jà ne vos en querrai pardon.

Se vos dou mien me faites don,
Moult par avez grant poesté,
Por ce que iestes desarmé,
Que vos no taigniez à forfet,
Vos iert jà un jeu parti fet.
Vos dites qu'ele est vostre drue
Por ce qu'ele est o vos venue,
Et je redi que ele est moîe :
Or la meton en cele voie,
960 Si aille chascuns de sa part,
Puis soit do tot en son esgart
Loquel ele ainme plus de nos;
Et s'el s'en vialt aler o vos,
Je la vos créant et otroi ;
S'ele s'en vialt venir o moi,
Donc est-il droiz qu'ele soit moie.
Gauvain bonement li otroie
Qui tant la créoit et amoit,
Qu'à escient de voir quidoit
970 Qu'el nou laissast por tot le mont.
Atant la lessent, si s'en vont
Et se traient un poi en sus.
Bele, font-il, or n'i a plus,
Do tot est à vostre plaisir
Auquel vos vos voudroiz tenir,
Car vos l'avons acreanté.
Ele a l'un et l'autre esgardé.
Primes celui, et puis Gauvain
Qui bien quidoit estre certain
980 D'avoir la tot séurement,
Et si se merveilloit forment
Sol de ce qu'il se porpensoit;

Mès la pucele qui bien sot
Conment Gauvain se puet aidier
Revialt savoir do Chevalier
Conment il est preu et vaillant.
Sachiez trestuit petit et grant,
Qui qu'en rie ne qui qu'en gronde,
N'a gaires nule feme o monde,
990 S'ele estoit drue, et moillier
A tot lo mellor Chevalier
Qui soit jusqu'en Inde major,
Jà por lui n'auroit tele amor
Que s'il n'estoit preuz en l'ostel,
Qu'el lou prisast un don de sel,
Vos savez bien de quel proece :
Or oez de si grant laidece
Que cele damoisele fist.
En la garde celui se mist
1000 Qu'ele de rien ne conoissoit.
Quant messire Gauvain ce voit,
Sachiez qu'il en fu moult marri
Qu'ele l'ot de son gré guerpi;
Mès tant estoit et preu et sage,
Et si cortois et si resnable,
Que onques mot ne li sona,
Jà soit ce que moult li pesa.
Et li Chevaliers li a dit,
Sire, fet-il, sanz contredit
1010 Doit la Damoisele estre moie.
Jà Diex, fet Gauvain, ne me voie,
Quant je contredit i metrai
Ne quant je jà m'en conbatrai
De chose qui de moi n'a cure.

Adonc s'en vont grant aléure
La pucele et li Chevaliers ;
Et Gauvain à toz les levriers
S'en va en la soe contrée.
La pucele s'est arestée
1020 Tantost enz o chief de la lande,
Et li Chevaliers li demande
Por qu'ele s'est arestéue.
Sire, fet-el, jà vostre drue
Ne serai à jor de ma vie
De si que je soie saisie
De mes levriers que je là voi,
Que cil vassax enmoinne o soi :
Et il li dist, vos les aurez.
Puis s'escrie : estez, estez,
1030 Sire Vassax ; je vos conmant
Que vos n'alliez plus en avant ;
Puis vint à lui toz abrivez.
Vassax, dist-il, porcoi menez
Les levriers, quant il vo ne sont ?
Et messire Gauvain respont :
Sire, fait-il, jes taing à miens,
Et se nului i claimme riens,
Conme miens les m'estuet desfendre ;
Et se vos en voliez prendre
1040 Lou jeu parti que me féistes,
Quant en mi lo chemin méistes
La damoisele por choisir
Auquel el se voudroit tenir,
Volentiers le vos souferroie.
Et li Chevaliers li otroie
Que volentiers cel jeu prendra,

> Car conme fol se porpensa,
> Se li levrier o li vendront,
> Que sanz estor li remandront,
> Et si pot estre bien certain,
> S'il s'en aloient à Gauvain
> Que delivrement l'escondroit
> Ausi con il ore feroit.
> Lors les ont o chemin lessiez.
> Quant il se furent esloigniez,
> Si les a chascuns apelez,
> Et il sont droitement alez
> A Gauvain que il conoissoient
> Por sol tant que véu l'avoient
> Chiés lou pere à la Damoisele.
> Gauvain les joïst et apele,
> Car moult est liez que il les a.
> Et la pucele araisona
> Le Chevalier en eslou pas :
> Sire, fet-ele, ja plain pas
> N'irai o vos, se Diex me voie,
> De si que je saisie soie
> De mes levriers que je aim tant.
> Et il respont, sanz mon créant
> Nez en puet-il mie mener,
> Puis avoit dit, lessiez ester,
> Vasax, que vos n'enmenrez mie.
> Et Gauvain dist : c'est vilenie
> Se vos en desdites ensi ;
> Mès je sui des levriers saisi,
> Si vindrent à moi de lor gré,
> Jà li sires de Maïsté
> Ne m'aït quant je lor faudrai!

La damoisele vos lessai
1080 Por sol tant que à vos se tint,
Qui moie estoit et o moi vint :
Dont me devez-vos sanz dangier
Par raison les levriers laissier
Quant il sont mien et o moi vindrent,
Et de lor gré à moi se tindrent.
Une chose sachez de voir,
Et s'el poez par moi véoir,
Se vos volez tot son plaisir
A cele pucele acomplir,
1090 Vos auroiz de li corte joie.
Je voil moult bien qu'ele m'oie,
Que sachiez tant con el fu moie,
Que ses bons li aconplissoie;
Or voiez con el m'a servi.
Il ne va pas de chien issi
Con de feme, ce sachez bien :
Une chose sachiez de chien,
Jà son mestre qui norri l'a,
Por estrange ne changera ;
1100 Feme a moult tost guerpi lo suen
Si ne li complist tot son buen.
Si est merveille de tel change,
Qui lou suen laisse por estrange ;
Li levrier ne m'ont pas guerpi,
Dont puis-je bien prover issi,
Jà n'en seré desdiz de rien,
Que nature et amor de chien
Valt miauz que de feme ne fait.
Vassax, fait-il, li vostre plait
1110 Ne vos puet ici rien monter

S'orendroit nes lessiez ester :
Gardez-vos, que je vos desfi.
Lors a Gauvain l'escu saisi,
Si l'a devant son pis sachié,
Puis s'est l'uns vers l'autre eslessié
Tant con chevax li pot raudir,
Si lou feri par tel aïr
Desus la bocle ou l'escu taint,
Que peçoié li a et fraint,
1120 Si qu'en volerent li tronçon
Loing et haut le giet d'un bozon;
Et Gauvain l'a après feru
O premier quartier de l'escu
Si durement, si con moi senble,
Que lui et lou cheval ensanble
Abati en une charriere.
Cil chaï en une toiere
Entre les cuisses son destrier,
Et Gauvain trait son branc d'acier,
1130 Tot maintenant sor lui guenchi :
Alainz que il pot descendi,
Si l'a contre terre as poinz pris,
Grant cop lou fiert parmi lo vis
Et o chief, si que tot l'estone.
Tote sa force l'abandone;
Car moult lou het por lo meffet
Et por l'anui qu'il li a fet.
Moult lou laidist et moult lo grieve,
Lou pan do haubers li solieve
1140 Si li a maintenant botée
Parmi les flancs sa bone espée.
Lors lou let quant vengiez se fu,

Cheval, ne hauberc, ne escu
Ne voust-il onques esgarder,
Ainz va les levriers apeler
Que il avoit forment amez,
Que bien se sont vers li provez;
Et puis cort penre son destrier
Qui par lou bois vet estraier.
1150 Vistement l'a ataint et pris,
Onques par li ne fu requis
Estriers, ainz sailli en la sele.
Sire, ce dist la damoisele,
Por Dieu et por anor vos pri
Que vos ne me lessiez ici,
Que ce seroit grant vilenie :
Se je fui fole et esbahie,
No me devez à mal torner,
Que je n'osoie o vos aler;
1160 Tel paor oi quant je vous vi
Si povrement d'armes garni,
Et cil ert armez si très bien
Qu'il ne li failloit nule rien.
Bele, fait-il, ce est neiant,
Pou vos vaut vostre couvrement;
Rien ne valt ceste coverture :
Tel foi, tel anor, tel nature
Puet-l'en sovent trover en feme :
Qui autre blef que il n'y seme,
1170 Voudroit recoillir en sa terre
Et cil qui en feme vialt querre
Fors sa nature, n'est pas sage.
Toz jors l'ont éu en usage
Puis que Diex fist la premeraine,

Qui de les servir plus se paine
Et plus lor fait bien et anor,
Plus s'en repent au chief do tor,
Et qui plus les anore et sert,
Plus s'en corrouce et plus i pert.
1180 La pitié ne vos venoit mie
De garder m'anor et ma vie,
Ainz vos venoit tot d'autre chose.
Li vilains dist à la parclose
Voit l'en o tote riens se prueve :
Cil qui fainte et fause la trueve,
Et la cherist et ainme et garde,
Jà puis Diex ne l'oit en sa garde :
Or gardez vostre conpaignie.
Atant pa sole deguerpie
1190 Si qu'il ne sot qu'ele devint :
A son droit chemin s'en revint.
De s'aventure a moult pensé,
Tant a par la forest erré,
Qu'au vespre vint en son païs.
Grant joie en firent si ami
C'o quidierent avoir perdu.
S'aventure, si con el fu,
Lor a de chief en chief contée,
Moult volentiers l'ont escoutée,
1200 A premiers bele et perillose,
Et après laide et aniose,
Por sa mie que il perdi,
Et puis con il se conbati
Por les levriers, à grant meschief.
Ensi fina tot à un chief.

CI FENIST DOU CHEVALIER A L'ESPÉE.

DU CLERC

QUI FU REPUS DERIERE L'ESCRIN,

PAR JEHAN DE CONDÉ.

Vnes gens sont qui anchois oient
Une truffe, et plus le conjoient
K'une bien grande auctorité :
Pour ce truffe de verité.
Vous vorrai ci ramentevoir
Si c'om le me conta de voir.
En Haynau ot une bourgoise
En une ville assez courtoise,
Plaine de jeu et de soulas.
K'Amours le tenoit en ses las.
10 Dont ele fu et de son non
Ne vous veul faire nul renon,
C'on le porroit teil part retraire
U il tournerait à contraire
Et en seroit plus grant griée.
La bourgeoise estoit mariée,
Si estoit bele et saverouse,
Gaie, envoisie et amourouse.
Un jour en sa chambre aveue li
Avoit un clerc cointe et joli,
20 S'i mangoient et s'i buvoient,
Car viande et vin tant avoient

Com il lor vint à volenté.
Maint mot ont dit d'amours enté,
Et bien se pooient aaisier
Et d'acoler et de baisier :
Ne sai s'autre jeu y ot point.
Si com il ierent en tel point
En la maison s'en vint atant
Uns biaus vallés et vint hurtant
30   A la chambre. Li Clers l'oy,
Sachiés point ne s'en esjoï :
Dame, dist-il, que devenrai ?
En queil guise me maintenrai ?
Amis, dist-elle, vous ireis
Deriere l'escrin, s'i gireis
Tous cois tant que r'aleis s'en iert,
Je ne sai qu'il veut ne k'il quiert.
Derriere l'escrin chieus mucha,
Et li vallés moult fort hucha.
40   La dame ens le laist à ce mot.
Li vallés aveuc la dame ot
Souvent privéement esté ;
Quant il a véu apresté
Ensi à boivre et à mengier,
Il s'est assis sans nul dangier.
La dame povre chiere fist
Car li jeus pas ne li souffist,
Car conpaignon laiens avoit
Que li vallés pas ne savoit.
50   Dame, dist li vallés adonques,
De vous teil chiere ne vi onques,
Vous saveis tant de nostre affaire
Que boine chiere devez faire.

La dame atant se rapaisa,
Chieus l'acola et baisa,
C'onques cele n'i mist défois.
Teil vie ot menée autrefois
Et plus avant un point loiié.
Assès ont but et dosnoié
60 Tant qu'il lor agréa et plot,
Mais au Clerc durement desplot
Qui repus s'estoit et tapis,
Et la chose qui li fait pis,
Ce est que le vallet véoit
Qui deleis la dame séoit
Et y mesnoit si grant dosnoi :
Au cuer en avoit grant anoi.
Tant à la que li viespres vint,
Li maris la dame revint
70 En sa maison, car il ert nuis :
Che fu au vallet grant anuis
Ki l'oïj, moult s'en effrea.
A la dame point n'agréa.
Dame, dist chieus, queil part irai?
Dist la dame, jel' vous dirai,
N'i sai chose plus profitable.
Il a là drecié une table,
Teneis vous y celéement,
Je menrai grant effréement
80 Et vorrai mon mari tenchier
Tant que je le ferai couchier;
Et quant point et heure en vèés,
D'en voie aler vous pourvéés.
Chieus se repust au miex qu'il sot.
Li maris à guise de sot

Hurta à l'uis hastéement,
La dame ouvri iréement
Et laidement le recueilli
Et par paroles l'acueilli.
90 Dont veneis, chaitis dolereus;
Mescéans et maléureus?
Vous n'iestes onques en maison,
Si estes uns hons sans raison,
En ort usage mainteneis,
Car de la taverne veneis,
Si me laissiés toute jour seule;
Honni soit vostre gloute geule!
Alons dormir, il en est tans.
Bele suer, ne soiiés hastans,
100 Il me convient ançois mengier.
Cele le prent à laidengier,
Et chieus s'assist, si demanda
A mengier, et du vin manda
Dont la bourgoise se courouche,
Et sa mere forment en grouche.
Suer, dist-il, pour Dieu vous taisiés
Et par amours vous apaisiés :
Honnis soit qui s'esmaiera,
Car chieus là trestout paiera.
110 De nul hoste ne se gardoit,
Son escrin enseignoit au doit
Qui adont estoit bien garnis.
Li Clers cuida estre escharnis,
Bien cuida que là le séust
Et qu'au venir véu l'éust,
Si douta vers lui ne venist,
Pour ce ains que baston tenist

Issi fors et si s'en ala
Vers le bourgois et si parla :
120 Sire, fait-il, par le mort beu
Mal à-point partiriés le jeu
Se chieus n'en paioit autretant
Qui là derriere est en estant
Deleis cele table apoiiés.
Or fu li bourgois avoiiés
Qui en son osteil ot teis hostes :
Bien pooient reire ses costes
Qui ensi du sien s'aaisoient,
Mais son ouvrage li faisoient.
130 Il fu debonaires et frans;
Car il estoit wihos soffrans,
Tous cois fu, n'ot soing de meslée,
Si a le besoigne celée;
N'a à iaus mot dit ne parlé,
Et il s'en sont empais alé.
Ne di plus qu'entre iaus lor avint.
Ne conment la dame en couvint :
Ne fu mie trop entreprise,
Car du mestier estoit aprise
140 Vrais wihos estoit ses maris.
Se ses cuers fu un pou maris,
Bien le sot tout à point remetre ;
Point ne m'en couvient entremetre
De dire qu'ele respondi,
Ne coument ele s'escondi :
Ele en sot si bien à chief traire
Que je atant m'en vorrai taire,

EXPLICIT.

DO MAIGNIEN QUI F... LA DAME.

Or escoutez, laissiez moi dire,
Je vos dirai une matire
Que je ai volantiers aprise.
Un Bachelers ot fame prise
Qui riches ert et aaisiez.
Qant il ce fu o li cochiez,
Ne sai par deus nuiz, o par trois,
La Dame qui vost tenir frois
Son cors, conmande à faire un bain.
La chanberiere, sanz desdain,
10   Lo fist qant el l'ot conmandé;
Et qant lo bain ot apresté,
Et la dame dedanz entrer
Et donc n'i volt plus arester.
La maison fu voide de gent,
Qui n'avoit que aux deus loyanz,
Por ce que il n'i ot qu'eles deus.
Une formete à trois quepeus
Avoit la bajasse aportée,
Et la Dame est desus montée
20   Qui tote despoilliée fu.
Li quepou erent vermolu
Et sor aux remest tot lo fais :
Li quepou qui erent mauvais,
Peçoient, et la dame chiet.
Se sor une dove s'asiet

Si que moult en saut grant achiée :
Moult durement se sent bleciée.
Sa meschinete i est alée
Qant cele l'avoit apelée ;
30 Et la dame li dist, amie,
Moult sui bleciée, Dex maudie
Celui que ceste sele fist.
Et la pucele après li dist :
Dame, fait-ele, max feus
L'arde ! la dame li dist leus :
Car garde s'il n'i pert point.
La dame par devant s'esjoint,
Si s'est as estopons tornée.
Cele n'est mie acostumée
40 Que par darriere veist-on.
Dame, li foyes et li pormon
Par lo mien esciant lo chiet.
Desor une dove s'asiet,
Conment, fait-ele, pert-il plaie ?
Oïl, fait el ; et moult s'esmaie,
Qui est fandue de un pié.
Lasse, fait-ele, don sui gié,
Se je n'en ai moult tost aïe ?
Por amor Deu, ma doce amie,
50 Alez, si me querrez un mire :
Ja cele rien ne saura dire
Que je ne li doigne del mien.
Atant oïrent un maingnien
Qui son mestier aloit criant.
Et la pucele maintenant
Vient à l'uis, lo meignien apele
Qui portoit une viez paele.

Tantost en la maison entra,
Et la dame li demanda
60 Se il savoit point de mecine.
Dame, j'ai encor tel racine
Qui vos garroit, n'en dotez rien.
La Dame li dist, por conbien ?
Por vint et sis sous de Mansois,
N'en prandroie mie Estampois,
Et sachiez que bien vos garrai.
Mais vint sous prenez sanz delai,
Et jel' vos ferai ja baillier.
Ainz ne se vost cil traveillier,
70 Ne estre del' conter en poine.
Maintenant par la main l'anmoine,
Si l'a cochiée sor un lit.
Li pautoniers qui ot gros v..
La f..t moult viguerosement,
Après li demande conment
Li estoit. Et cele dit, bien :
Se vos avez éu del mïen,
Je nel' tien mie or à perdu.
Li pautoniers qui aisiez fu,
80 Reconmance, tot sanz demore,
Et sachiez que en petit d'ore
La f..ti trois foiz près à près.
Dame, fait-il, desoremais
M'an porrai-je or bien aler?
Je ne voil ci plus demorer,
Car vos estes tote garie.
Biaz amïs, d'une autre foie,
Fait la Dame, me fust moult bien.
Par mon chief je n'en ferai rien,

90 Fait-il, or auriez vos tort.
　　Moult est fox qui à fame mort;
　　Costume n'a petit enfant.
　　Je n'en donroie jà autant
　　De mon oignement por dis libvres.
　　Li hon est trop musarz et ivres
　　Qui a fame fait nul marchié.
　　Je m'an vois à votre congié.
　　La dame a poine li otroie.
　　Atant c'est cil mis à la voie.
100 Par cest example vos deffant
　　Que se nus de vos fame prant,
　　Vos lo devez moult bien savoir
　　Ne faite pas vostre pooir
　　D'à li gesir au premiérain,
　　Que qant vanroit au darrien,
　　Por fol vos porriez tenir,
　　Si ne li porroiez fornir
　　Ce que auréiez conmancié,
　　Ele auroit moult tost porchacié
110 Qui li feroit autant o plus,
　　Et por ce nel doit panser nus.

CI FENIT DO MAIGNIEN.

LE REVENANT, (*)

PAR PIERRE DANFOL.

Sans plus longuement deslaier
M'estuet conter d'un Chevalier
Et d'une Dame l'avanture
Qui avint, ce dit l'escriture,
N'a pas lonc tans en Normandie.
Cil Chevalier voloit s'amie
Faire d'une Dame, et grant poine
Sofroit por lui qu'el fust certaine
Que il l'amoit, car il faisoit
Totes les choses qu'i savoit
10   Q'à la Dame déussient plaire.
Je ne voil pas lonc conte faire :
Cil Chevaliers tant la requist
Que la Dame à raison lo mist
Un jor, et li demande et quiert
De quel aconte qu'il la requiert
D'amor, qant il jor de sa vie
Ne fist por li chevalerie
Ne proece qui lui pléust,
Par quoi s'amor avoir déust.

(*) Cette pièce est sans titre dans le manuscrit, et j'ai cru pouvoir lui donner celui sous lequel Le Grand l'a fait connoître, tome II, page 334 de l'édition in-12.

20 Si li dist, en riant, sanz ire,
Que de s'amor n'ert-il jà sire
De si que sache, san dotance
Conmant il porte escu et lance,
Et s'il en set venir à chief.
Madame, ne vos soit donc grief,
Fait li Chevaliers, mais otroi
Me donez de prandre un tornoi
Contre vostre Seignor, et soit
Devant sa porte en tel endroit
30 Que vos véoiz apertement
Par trestot lo tornoiement;
Lors si verroiz, se il vos siet,
Conme lance et escuz me siet.
La Dame, sanz nul deslaier,
Lo congié done au Chevalier
De prandre lo tornoiement.
Il l'an mercie bonnement :
De maintenant, sanz plus atandre,
En vait lo tornoiement prandre.
40 Ez-vos que li tornoiz est pris,
Puis ont as Chevaliers de pris,
Mandé et proié qu'il i soient.
Ensi par lo païs envoient,
Ne jusqu'au terme ne finerent,
Car moult entalanté en erent,
Et bien manderent lo jor et l'ore
As Chevaliers, tot sanz demore,
Et vindrent granz tropiax ensanble.
Ez vos que li tornois asanble,
50 Et granz et orgoillex et fiers :
Car qui véist ces Chevaliers,

Qant ore fu de tornoier,
Haubers vestir, hiaumes lacer,
Tost fu chascuns prest endroit soi.
Li dui qui pristrent lo tornoi
En la place furent premiers,
Armé sor les coranz destriers,
Tuit prest de lances depecier.
Lors saillent sus sanz delaier,
60 Les escus joinz, les lances baissent,
Lachent les regnes, si s'eslaissent :
Noblemant es estriers s'afichent,
Les lances brisent et esclicent,
Onques de rien ne s'espargnerent;
Des espées lo chaple ferent
Chascuns au mialz que il savoit.
Li Chevaliers qui pris avoit
Lo tornoi, et juré par s'ame
Envers lo Seignor à la Dame
70 Que il voldra à lui joster
Par tans, cui qu'i doic coster
Lors laisse cele part
Plustost que foille qui depart
D'arc, qant ele est bien entesée,
Jus l'anporte lance levée,
Nel' pot tenir poitrax ne cengle,
Tot chaï en un mont ensanble.
Et qant la Dame a ce véu
Q'à son seignor est meschéu,
80 D'une partie en fu dolante,
De l'autre moult li atalante
Que ses amis l'a si bien fait.
Que vos feroie plus lonc plait?

Moult avoient bien conmancié
A tornoier tuit, qant pechié
Lor corut sor, et enconbrier,
Que mort i ot un chevalier.
Je ne sai pas dire raison
Conmant fu morz, ne l'achoison,
90 Mais tuit en furent mat et morne,
Lors l'anfoïrent soz un orme.
Après por ce qu'il estoit tart,
Li tornoiemanz se depart,
Puis va chascuns son hostel prandre.
Et la Dame, sanz plus atandre,
Par deus garz mande au Chevalier
Que si con il vialt qu'el l'ait Chevalier,
Ne jà por son ami lo taigne
Qu'à li parler cele nuit veigne.
100 Cil qui fu liez du mandemant,
Dit qu'il ira moult boenemant;
Por trestot estre detranchiez
Ne sera-il, ce dit, laissié :
Atant li gartz de lui depart.
Qant la nuit vint, moult li fu tart
Qu'il fust là o aler devoit :
Une pucele se prenoit
Toz jors garde de sa venue.
Qant il vint là, si la salue :
110 A grant peor et à grant poine
Dedanz une chanbre l'anmoine.
Iluec li dit que il se taigne
De si que sa Dame à lui veigne.
Atant s'an torne la pucele,
A sa Dame dit la novele

Del Chevalier, et qu'il estoit
En la chanbre o il atendoit.
Diz-me tu voir? Oïl, par m'ame.
Et g'irai jà, ce dit la Dame,
120 Qant mes sires sera cochiez.
Au Chevalier a ennoié
De ce qu'el met tant à venir,
Si ne se puet plus à tenir
Que endormiz ne soit cochiez,
Car il estoit moult traveilliez
Des armes c'ot porté lo jor.
Et la Dame qui ot peor
De ce que tardié avoit tant,
En lui en vient tot maintenant.
130 Lors esgarde qu'il dort sans dote :
Ele no hurte ne ne bote,
Mais maintenant s'en va ariere.
Si apela sa chamberiere :
Va tost, fait-ele, sanz tardier,
Si me dit à cel Chevalier
Que il s'an aille vistemant.
La pucele fu en demant
Porquoi c'estoit et la raison.
Je t'an dirai bien l'achoison,
140 Fait la Dame, por ce qu'il dort.
Par l'ame Deu, vos avez tort,
Fait la meschine, ce me sanble.
Tu manz, garce, trestot ensanble :
Déust-il bien la nuit veillier
Por solement un sol baisier
D'une tel Dame con je sui ;
Por ce si me torne à enui,

        Car je sai bien, se il m'amast,
        Por cent libvres qui lui donast,
150   N'en féist-il mie autretant :
        Va, sel' congée maintenant.
        Atant s'an torne la meschine,
        De si qu'au Chevalier ne fine
        Qui se dormoit desus son coude :
        Ele vait avant, si le bote.
        Cil sailli maintenant en piez :
        Or ça, ma Dame, bien veigniez ;
        Moult avez fait grant demorée.
        Por noiant m'avez saluée,
160   Danz Chevaliers, fait la pucele,
        Par tans oroiz autre novele :
        Ma Dame m'a ci envoiée
        Qui lez son seignor s'est cochiée,
        Si vos mande que ne soiez
        Si hardiz, ne si envoisiez
        Que vos jamais en nul endroit
        Veiniez en leu o ele soit.
        Avoi ! damoisele, por quoi ?
        Dites lo moi. Et je l'otroi :
170   Por ce que pas ne déussiez
        Dormir en leu o vos fussiez
        Por si très noble Dame atandre,
        Si bele et si blanche et si tandre,
        Et si vaillant con est ma Dame.
        Damoisele, fait-il, par m'ame,
        J'an ai meffait, c'est verité,
        Mais je vos pri en cherité,
        Que se de vos aie congié,
        D'aler là o il sont cochié

180 Entre ma Dame et son seignor :
Car sachiez bien c'onques graignor
Talant n'oi mais de faire rien.
Tot ice vos otroi-je bien
En moie foi, fai la pucele.
Cil qui fu liez de la novele,
Sanz faire nule demorance,
Tantost en la chanbre s'elance,
Il n'ot pas des jarrez lo chancre.
Une lampe avoit en la chanbre,
190 Par costume ardoir i siaut.
Li Chevaliers sa voie aquialt,
Lot droit au lit en est venuz :
Un poi en loin s'estoit tenuz,
Et trat s'espée tote nue.
Li sire, por la grant véue,
Ovre les iauz, si l'aperçoit :
Li Chevaliers ne se movoit.
Qui estes-vos, fait se il là ?
Li Chevaliers tantost parla
200 Qui n'ot cure de là targier,
Je sui, fait-il, lo Chevalier
Qui je hui matin fu mort,
Bien en poez avoir recort.
Si sai-je bien, et qui vos moine ?
Sire, je sui en moult grant poine,
Ne jamais jor n'en istra m'ame
De si à tant que cele Dame
Qui, o vos gist, pardoné m'ait,
Se il li plaist, un sol mesfait
210 Que je li fis con je vivoie.
Que Dex des ciax enor et joie,

Et de ses biens assez vos doint,
Proiez qu'ele lo me pardoint :
Car je vos ai dit la raison,
Por quoi vien ci et l'achoison.
Dame, Dame, fait se li sire,
Se avez mautalant ne ire,
Ne coroz vers ce Chevalier,
Pardonez li, j'o vos requier.
220 N'en ferai rien, ce dit la Dame,
En vain debatez vostre teste,
Car s'est fantome o autre beste
Qui nos afole tote nuit.
Certes non est, si con je cuit.
Non fait-je, sire, sanz dotance,
J'ai fait li Chevaliers créance
En Dame Deu et en sa Mere,
Par la foi que devez Saint Pere.
Dan Chevaliers, fait ce li Sire,
230 Don vient cist coroz et cist ire
Que vers vos a la Dame enprise ?
Sire, certes en nule guise,
Fait li Chevaliers, nel' diroie,
Car se j'ai mal, et pis auroie
Se j'an avoie mot soné.
Certes or vos iert pardoné,
Fait la Dame, dan Chevalier,
Ne vos voil or plus traveillier.
Vostre merci, ma doce amie,
240 Car plus ne vos demant-je mie.
Or s'an vait cil sanz arestée,
Bien a sa besoigne atornée;
Mais s'il n'aüst ensin ovré

Il n'aüst jamais recovré
L'amor qu'il ot tot de novel.
Pierres Danfol qui ce fablel
Fist et trova premieremant,
No fist fors por enseignemant
A cez qui parler en feroient,
250 Se tele avanture trovoient :
Car nus ne l'ot qui n'an amant,
Se mauvestiez trop ne sorprant.

DE LA VIELLE

QUI OINT LA PALME AU CHEVALIER.

D'une vielle vos voil conter
Une fable por deliter.
Deus vaches ot, se truis o livre,
Là o ele prenoit son vivre.
Un jor furent ensanble alées,
Si les a li prevos trovées,
Mener les fait en sa maison.
Qant la fame sot la raison,
Alée i est sanz plus atandre,
Proie li que li face randre.
10 Assez proie, mais ne li vaut,
Que au felon Prevost ne chaut
De qanqu'ele dit, ne li veille.
Par ma foi, dist-il, bele vielle,
Ainz auroiz paié cest escot
Des granz deniers muisiz el pot.
La boene fame atant s'en torne
Tristre et marrie à chiere torte
Hersan encontre sa voisine,
Si li a conté son convine
20 . . . . (*)
Q'ele voist parler à aut home,
Biau prevost si soit saje et cointe;

(*) Il manque un vers ici.

Se la paume li avoit ointe,
Ses vaches li feroit avoir
Trestotes quites, sanz avoir.
La bone fame a quis del lart,
Qui n'i antant barat ne art.
Au chevalier en vint tot droit
Qui devant sa maison estoit.
Li Chevaliers ot mis ses mains
Par avanture sor ses rains ;
La fame par darriere vait,
Lo lart par la paume li trait.
Qant cil sant sa paume lardée,
Si a la vielle resgardée :
Bone fame, que fais-tu ci?
Sire, por amor Deu, merci,
Si me fu dit c'à vos venisse,
Et que la paume vos oinsisse ;
Et se je ce faire pooie,
Mes vaches quites r'auroie.
Cele c'o t'anseigna ci faire,
Entandi tot à autre afaire,
Mais jà por ce rien n'i perdras,
Tes vaches quites r'averas,
Si t'abandon lo pré et l'erbe.
L'avanture de cest proverbe
Retrai por riche home-fauz,
Qui plus sont loeiz et fax :
Lor san et lor parole vandent,
A nule droiture n'entandent ;
Chascuns à prandre s'abandone.
Povres n'a droit se il ne donc.

LI DIZ DE L'ERBERIE,

PAR RUTEBEUF.

Seigneur, qui ci este venu,
Petit et grant, jone et chenu,
Il vos est trop bien avenu,
 Sachiez de voir :
Je ne vos voel pas desovoir,
Bien le porreiz aparsouvoir
 Ainz que m'en voize ;
Aséeiz-vos, ne faites noize,
Si escouteiz, c'il ne vos poize.
 Je sui uns mires,
10 Si ai estei en mainz empires ;
Dou Caire m'a tenu li sires
 Plus d'un esté :
Lonc tanz ai avec li estei,
Grant avoir i ai conquestei.
 Meir ai passée,
Si m'en reving par la Morée
Où j'ai fait mout grant demorée,
 Et par Salerne,
Par Burienne et par Byterne ;
20 En Puille, en Calabre, Palerme
 Ai herbes prises
Qui de granz vertuz sunt emprises.
Sus quelque mal qu'el soient mises,

Li maux c'en fuit
Jusqu'à la rivière qui bruit.
Dou flun des pierres jor et nuit
 Fui pierres querre :
Prestres Iehans i a fait guerre,
Je n'ozai entrer en la terre,
30 Je fui au port.
Mont riches pierres en aport
Qui font resusciter le mort.
 Ce sunt ferrites,
Et dyamans et cresperites,
Rubis, jagonces, marguarites,
 Grenas, stopaces,
Et tellagons et galofaces :
De mort ne doutent menaces
 Cil qui les porte,
40 Foux est ce il ce desconforte,
N'a garde que lievres l'en porte
 C'il se tient bien.
Si n'a garde d'aba de chien,
Ne de reching d'azne anciien
 C'il n'est coars
Il n'a garde de toutes pars.
Carbonculus et gartelars
 Qui sunt tuit Inde.
Herbes aport des dezers d'Inde
50 Et de la terre Lincorinde
 Qui siet seur l'onde
Elz quatre parties dou monde,
Si com il tient à la raonde.
 Or m'en créeiz,
Vos ne saveiz cui vos vééiz,

Taisiez-vos, et si vos sééiz,
       Veiz m'erberie.
Je vos di par Sainte Marie
Que ce n'est mie freperie,
       Mais granz noblesce.
J'ai l'erbe qui les veiz redresce
Et cel qui les c... estresce
       A pou de painne.
De toute fievre sanz quartainne
Gariz en mainz d'une semainne,
       Ce n'est pas faute;
Et si gariz de goute fautre,
Jà tant n'en iert basse ne haute,
       Toute l'abat.
Ce la vainne don cul vos bat,
Je vos en garrai sanz debat,
       Et de la dent
Gariz-je trop apertement
Par un petitet d'oignement
       Que vos dirai.
Oeiz coument jou confirai,
Dou confire ne mentirai,
       C'est cens riote.
Prenez dou sayn de marmote,
De la merde de la linote
       Au mardi main,
Et de la fuelle dou plantain,
Et de l'estront de la putain
       Qui soit bien ville,
Et de la pourre de l'estrille
Et dou ruyl de la faucille
       Et de la lainne,

Et de l'escore de l'avainne
Pilez premier jor de semainne,
90   Si en fereiz
Un amplastre ; dou jus laveiz
La dent, l'amplastre i metereiz
    Desus la joe.
Dormeiz un pou, je le vos loe,
S'an leveir n'i a merde ou boe,
    Diex vos destruie !
Escouteiz, c'il ne vos anuie,
Ce n'est pas jornée de truie
    Cui poeiz faire,
100 Et vos cui la pierre fait braire,
Je vos en garrai sanz contraire,
    Ce g'i met cure.
De foie eschauffei, de routure
Gariz-je tout à demesure
    A quelque tort,
Et ce vos saveiz home xort,
Faites le venir à ma cort,
    Ja iert touz sainz.
Onques mais nul jor n'oy mains,
110 Ce Diex me gari ces deux mains,
    Qu'il orra jà.
Or oeiz ce que m'en charja
Ma dame qui m'envoia sà :

Bele gent, je ne sui pas de ces povres prescheurs, ne de ces povres herbiers qui vont par devant ces mostiers, à ces povres chapes mau cozues, qui portent boites et sachez, et si estendent un tapiz : car teiz vent poivre et coumin qui n'a pas autant de sachez com il ont. Sachiez que de ceulx ne sui-je pas, ainz sui à une dame qui a non ma Dame Trote de Salerne, qui fait cuevrechief de ces oreilles, et li sorciz li pendent à chaaines d'argent par desus les espaules; et sachiez que c'est la plus sage dame qui soit enz quatre parties dou monde. Ma dame si nos envoie en diverses terres, et en divers païs, en Puille, en Calabre, en Tosquanne, en terre de Labour, en Alemaigne, en Soissonnie, en Gascoingne, en Espaigne, en Brie, en Champaingne, en Borgoigne, en la forest d'Ardanne por ocirre les bestes sauvages et por traire les oignemenz, por doneir medecines à ceux qui ont les maladies es cors. Ma dame si me dist et me commande que en queil que leu que je venisse, que je deisse aucune choze si que cil qui fussent entour moi i preissent boen essample, et por ce qu'ele me fist jureir seur sainz, quant je me departi de li, je vos apanrai à garir du mal des vers, se vos le voleiz oïr. Voleiz oïr ?

Aucune genz i a qui me demandent dont les vers viennent. Je vos fais à savoir qu'il viennent de diverses viandes reschauffées et de ces vins en futeiz et boteiz, si se congrient es cors par chaleur et par humeur : car si con dient li philosophe, toutes choses en sunt criées, et por ce si viennent li ver es cors, qui montent jusqu'au cuer et font morir d'une maladie c'on apele mort solitaire. Seigniez-vos, Diex vos en gart tous et toutes.

Por la maladie des vers garir, à vos iez la véeiz à vos piez, la marchiez, la meilleure herbe qui soit elz quatre parties dou monde : ce est l'ermoize. Ces fames c'en ceignent le soir de la Saint Iehan et en font chapiaus seur les chiez, et dient que goute ne avertin ne les puet panre n'en chief, n'en bras, n'en pié, n'en main. Mais je me merveil quant les testes ne lor brisent et que li cors ne rompent parmi, tant a l'erbe de vertu en soi. En cele champeigne où je fui neiz l'apele hon marrebore, qui vaut autant com la meire des herbes.

De cele herbe panrroiz trois racines, cinq fuelles de sauge, neuf fuelles de planteing : bateiz ces choses en un mortier de cuyvre à un peteil de fer ; desgeunez-vos dou jus par trois matins, gariz serez de la maladie des vers.

Osteiz voz chaperons, tendeiz les oreilles, regardeiz mes herbes que ma dame envoie en cest païs, et por ce qu'ele wet que li povres i puist ausi bien avenir comme li riches, ele me dist que j'en feisse danrrée : car teiz a un denier en sa borce qui n'i a pas cinq sols ; et me dist et me commande que je prisse un denier de la monoie qui couroit el païs et en la contrée où je vanroie. A Paris un parisis ; à Orliens un orlenois ; à Aumans un mansois ; à Chartres un chartin ; à Londres en Aingleterre un esterlin ; por dou pain, por dou vin à moi ; por dou fain, por de l'avainne à mon roucin : car cil qui auteil sert, d'auteil doit vivre.

Et je di que c'il estoit si povres, ou hom, ou fame, qu'il n'eust que doner, venist avant, je li presteroie l'une de mes mains por Dieu, et l'autre por sa Meire, ne mais que d'ui en un an feist chanteir une messe de Saint Esperit, je di nouméement por l'arme de ma dame qui cest mestier m'aprist. Que je ne fasse ja trois pez, que li quarz ne soit por l'arme de son pere et de sa mere en remission de leur pechiez. Ces herbes vos ne les mangereiz pas, car il n'a si fort buef en cest païs, ne si fort destrier, que c'il en avoit ausi groz com un pois sor la langue, qu'il ne morust de male mort, tant sont fors et ameires, et ce qui est ameir à la bouche, si est boen au cuer. Vos les metreiz trois jors dormir en boen vin blanc; se vos n'aveiz blanc, si preneiz vermeil; se vos n'aveiz vermeil, preneiz de la bele yane clere : car teiz a un puis devant son huix, qui n'a pas un tonel de vin en son celier. Si vos en desgeunereiz par treize matins ; ce vos failleiz à un, preneiz autre, car ce ne sont pas charaies. Et je vos di par la paission dont Diex maudist Corbïtaz le Juif qui forja les trente pieces d'argent en la tour d'Abilent à trois liues de Jherusalem, dont Diex fu venduz, que vos sereiz gariz de diverses maladies et de divers mahainz, de toutes fievres sanz quartaine, de toutes goutes sanz palazine, de l'enfleüre dou cors, de la vainne dou cul, c'ele vous debat; car ce mes peres et ma mere estoient où peril de la mort et il me demandoient la meilleure herbe que je lor peusse doneir, je lor donroie ceste. En teil meniere venz-je mes herbes et mes oignemenz; qui vodra si en preingne; qui ne vodra si les laist.

ROMAN DE TRUBERT,

PAR DOUINS.

En fabliaus doit fables avoir;
Si a il, ce sachiez de voir,
Por ce est fabliaus apelez,
Que de faubles est aünez.
Douins qui ce fabliau rima,
Tesmoigne que il avint jà
En la forest de Pont-Alie
Ot une fame hebergie :
Vueve fame fu sanz seigneur;
Moult feisoit petit de labor.
Une fille et un fil avoit,
En ce lieu norri les avoit;
S'estoient non-sachant et nice.
Norri orent une genice,
Si l'avoient moult bien péue
De foin, de blé, d'erbe menue :
Tant la norrirent que fu granz.
Quant ce vint au chief de deus anz,
Si s'est li vallez porpensez :
Mere, fet-il, vous ne savez,
Alons vendre nostre genice,
S'aura ma suer une pelice,
Que bien véez qu'elle est trop nue.
Tant com sera si mal vestue

Ne troverons qui la demant.
Biax fiz, fet-elle, Dex t'ament
Quant tu as tel chose pensé :
Moult as bien dit et bien parlé,
Tout jorz mès t'en ameré mex,
30 Maine la vendre se tu veus.
 Cil un par matin sa voie aqueut,
Au chastel où le marchié queut
En a sa genice menée.
Un macecrier l'a achetée,
Dis sols li fit sanz riens lessier.
Cil li dona moult volentier,
Encor valoit-ele vingt sox,
Mès cil estoit nices et fox,
N'onques mès en tout son aé
40 N'avoit vendu ne acheté.
Des deniers ot-il vint, et cant
Li vallez a son paiement,
Einsi les avoit-il nombrez,
En son giron les a noez.
Li vallez regarde, si voit
Une chievre c'uns hom tenoit
En un lien, et la velt vendre.
Cil vint à lui, si li demande :
Volez vendre la chievre, sire ?
50 Oïl, et si vos os bien dire
N'a si bone jusqu'à Doai.
Dites por combien je l'aurai.
Dirai, vous l'aurez por cinc sox.
Quanz vinz sont-ce, ce dit li fox ?
Ce sont troi vinz, fet li vilains,
Dites-vos troi ne plus ne mains ?

Oïl voir, ce dit li preudon.
Lors a desnoé son giron,
Par troi foiz l'en a poié vint,
60 Li vilains à poié se tint,
Au bacheler sa chievre livre,
Et cil la prent toute delivre,
Si l'en maine moult liéemant.
Il cuide et croit veraiement
Qu'il l'ait de deus parz enginié;
Moult a redouté le pechié.
Cil qui par aventure guile,
S'en est entrez dedans la vile,
Tout contremont s'en est alez
70 Tant qu'à un huis est arestez
Où ot peint un viez croucefiz
Et apareillié de verniz.
Iluec s'est li bers arestuz,
Il ne fu pas de parler muz,
Ainz a le mestre salué,
Et cil li a bon jor horé.
Cil met son chief en la meson,
Si a véu en un anglon
Un croucefiz au mur drecié
80 Qu'en la croiz est apareillié;
Bien cuide et croit veraiement
Uns hom soit de char et de sanc.
Par foi, fet-il, ci a mal plait,
Qu'avoit or cist preudon meffet
Qui en ce fust est clofichiez?
Les eulz éust-il or sachiez
Cil qui einsi l'a conraé?
Lors l'en ont trestuit regardé :

Diva! font-il, sez-tu ce qu'est?
90 Oïl moult bien, dit le vallet,
Bien voi que c'est un home mort,
Je ne sai à droit ou à tort,
Que qu'il ait fet, or le lesson,
Dame Dex li face pardon!
Et si feites marchié à moi.
Dit li mestres, et je de quoi?
Ceste chievre que ci véez,
Pour combien vous la me peindrez?
Li maistres entre en la corgie,
100 Bien entent don fol la sotie:
Amis, troi sols de tes deniers
M'en donras, et je volentiers
La te paindré et bien et bel.
Sire, fait cil, par Saint Marcel
Bien sai que trop m'en demandez;
Mais s'il vous plait vous en aurez
Trois vinz, certes que plus n'en ai.
Dit li mestres, et je ferai
Ceste chievre qu'amené as
110 Et en tes biens fez me metras.
Sire, fait-il, moult volentiers,
Voil que soiez trestoz entiers.
Li maistres la chievre apareille
Inde, jaune, vert et vermeille,
Moult en a feite bele beste,
Li soz en demaine grant feste.

La main a mise à son argent,
Au mestre a fet son paiement.
Sa chievre prent, d'iluec s'en torne,
120 Par devant le chastel s'en torne

Où li Dus dou païs menoit.
Aus fenestres en haut estoit
La dame, o lui une pucele.
Véez-vos or ma demoisele,
Cele beste que cil hons maine,
Qui de tantes couleurs a laine?
Par ma foi j'en ai grant merveille,
Onques mès ne vi la pareille.
Alez le moi tost amener,
130 Dites que viengne à moi parler.
Damoisele Aude i est alée,
Jusques au fol n'est arestée :
Tot meintenant qu'ele vint là,
La pucele le salua.
Amis, fet-ele, Dex vos gart !
La chievre amenez ceste part,
Si venez parler à ma Dame
La Duchesse, qu'ele vous mande.
Mande ? fet cil, que me velt-ele ?
140 Sire, ce dit la damoisele,
Moult en devez grant joie avoir
Qant ma Dame vous velt véoir
Tant li dit et tant li loa
Que li vallez dit, g'irai là
Por savoir mon qu'ele me velt.
D'iluec s'em part, sa voie aquelt,
Et la damoisele l'en maine
Jusques devant la chastelaine.
Sitost com la dame le vit,
150 Se salua, puis si li dit :
Amis, la chievre nos vendez,
S'il vous plet, et si en prenez

De nos deniers ce qu'elle vaut.
Dame, fet-il, se Dex me saut,
Je la vous vandrai volentiers
Un f..... et cinc sols de deniers
La faz, itant en averai,
Ou je des mois ne la vandrai.
Amis, du croistre vous taisiez,
160 Et gardez que plus n'en pleidiez.
De nos deniers en prenez tant
Que vous n'i perdez jà néant.
Par foi, fet cil, et je m'en vois,
Certes ne la vandrai des mois,
Se un f..... ou cinc sols n'en ai,
Jà de tant riens n'en lesserai.
 Ce dit Aude la damoisele,
Dame, moult est la chievre bele,
Por Dieu ne la lessiez aler,
170 Va, sote, il ne la velt doner
Por mains d'un croistre et cinc sos.
Ne vous chaut, dame, c'est un fos,
Meintenant que sera montez,
Descendra, et puis si aurez
La chievre qui tant par est bele.
Tant li a dit la damoisele,
La dame dit qu'ele fera
Quanque au bacheler pleira.
Ce dit Aude, vos avez droit,
180 Que ce ne fet ne chaut ne froit,
Que jà pis ne vos en sera,
Ne plus ne mains n'i aura jà.
Le Bacheler en ont mené,
En la chambre l'ont apelé

Qui toute estoit encortinée :
Aude i a sa dame enfermée
Avec le vallet sol à sol.
Cil li a mis le braz au col,
Si la gita enmi un lit,
190 Si en a feit tout son delit.
Aude se siet à la fenestre
Qui bien set de sa dame l'estre,
Garde, si voit le Duc venant.
En la chambre s'en va corant :
Dame, fet-ele, que feisiez ?
Par la mort Dieu trop demorez
Messires est jà à la porte,
Se il vient ci vous estes morte.
Ce dit la dame, sus levez,
200 Amis, et si vos en alez
S'avec moi estiez trovez,
Mort seriez et afolez.
Dame, fet-il, or vous soufrez,
Ainçois sera un mois passez
Que de vos soie rasazez :
En ce païs où je fui nez
I met en bien un mois entier.
Dit la dame, ce n'a méstier.
La dame a pris un cofinel
210 A son chevez où si joel
Estoient, et si ert toz plains
De Parisis et de Charteins :
La dame en done au bacheler
A ses jointiées sanz conter.
Par troi foiz i bouta ses mains,
Dis livres li dona aus meins ;

Amis frere, or vos en alez,
Et votre chievre remenez.
Atant ala cil l'uis ovrir,
220 Ne l'oserent plus retenir.
La dame à Dieu le conmanda,
Et la pucele puis s'en va.
 A l'issue de la chaucie
A encontré la chevauchie
Le Duc, o lui si chevalier
Qui reperoient de chacier.
Trestuit à la chievre entendirent,
Et moult grant serement en firent
Ainz mès ne virent la pareille,
230 Tuit s'en rient à grant merveille ;
Li Duc méimes s'i areste,
Plus que li autre en maine feste.
Au vallet vient, si li demande,
Amis, volez la chievre vendre?
Oïl, sire, se vos volez.
Frere, dites que vos l'amez
Et por combien je l'averai.
Volentiers, sire, le dirai :
Pour quatre paus dou cul l'aurez
240 Et cinq sols, itant m'en donrez
Se ma chievre volez avoir.
Amis, tu ne diz pas savoir,
Fet li Sires, se Dex me saut,
Que ta chievre plus d'argent vaut :
Je ne t'en veil pas enginier.
Tuit s'en rient li chevalier
De ce que paus dou cul demande.
Li dus belement li demande :

Amis, conment avez vos non?
250   Trubert, sire, m'apele-l'on.
Où fus-tu nez, ne celer mie.
En la forest de Pont-Arlie.
Trubert frere biax doz amis,
Quarante sols de parisis
Vos ferai orendroït doner,
Et si lessiez les peus ester
Qu'il ne vos vaudroient néant.
Et dit Trubert, se Dex m'ament,
Quatre peus du cul en aurai
260   Et cinc sols, ou point n'en vendrai
Ainçoïs sera sept anz passez.
Ce dit li Dus, vos les aurez.
Voire, dient li chevalier,
Mès qu'il li convendra sachier,
Que vos n'i metrez jà la main.
Non, fet li Dus, par Saint Germein,
Trubert, il les vos convient prandre,
Ne me puis pas du tot deffendre.
Dit Trubert, et je les panrai
270   Touz quatre, jà plus n'en aurai.
Mès prenez en à grant plenté.
Li Dus li a le cul tourné,
Apareillié et descouvert,
Si que toz li fenduz apert.
Trubert frere, or en prenez
De cele part que vos volez;
Et Trubert a apareillié
Un poinçonnet moult delié,
En la nache li a feru;
280   Jusc'au manche l'a embatu,

Si le r'a moult tost à lui tret.
A pou li Dus ne crie et bret;
Amis, dit-il, tenez-vos coiz,
Mal m'avez fet à ceste foiz :
N'i touchez plus, je m'en repent,
Car trop i tienent durement
Cil poil, il m'auroient jà mort.
Sire, ne me faites pas tort,
S'il vos plest, congié me donez
290 Einsi com il est devisez;
Jà aurons cestui eslochié
Se je l'éusse adroit sachié :
Bien sai de voir je l'éusse or,
Lessiez le moi tenir encor.
Ce dit li Dus, ce n'a mestier,
Nes en lairoie touz sachier
Qui me donroit cent mars d'argent,
Encor se je séusse tant
Qu'il fussent si enraciné,
300 N'i éussiez ja cop tiré.
Se la chievre me veus lessier
Je t'en ferai cent sols baillier,
Si l'envoierai la Duchesse.
Et dit Trubert qui de tout boise,
Vos l'auroiz, ne l'os contredire.
Cent sols li fit baillier li sire.
Atant se meitent à la voie,
Où chastel antrent à grant joie;
Li Duz descendi au perron,
310 Et avec lui tuit si baron,
Et monterent tuit où palès.
Si grant joie ne verrez mès

Com il demainent por la beste,
Tuit et toutes en font grant feste.
Là est la Duchesse venue
De sa chambre toute espardue.
Aude apele, si li conseille,
Coiement li dit en l'oreille,
Regarde, c'est la chievre au fol,
320 Dahaz aie parmi le col,
Se je n'ai moult très grant paor
Qu'il n'ait conté à mon Seignor.
Certes conté li a, ce croi
Einsi com il jut avec moi.
Non a, dame, n'en doutez jà,
Onques li vallez n'en parla;
Il s'osast mex toz les denz traire;
Mais alons enquerre l'afeire,
Où ele fu prise et trovée.
330 Dit la Duchesse, ce m'agrée :
Adès a la Dame paor.
Ele s'en va à son seignor :
Sire, dit-elle, bien veigniez,
Or estes-vous bien traveilliez.
Dame, dit-il, vos dites voir,
N'ai cure de ces gieus véoir,
En une chambre sont entré,
Et li Dus a l'uis refermé,
Si sont asis en mi un lit.
340 Li Dus i a pou de delit,
Car li point dou poinçon l'angoisse
Souvent soufasche de la cuisse.
Sire, pour Dieu car me contez,
Se il vos plest et vos volez,

Où cele chievre fu trovée.
Dame, mar fust-ele onques née
Et li soz qui ça l'amena,
Penduz soit-il, que honi m'a !
La dame ne fu mie aaise,
350 Qu'ele n'ot chose qui li plaise ;
De paor li tramble li cors.
Ha ! Dex, car féusse or là fors,
Dit la dame, en tel leu iroie
Que je jamès ne revenroie.
Bien cuide et croit veraiement
Que ses sires sache conment
Trubert l'avoit si escharnie.
Mès de ce est bien engignie,
Que li sires n'en savoit rien,
360 Mès de la plaie set-il bien
Que Trubert li fit en la nache,
Tout en ist dou sens et enrage.
Dieu et tot son pooir en jure
Que se jamès par aventure
Puet trover Trubert ne avoir,
Il le fera pendre ou ardoir.
Lors a plus grant paor la dame,
Dedanz le cors li tramble l'ame :
Dex, dit-ele, com mar fui née !
370 Aus piez son seigneur chiet pasmée,
Meins jointes li crie merci,
Gentis hom, j'ai bien deservi
Que tu m'ocies se toi plest.
Coment, dame, qu'avez-vos fet ?
Dites le moi, ne me celez.
Certes, sire, bien le savez ;

Celer ne mi vaudroit néant,
Et je vos conterai conment
Cil à la chievre m'engigna.
380 Tant me dit et tant m'enchanta,
Je ne sai coment ne à quoi,
Qu'en un lit se coucha o moi,
Et de moi fit ses volentez,
Si me mena li deffaez.
Bien sai que j'en perdrai la vie,
Car j'ai bien la mort deservie.
Ne vous chaut, dame, or vos levez
Que j'à por moi mal n'i aurez.
Bien puet une fame engignier
390 Cil qui deçoit un chevalier,
Dame, voyant toute ma gent
M'a si mené, ne sai coment,
Que ne puis sor mes piez ester.
Or en lesson le plet ester,
Se la gent la hors le savoient,
Tuit et toutes s'en gaberoient.
Or a la Duchesse sa pès,
De li ne conterai or mès,
Ainz vos conterai de Trubert
400 Qui plus gaaigne qu'il ne pert.
Assez en porte de deniers,
Quinze livres trestouz entiers,
Tant a-il sa chievre vendue.
Si tost s'en va que toz tressue;
Plus tost o dis liues alées
Qu'en n'éust trois oes plumées.
Tant ala que vint en maison,
Sa mere l'a mis à raison :

Biax fiz, fet-ele, dont viens-tu ?
410 Je voi bien que tout as perdu ;
Ta suer n'a mie peliçon.
En non Dieu, mere, ce n'a mon,
Mès se Dex plest, un en aura.
Les quinze liures li gita
En son giron trestouz ensamble :
Mere, dit-il, que vos en samble ?
Tant ai vendu nostre génice.
La mere qui moult iere nice,
Li dit, bon marchié en as fet,
420 Il i gaignera, se Dex plest,
Li prendons qui l'a achetée.
Lors a la paelle lavée,
Sa suer si fit une boulie.
Quant ele fu apareillie,
Ainz n'i ot parlé d'escuele,
Tuit mengierent en la paele.
Quant ont mengié si vont gesir,
Trubert se prent à endormir
Qui estoit traveilliez et las :
430 Le main ne s'en sentira pas.
Moult tost se vest et apareille,
Qu'il li est montez en l'oreille
Qu'encore ira le Duc véoir
Pour apenre ét por savoir
S'il auroit plus de son argent.
De riens ne se va atargent,
Prant doloere et besagne,
Et coigniée et hache esmolue,
Et s'atorne de quanqu'il puet
440 De ce qu'à charpentier estuet.

Trubert s'est tost acheminez,
Jusc'au chastel n'est arestez
Où il ot sa chievre vendue.
Entrez est en la mestre rue
Et va criant tout contreval :
Charpentier sui d'uevre roial.
Au seigneur l'ala-en noncier
Qu'en la vile a un charpentier
Le meilleur qui onques fust nez.
450 Alez à lui, si m'amenez,
Fet li Dus, j'en ai grant mestier.
Tantost s'en torne un escuier
Por son seigneur servir en gré.
Tant l'a quis que il l'a trouvé.
Li escuiers le salua,
De par le seigneur dit li a :
Mestre, je vous sui venuz querre
Bon entrastes en ceste terre
Se vos savez feire bone euvre.
460 Oïl, dit-il, jusqu'à Aucerre
N'a home si bien s'en entende.
Dont venez au Duc, qu'il vos mande.
G'i irai, fet-il, volentiers.
Or l'emmaine li escuiers
Aveiques lui grant aléure.
Devant son seigneur à droiture
Va Trubert, s'il est connéuz,
Tout meintenant sera penduz ;
Mès il est moult bien desguisez.
470 Tout meintenant en est alez
Hardiement teste levée,
A la Duchesse saluée

Par cortoisie touz premiers,
Puis le Duc et ses chevaliers.
Mestre, fet le Duc, bien veigniez,
Séez vos ci, moi conseilliez
D'une maison que je voil faire,
Coment j'en porrai à chief treire.
Bien vos en saurai conseillier ;
480 N'a home jusqu'à Monpellier
Qui tant en sache com je faz :
Par Saint Tiebaut de Charpentaz,
Tel la cuit feire et atorner
Qu'en ce païs n'aura sa per.
N'i aura chevron ne cheville,
Toute tenra à tire lire.
Dit li Dus, ce voil-je moult bien,
Et je vos donré tant du mien
Einçois que de moi departez,
490 Que jamès povre ne serez.
Li Dus a fet doner tantost
A Trubert quote et seurequot
Et uns estivaus de biais :
Si fez n'avoit euz jamais.
Or fu bien chauciez et vestuz,
Dou tout en tout fu bien venuz.
Que vos feroie-je lonc plet ?
Il ne velt chose que il n'ait.
Le mengier fu tost aprestez,
500 Moult fu por le mestre amendez.
Il i ot grues et roons,
Perdriz, ploviers, malarz, plunsjons,
Et autres mès i ot asez ;
Ne vos auroie hui toz nomez.

Il i ot assez à planté,
Si com Dex l'eust devisé.
Asis se sont et entablé,
Li Dus a le mestre apelé,
Encoste lui le fet séir.
510 Qui véist escuiers venir
Aporter mès et entremès,
L'un après l'autre, près à près,
Bien puet dire par vérité,
Ci a à mengier à plenté.
Et por Trubert plus soulacier
Avec Aude le font mengier,
La damoisele la Duchaise.
Il n'a dame jusqu'à Pontaise.
Ne damoisele qui la vaille.
520 Trubert menjue et ele taille;
Moult se paine de lui servir.
Quant ont mengié à grant lesir,
Et en dut les tables oster,
Trubert lesse un grant pet aler,
Tel que tuit et toutes l'oïrent.
Li chevalier moult s'en aïrent,
Mès ne sevent qui ce a fet;
N'i a celui honte n'en ait.
Nes li Dus an fu corociez,
530 Estrubert a bouté des piez
La damoisele, se li dit:
Damoisele, se Dex m'éit,
A toz nos avez fet grant honte.
Et celle seur le pié li monte,
Samblant li fet que il se teise.
Damoisele, par Saint Gerveise,

Ce dit Trubert, ce n'a mestier,
S'en m'en devoit les piez trenchier,
Si en dirai-je tout le voir.
540 Amis, tu ne diz pas savoir,
Dit cele qui corpes n'i a,
Que par celui qui m'engendra
Je ne fis hui ci vilenie.
Je nel' créanteraie mie,
Ce dit Trubert, je mentiroie.
La damoisele simple et coie
Lesse le plet ester atant,
Et moult li poise durement
De ce qu'ele l'a si servi.
550 Je méisme tesmoin et di,
Qui à vilain fet bien se pert :
Ausi fit Aude à Estrubert.
Tuit se sont des tables levé,
Li Dus a le mestre apelé :
Maistre, fet-il, se vos volez,
S'il vos plet et vous le loez,
Nos en irons demein chacier
En ce bois pour esbanoier,
Et si porverrons du merrien.
560 Dit Estrubert, ce lo-je bien;
Nos ierons demain matin,
S'il i a chesne ne sapin,
Ne autre bois qui bon nos soit,
Si le seignerons orendroit,
Si que les puisson retrover
Quant nos irons por l'amener,
Einsi l'ont créanté et dit.
Li Dus conmande à faire un lit

Où li mestres ira couchier,
570 Et en si fit sanz deloier.
En une chambre bele et cointe
Li fet-en lit de couche peinte
Que uns rois i péust gesir.
Tuit et toutes se vont dormir.
Trubert s'en est où lit entrez
Dont li drap furent de deus lez;
Dormir cuida, mès il ne pot,
Que li bons liz li oste et tost.
Il ne l'avoit pas après tel,
580 Souvent se torna en costé
Et de selonc et de travers
Et à endroit et à envers.
Plus de cent fois torne et retorne,
Tant torna qu'à dormir s'atorne
A grant paine et à male mort,
Mès il se resveille moult tost :
Hé Dex! dit-il, com male couche!
Que chancre li arde la bouche
Qui la fist feire et qui la fit,
590 Et qui tant de plumette i mist!
Li Dus la fit feire sanz faille,
Mès ne me pris une maaille.
Se je ne m'en venge ainz le jor.
Estrubert sanz point de sejor
De la chambre où il jut issi
Moult coiement et moult seri,
Qu'il n'a cure de faire noise.
Droit à la chambre la Duchoise
En est alez la droite voie.
600 Je ne cuit que boute-en corroie

Ne lechierres, tant soit hardiz,
Osast feire ce que il fit,
Il va à la chambre tout droit
Ausi com li sires fesoit.
Or oiez qu'il a enpensé :
Il ot le soir tout esgardé,
Bien vit que li sire et la dame
N'alerent pas gesir ensamble,
Mès chascun par li en sa chambre.
610 Bien li souvient et bien li menbre
De cele chambre où il fu ja
Quant à la dame s'acointa.
A celle en est venuz droit,
Il n'i bouta mie de roit,
Mès de son doi moult doucement
I fiert troi foiz en un tenant,
Si que la dame s'esveilla,
Et Trubert encore i hurta
Un moult petitet de son doi.
620 Diva! dont n'oz-tu ce que j'oi,
Dit la dame à sa pucele ?
En non Dieu, dit la damoiselle,
Bien l'ai oï et entendu.
Et sauroies-tu que ce fu ?
Naie voir, se c'en est messires.
Quant Trubert li oï ce dire,
Moult doucement à l'uis bouta.
Aude demande qui est là.
Cil qui fu sages et recoiz,
630 Li respondi à basse voix :
Ouvrez tost l'uis, je sui li Dus.
Quant Aude l'oï, si saut sus,

Isnelement a l'uis ouvert.
Léanz nule clarté n'apert,
Et cil se test et ne dit mot,
Au lit la Dame en vint tantost,
Les dras liéve, au lit entra,
Ainz la dame ne refusa,
Qu'ele croit que ce soit ses sires,
640 Por ce ne l'ose contredire,
Et Trubert la dame rembrace,
Autre chose ne quiert ne trace :
Touz ses bons et ses volantez
En fist, et puis est retornez.
La dame dit en conseillant,
Je m'en vois, à Dieu vos conmant.
Alez, sire, qui vos enchace?
Et la dame Trubert rembrace
Qui son seigneur cuide tenir.
650 Par Saint Lorenz le bon martir,
Sire, moult ies anuit legiers
Et à merveilles bons ouvriers !
Ne vos avint mès, grant tans a.
Et Trubert si la rembraça,
Si reconmence laverrie,
Et la dame en est moult lie.
Assez menerent leur deduit,
Tant que fu près de mienuit.
Trubert ne si atarde plus,
660 Dou lit se lieve et saut sus ;
De la chambre ist, si s'en va,
Tant cerche de çà et de là
Qu'il est en sa chambre asenez,
Son lit trueve, si est entrez,

Endormiz s'est et acoisiez.
A mienuit est esveilliez
Li Dus,-si prit à eschaufer,
Talent li prist de fame aler.
Du lit se lieve, si s'en va,
670 Jusqu'à la chambre n'aresta
Où la Duchoise se gisoit.
A l'uis bouta et Aude l'oit,
Encor ne dormet-ele mie ;
Et qui est-ce là, Dex aïe ?
Damoisele, je sui li Dus.
Quant Aude l'oï, si saut sus,
Moult tost li ala l'uis ovrir.
Avec la Dame vet gesir
Li Dus, si la beise et acole.
680 Cele qui fu de bone escole,
Simple, cortoise et deboneire,
Li soufri ce que il volt feire,
Ainz de riens ne li contredit,
Et nequedant bien s'en soufrist,
Que Trubert l'avoit bien soignie.
Ne set conment ele est guilie,
A son seigneur dit en la fin,
Foi que vos devez Saint Martin,
Savez-vos or quantes foiz sont ?
690 Oïl bien, li Dus li respont,
Un muet les porroit conter ;
Se Dex me doint de ci lever,
Il sont à ceste foix quatorze,
Gardez la quinzieme n'estorde,
Que nomper les devez lessier.
Je ne sai que beustes ier

Qui einsi vos fet roide et fort.
Dame, fet-il, vos avez tort
Quand vos de ce me menez plet,
700 Ne ferai mès ce que j'ai fet,
Encor vos soit et bel et chier,
Se je vos en puis conseillier,
Une foiz ou deus la semaine.
Vos m'en avez fet bone estraine,
Dit la dame, à cestui lundi;
Se tant en faites le mardi
Et touz les autres jorz après,
Vos tenroiz moult le mestier près.
Adont se corroce li sires,
710 Par mautalent li prist à dire :
Dame, dame, or molt trop gros
Bien savez geter vos seur os
Por moi escharnir et gaber :
Ne sui pas si preux ne si ber
Com estoit li fox à la chievre.
Lors vosit mex avoir la fievre
La dame, qu'ele éust dit mot,
Quant ele oï parler du sot :
Le cors li tramble de paor,
720 Grant merveille a de son seignor
Qu'en tel meniere li respont.
Sire, par tous les sainz qui sont,
Ne vos dis anuit chose à gas.
Teiziez, je ne vos en croi pas,
Fait li Dus, qu'encor ne savoit
Por coi la Dame le disoit.
De la chambre ist, si s'est couchiez
Dedenz son lit touz corociez,

Et toz iriez et toz dolenz ;
730 Il jure la langue et les denz
Que por néant l'a escharni,
Et la dame tout autresi
Est moult dolente et engignie :
Bien croi qu'elle soit corocie.
Li jorz vint quant Dex l'amena,
Li Dus par matin se leva,
Il et li autre chevalier
Qui devoient aler chacier.
Es chevax montent, si s'en vont.
740 Estrubert fu où premier front;
Moult ala le Duc costoiant
Et ses afeires devisant.
Il li devise une meson
Tout sanz carrel et sanz moulon,
Et li sires en a grant joie,
Car il croit que faire li doie
Toute tele com il devise.
Mestre, fet-il, par Saint Denise
Buer vos acointates à moi.
Sire, dit li gloz, bien le croî.
750 Atant vienent en la forest,
Et Trubert devant lui se met ;
Li sires se muet avec lui,
Par la forest s'en vont il dui.
Li Dus à ses chevaliers dit,
Ainçois que d'aus s'en partit,
Que par la forest s'espandissent
Dui et dui, et si i quéissent
Des plus droiz fuz tout contreval,
760 Et il dui entrent en un val.

Tout contreval en sont alé,
Tant qu'il ont un chesne trové.
Estrubert le seigneur apele,
Sire, ci a bone novele :
Vez ci un chesne grant et gros,
En verité dire vous os
Qu'il n'a si bon en ce repaire
Por tel euvre com je voil feire ;
Moult nos an est bien avenu.
770 Trubert est à pié descendu,
Et cil qui mal porquiert et trace,
Entre ses braz le chesne embrace,
Mais ne l'a pas tout embracié,
Ainz s'en faut encor demi pié :
Ce dit Trubert qui de tot boise,
Sire, vos avez plus grant toise
Que je n'ai, car vos essaiez
Se embracier le porriez,
S'en ferons planche de quartier,
Car mex en sauriens le voir
780 Combien de gros il puet avoir.
Li Dus a le chesne embracié,
Trubert si ot apareillié
Le chevestre de son cheval :
Or oiez que pense de mal.
 Le Duc et le chesne au poing ceint,
Et li Dus de mal talent taint,
Et dit, mestre, lessiez ester,
S'il vous plait, vostre mesurer,
790 Vos mi porriez bien blecier.
Et dit Trubert, ce n'a mestier,
Encor ne m'eschapez vos mie.

Avoi! mestre, tel vilenie
Ne feroiz-vos jà, se Dex plest,
Que vos me faciez point de let,
Ainsi m'auriez-vos traï,
Ne vos ai mie deservi.
N'ai cure de vostre bas ton,
Ce dit Trubert, mès d'un baston
800 Vos batrai-je jà les costez.
Coment déable, estes-vos tes!
Jà je ne vos ai-ge riens forfet.
Trubert li lesse ester le plet,
Un baston a pris à deus mains,
Le Duc en fiert parmi les rains,
Empiez et en jambe et em braz;
Et cil qui estoit pris au laz,
Crie, mestre, por Dieu, merci,
Lessiez moi eschaper de ci,
810 Je vos donrai dis mars d'argent.
Je n'en penroie mie cent,
Dit Trubert, ice n'a mestier,
Jà n'en aurai vostre denier.
Contremont dreice le levier,
Si li a tex sept cous paiez,
Du meneur fut-il trop grevez
Du tinel qui de chesne fu,
L'a tant et ça et là feru,
Que il l'a lessié par anui.
820 Dit Trubert, savez qui je sui;
Et cil li respont, naie voir,
Ne jà ne quéisse savoir :
De pute eure vos acointai,
Que jà garison n'en aurai.

Sire Dus, je ai non Trubert
Bien vos puis tenir por fobert;
Je sui cil qui vos acoupi
Et qui la chievre vos vendi.
Par mon sens et par mon bernage
830 Vos fis-je un pertuis en la nage
Quant je vos dui le poil sachier,
Ersoir fis le pet au mengier,
Et vostre fame la Duchoise,
Qui est debonaire et cortoise,
Croissi-je anuit treize foiz.
Ci remaindrez humais toz coiz
S'autre de moi ne vos en oste.
C'est pour le seurquot et la quote
Que me féistes ier doner.
840 Qui donc véist le Duc pasmer
De duel, d'angoisse et de dolor,
Grant pitié éust dou seignor.
Mestre, dit-il, vos avez tort,
Batu m'avez jusqu'à la mort,
Laissiez me aler, si ferez bien.
Par mon chief je n'en ferai rien,
Dit Estrubert, ainz m'en irai,
Vostre palefroi enmenrai
Maugré vos et vostre mesnie.
850 Par foi ce sera vilenie
Se vos ci iles me lessiez.
Oïl, tout séur en soiez,
Jamès par moi n'eschaperez.
A son cheval vint, s'est montez,
Le palefroi en maine en destre,
Tant erre à destre et à senestre,

Que il est hors du bois issuz.
A l'encontre li est venuz
Un marchéant qui aloit querre
860 Foires et marchez par la terre :
Avec lui moine deus sergenz.
Le cheval vit et bel et gent
Seur quoi li menestrés séoit,
Il demande s'il li vandroit.
Et cil dit : oïl volentiers,
Combien m'en donrez de deniers ?
Amis, dit cil, quarante livres.
Par foi je cuit vos estes ivres,
Ou vos mi tenez ou vos l'estes ;
870 Jà ne sui-je ne clers ne prestes,
Qui livres me volez doner.
Amis, n'ai cure de gaber,
Tant vos en donrai s'il vos plet.
Sire, lessiez ester ce plet
De ces livres, de ces sautiers ;
Par Dieu jes vandrai à deniers,
Se puis, o il me remeindront.
Et li sergent conseillié ont
A leur seigneur que c'est un fox.
880 Sire vos les aurez andeus
Por meins assez que vos ne dites,
Folie fu que tant offrites.
N'en ai cure, dit li preudon,
Je voil acheter à reson.
Amis, ce dit li marchéanz,
Ces deus chevaus car les me vanz.
Dit Trubert, sire, volentiers
Quant vos me donrez les deniers,

Li cheval vos seront livré.
890 Lors a le geurle desnoé,
Si li a montré la monoie,
Et Trubert le giron desploie
Et dit, sire, getez les ça.
Amis, conter les convendra.
Jà, dit-il, ne les conterez,
En son giron les a noez.
Trente livres de parisis,
Et Trubert en a asez ris,
Et a dit, aurai-je les touz?
900 Oïl certes, biax amis doz,
Encor plus se vos les volez.
Lors li a les chevaus livrez,
D'aus se parti à tout l'argent,
Tant erre que vint à garant.
Sa mere le vit volentiers,
Et il li gita les deniers
En son giron trestouz ensanble.
Mere, fet-il, que vos en samble?
Tant ai-ge gaaignié dès ier.
910 Biax fiz, dit-ele, à quel mestier,
Où prenz-tu ce que tu sez feire?
Mere, dit-il, par Saint Ilaire
Je n'ai cure de grant sarmon,
Mès le mestier sai-ge moult bon
Pour gaaignier et tant et plus;
Alez metre ces deniers jus,
Et si me ferez à mengier.
Ele ne l'ose correcier,
L'argent a mis à sauveté,
920 Puis a son mengier atorné

Mex qu'elle pot et liéement
Qu'elle ot grant joie de l'argent.
 Ci vos leiromes d'aus ester,
Du Duc vos voil dire et conter,
Qui au chesne remest liez,
Dolanz et maz et corrociez
Sa mesniée le vont querant,
Li uns à l'autre va disant :
Nostre sires est esgarez,
930 Non est, ja mar en douterez,
Fet li autres, alez s'en est.
Li seneschaus dit que non est,
Jà ainsi n'en alast sanz nos,
Mès de lui querre nos hastons
Et il si firent demenoïs.
Espandu se sont par le bois,
Qui erent et aval et amont.
Tant quierent qu'enbatu se sont
En un val où li Dus estoit.
940 Li uns regarde, si le voit,
En haut s'escrie, trouvé l'ay
Li venéeur saillent au glai.
Li uns a corné la trouvée,
Ilec fut moult grant l'asamblée.
Quant il virent le Duc lié,
Trestuit sont descendu à pié
Moult tost ont la corde coupée,
N'i a celui n'ait tret l'espée,
Et demandent qui ce a fet.
950 Seigneur, ce dit li Dus, ce plet
Lessiés ester, si m'enportez,
Que durement sui adolez.

Il sont bien cent tuit fer armé
Cil qui ainsi m'ont conréé,
Et si sont loing, ne mie près ;
Néant seroit d'aler après.
Que qu'entr'aus aloient pleidant,
Es-vos venir le marchéant
Qui les chevaus ot achetez.
960 Ha ! Dex, com est mal arivez !
Quant li escuier l'ont véu,
A l'encontre li sont venu,
Que bien ont les chevax connuz.
Tez trente cous i ot feruz
Qui dou meneur l'estuet gesir,
Ne se puet à cheval tenir,
Chéoir l'estuet, vosist ou non,
Merci leur cria à cler ton ;
Dit, seigneur, lessiez moi atant,
970 Je ai assez or et argent,
Prenez le tout, je le vos doins.
Par foi, dient-il, c'est dou moins,
A nos vos convendra conter.
Ce dit li Dus, lessiez aler.
Où furent pris cil dui cheval ?
Sire, por Dieu l'esperital,
Ne par le martir Seint Denis,
Trente livres de parisis
Me cousterent, tant en donai.
980 A un vallet que j'encontrai
Droit à l'issue de ce bois.
Marchéant sui et ainsi vois
Par le païs et par la terre,
Là où je puis mon gaaing querre :

Venuz m'en est grant enconbrier.
Certes, dient li chevalier,
Vos les avez bien achetez,
Voire trop les ai comparez,
Penduz soit qui les me vendi.
Ce dit li Dus, je les vos quit,
990 Et si me poise dou forfet
Que ma mesniée vos ont fet,
Mès je sui prez de l'amender;
Garir vos ferai et sener
Se venir volez en maison,
Un mois ou plus s'il vos est bon,
Vos porrez lez moi aaisier
Que jà n'i despendrez denier.
Sire, dit-il, vostre merci,
1000 Il a un chastel près de ci
Où je me voudrai sejorner.
Tuit li aident à remonter,
D'eus se parti, sa voie aquelt,
Et li Dus qui forment se deult,
Ne puet soufrir le chevauchier,
Si l'en portent li chevalier
En leur cous en une litiere
Tout autresi com une biere,
Où chastel entrent tot de nuit,
1010 Ainz n'i ot joie ne deduit :
Tuit sont dou seigneur corocié.
En une chambre l'ont couchié :
Estez, ce dit li seneschaus,
Sire, ce sera moult grant maus,
Se nos ne savons qui ce a fet,
Grant honte i aurons et grant let,

Se vos n'estes vengiez tantost,
Il vos ont mis à grant escot,
Batu vos ont vilainement,
1020 Et le mestre qu'amiez tant
En ont mené dont il vos poise.
Biax sire, ce dit la Duchoise,
Car nos dites qui ce a fet,
Car ici a trop vilain plet.
Fet li Dus, si vos en teisiez,
Car assez tost le sauriez :
Vos le conneissiez mex de moi.
Lors fu la dame en tel effroi
Com s'ele éust trois homes morz :
1030 Dou duel qu'ele a ses poinz detort,
Qu'el ne set pourquoi il le dit,
Ainz mès dame tel duel ne fit
Com la Duchoise fit la nuit,
Et li chevalier ausi tuit
Furent en moult grant tenebror
Jusqu'atant que virent le jor.
Li Dus ne fu mie endormiz,
Sitost com il fu esclariz,
Mande devant lui son prevost,
1040 Envoiez me, fet-il, moult tost
Querre mires à Monpellier ;
Par tout feites querre et cerchier
Où en set que bons mires ait.
Et li prevolz tantost le fet,
Il en envoie set mesages
Les mex erranz et les plus sages
Qu'il péust trover en la cort.
N'i a celui qui ne s'acort

Por bien faire et por tost errer.
1050 Ne vos sauroie raconter
Leur venues et leur alées;
Mès tant errent par leur jornées,
Au chief de set jorz sont venu,
Einsi com devisé leur fu :
N'orent mie alé enpardons,
Mires amenerent moult bons,
Les meilleurs que porent trover.
Trubert en a oï parler,
S'a certainement entendu
1060 Que tant de mestres sont venu
Pour doner au Dus garison.
Par foi ne me pris un bouton,
Fet-il, se je n'i vois véoir
Por enquerre et por savoir
Comment et par quelle raison
Il donent aus genz garison.
Il prent un sac lonc et estroit.
Aucune foiz véu avoit
Mires qui itez le portoient,
1070 Qui leur boites dedanz metoient.
Boites i metra-il, s'il puet
Com mires atorner se velt.
D'une jaune herbe a teint son vis,
Et sa gorge et ses meins ausi;
Tant s'est deffiguré Trubert,
Nus hom ne set dire en apert
Que ce fust il quant ce ot fet.
Que vos feroie-je lonc plet?
Merveilles s'est bien desguisez,
1080 Puis s'est tantost acheminez

Vers le chastel où li Dus fu.
Hors du chastel s'est arestu,
A lui méisme se conplaint
De ce qu'il n'a point d'oignement.
Asis s'est delez un buisson,
Une boiste ot prise en maison;
Or oez qu'il pense de bien.
Lez lui vit un estront de chien,
A tout la mousse, et il le prent,
1090 En un drapelet bel et blanc
L'envelope et puis si le met
En la boiste et puis au sachet.
D'iluec se lieve, si s'en va,
Jusqu'à la vile n'aresta
Où li mestre sont asamblé.
Tout droit, à l'entrée a trouvé
Un tornéeur qui boistes torne,
Vint en achate, si s'en torne.
Ha! Dex, quex hom! que set de guile!
1100 Criant s'en vet aval la vile
Que mires est de toz les maus.
Dou chastel ist li senechaus,
Bien a entendu ce qu'il crie;
Vers li s'en vet tout adreciez :
Mestre, fet-il, et bien veigniez,
Dites moi ce que vos huchiez,
Ne l'ai°mie bien entendu.
Sire, je di c'onques ne fu
Malades, tant fust près de mort,
1110 Se d'un oignement que je port
Estoit bien oinz deus foiz ou trois,
Ne fust toz sainz dedanz deus mois.

Dites-vos voir? oïl sanz faille ;
Dont n'est-il avoir qui le vaille,
Fet li senechaus, par Saint Gile :
Mès tant de gens servent de guile
C'on n'en puet nus loiaus trover.
Je ne faz mie à redouter,
Car je ne quier or ne argent
1120 Tant que j'aie gari la gent.
Mestre, dit-il, or me sivez,
A bon port estes arivez ;
Se mon seigneur savez garir,
Bon entrates en cest païs.
Oïl, se il voloit morir,
Se li donroie-je santé.
Devant le Dus l'en a mené
En la chambre où il se git,
Il s'agenoille, si li dit
1130 En l'oreille toz coiement :
Sire, je croi veraiement
Que cist mestres vos garira,
Car un trop bon oignement a.
Et li Dus a le chief levé
Quant oï parler de santé,
Et dit, ce ai moult desirré,
Tuit cil autre m'ont oriné
Et portasté ma maladie,
N'i a nul qui le voir en die,
1140 Et Estrubert se met avant,
Sire, fet-il privéement,
Parleroie à vos volentiers.
Lors conmanda aus chevaliers
Qu'ils issent hors, et il si firent,

Trestuit et toutes s'en issirent
Fors Trubert et lui seulement.
Devant le Duc fu en estant,
Si li liéve la couverture,
Moult le conforte et aséure,
1150 Et dit, ne vos esmaiez mie,
Jà n'iert si grant la maladie
Je ne l'aie tantost curée.
Lors li a sa mein avalée
Aval les espaules derrier
Où il l'ot feru dou levier;
Bien l'en menbre et bien l'en sovient.
Droit seur le cop sa mien li tient
Et dit, ci fustes-vos feruz
Ou je sui du tout decéuz,
1160 Et ceste coste avez quassée,
Et contreval ceste eschinée,
Ce me samble, moult vos dolez,
Ou je sui de tout avuglez.
Ce dit li Dus, n'en doutez rien,
Vos i véez et cler et bien,
Mex que mestre qui véu m'ait.
A non Dieu, mestre, s'il vos plest,
Bien sai que fu fet de baston,
Par mon chief, sire, ce fu mon,
1170 Fu-ce en mellée ou en tornoi?
Nenil, mestres, foi que vos doi.
Je ne fui à tornoi pieça,
Mès un glouz ensi m'atorna
Par son art et par son engien.
Par foi à merveilles me tien,
Fait Trubert, conment ce puet estre.

Mestre, tout l'aferé et tout l'éstre
Vos terai et ne mie ore,
Et se Dex me donoit encore
1180 Force et pooir de chavauchier,
Jel' feroie querre et gaitier
Tant que s'il iert en terre entrez,
Seroit-il et pris et trouvez.
Dit Trubert, sire, n'en doutez,
Dedanz set jorz gariz serez,
Si que bien porrez chevauchier
Et le glouton querre et cerchier.
Li Dus apele sa mesnie,
Ceus qui plus ont léanz baillie,
1190 La dame et le chapelain,
Le senechal, le chambelain,
Puis leur dit, vez-ci un preudome,
N'a tel mire de ci à Rome,
Tout me garira, je sai bien,
Mès cil autre ne sevent rien;
Voisent s'en, je n'en ai que feire.
Li senechaus à eus repeire,
Si les en a toz envoiez.
Or est bien Trubert avoiez,
1200 Car li sires a conmandé
Que l'en face sa volenté,
Haut et bas ce que lui plera.
La dame dit qu'elle fera
Tout son bon et sa volenté.
En la sale s'en sont entré
Li chevaliers et la mesnie,
Trestuit ont la chambre widie,
Trubert méismes en issi;

La dame apele, si li dit :
1210 Dame, j'ai ci un oignement,
N'a si bon jusqu'en oriant;
Je en oinderai sa dolor,
Si li espandrai tout entor ;
Moult iert engoisseus en premiers,
Or deffendez aus chevaliers,
Et à toute l'autre mesnie
Que se li sires bret et crie,
Que n'i viegnent ja por la noïse.
N'en doutez ja, dit la duchoise,
1220 Ce deffen-je bien et conmant
Que ja nus ne s'en traie avant,
Tant sache breire ne crier.
Or me feites dont aporter
Un van, que j'en aurai mestier.
En li aporte sanz dangier
Tout son bon et sa volenté.
En la sale s'en sont antré
Li chevalier et la maisnie,
Trestuit ont la place vuidie
1230 Sitost com il le conmanda.
Trubert en la chambre en entra,
L'uis a refermé après lui,
Léanz ne remestrent c'aus dui,
Et Trubert s'en vient au seignor
Sire, fet-il, vostre dolor
Oinderoie s'il vos pleisoit ;
Et cil qui el ne desirroit,
Dit, j'en sui toz apareilliez.
Sire, fet-il, dont vos dreciez.
1240 Li Dus se dreice mex qu'il pot,

Du lit issi quant il le vost,
C'onques autre dangier n'en fit.
Tout nu dedanz le van s'asit.
Ainz mès n'oïstes tex merveille.
Ses deus braz parmi les oreilles
Dou van les fit outrepasser;
Ainz mès n'oïstes ce conter.
Einsi l'a bien pris et lié
Com s'en un cep l'éust coignié.
1250 Mestres, feites apertement,
Car je sui ci en grant torment,
Nel' puis longuement endurer.
Sire, ne me puis plus haster,
Je voudroie jà avoir fet.
De son sachet la boiste tret;
De ce qu'il a dedenz trouvé
Li a le cors oint et doré.
Dex! dit li Dus, biax Rois puissanz,
Com par put or cist oignemenz!
Ausi put com merde de chien.
1260 Sire, vos devinez moult bien,
Dit Trubert, par tans garirez.
Por Dieu, mestres, or vos hastez
Que je ne puis mie soufrir,
Volentiers iroie jesir.
Ne vos devez pas sitost plaindre,
Il sanble vos vos veilliez feindre.
Non faz voir, je n'en ai talent.
Trubert tantost un baston prent
1270 Vert et gresle tel come une aune.
Le Dus en fiert et bat et aune;
Quarante cous qu'anqu'il puet lever

Li a parmi le dos doné,
Lors jure Dieu et sa vertu
Mar i aura plus cop feru :
Cuidiez me vos einsi garir?
Par Saint Estienne le martir
Mex voudroie dis anz gesir,
Voire vint et deus en langor,
1280 Que je soufrisse tel langor.
Je cuit vos me tenez por fol :
Dahaz aie parmi le col
Se je vi ainz mès si fet mire.
Sire, ce ne vaut riens à dire,
Lessiez ester vostre pleidier,
Chéuz estes en mon dangier :
Lors li redone quatre cox.
Pour le cuer bien estes vos fox?
Ce dit li Dus, tenez vos coiz,
1290 S'encore i ferez autre foiz,
Je ferai venir ma mesnie
Qui vos feront grant vilenie.
Je ne pris gueres voz menaces.
Lors le refiert parmi les braces,
Li sires bret, et cil le frape,
Chéuz estes en male trape,
Fet Estrubert, par Saint Thomas
Encor ne m'eschapez-vos pas.
Cest oignement que ci véez,
1300 De quoi estes oinz et dorez,
Convient en vostre cors embatre.
Trubert le reconmence à batre,
Quarante cox de livroison
Li a poiez en un randon.

Quant l'ot tant batu com li sit
Encoste le seigneur s'asit,
Si li a tout renovelé
Einsi com il l'a demené.
Ne li cela mie son non,
1310 Trubert dit que il avoit non.
Quant li Dus connut le glouton,
Au cuer en ot grant cuisençon :
Envers en est chéuz pasmez,
A pou n'est morz, si est irez ;
Et Trubert s'en est fors issuz
De la chambre tout parmi l'uis,
Puis a après l'uis refermé,
O lui en a la clef porté.
La Duchoise li vint devant
1320 Et li chevalier ensemant
Qui demandent de leur seigneur
Conment li est de sa doleur.
Bien, ce dit Trubert, se Dex plest,
Dont n'avez-vos oï le plet
Et la noise qu'il a menée ?
Sa coste li ai repellée
A un baston mex que je pos.
Nos avons bien oï les cox
Dès ci, dient li chevalier
Moult vos a mené grant dangier,
1330 Et juré Dieu et son pooir.
Est ore endormiz ? oïl voir,
Endormiz s'est et acoisiez,
Mès n'est mie encore eschapez :
Tantost com il s'engoissera,
Li oignemenz l'esveillera,

Si criera et fera noise.
Ne puet chaloir, dit la Duchoise
Qui nule guile n'i entent,
1340 Contre fort mal fort oignement :
Mex li vient-il ainsi soufrir
Que adès en tel point languir.
Or li aliege sa dolor,
Endormiz s'est pour la douçor;
Por Dieu ne li face nus noise.
Non fera-l'en, dit la Duchoise,
Ce deffen-je moult bien à toz,
Que li dormirs li est moult douz;
Il ne dormi mès huit jorz a.
1350 La dame Trubert embraça,
Et plus de cent foiz la mercie,
Et toute la chevalerie
Le mercient por lor seignor :
Moult li portent tuit grant honor.
Et dit Trubert, je voil aler
Là fors aus chans por deporter
M'entres que messires se dort.
En li a amené tantost
Un palefroi tout enselé
1360 Dont li estrier ierent doré;
A ses piez se met uns garçons
Qui li chauça ses esperons.
Trubert seur le cheval monta,
Et la dame li demanda :
Mestre, volez-vos conpaignie ?
Et dit Trubert, je n'en voil mie :
Je serai moult tost revenuz.
Atant est de la cort issuz,

Tout sonef chevauche par guile,
1370 Tant que il vint hors de la vile;
Et quant il fu en son chemin,
Ne samble mie pelerin,
Ainz chevauche grant aléure
Et Trubert point ne s'aséure.
Trubert fuit et nus ne le chace,
De foïr à moult grant espace :
De ce li est bien avenu.
Moult l'ont au chastel atendu
Li chevalier, s'ont fet folie;
1380 S'il puet il ne revenra mie.
Li Dus qui est où van toz nuz,
Est de pasmoison revenuz,
Si s'escrie, Dex! que ferai?
Secourez moi ou je morrai.
Dame, dient li chevalier,
Asez tost a li Dus mestier
D'aucune chose, que ferons?
Dit la dame, nos ierons,
Cil mestres a trop demoré.
1390 Vers la chambre s'en sont alé,
L'uis ont trové clos et serré,
Trubert l'avoit moult bien fermé.
Sire, dient-il, ouvre l'uis :
Par foi, dit-il, et je ne puis;
Li glouz en a la clef portée,
Honiz de Dieu et de sa mere
Soit-il, qu'il m'a batu à mort :
Se ne me secourez tantost,
Je sui alez sanz delaier,
1400 Et il tantost sanz recovrier

Ont l'uis brisé et desconfit.
Le Duc truevent où vent confit,
Les deus braz parmi les oreilles.
Tuit i acorent à merveilles,
D'où ven l'ostent isnellement,
A grant paine et à grant torment
Pueent-il soufrir la puor.
Moult a li Dus soufert dolor;
Tot meintenant laver se fet,
1410 C'est la chose pis li a fet:
De la pueur a tant béu
Tout en a le cuer esperdu.
Le Dus ont en son lit couchié
Si batu et si traveillié,
Que jamès jor ne s'aidera.
Ha! Dex com mal mire ci a !
Fet li Dus, qu'est-il devenuz ?
Gardez orendroit soit panduz
Et traïnez aval la vile,
1420 S'aura comparée sa guile :
Ce est Trubert li desloiaus,
Li glouz qui tant m'a fet de maus.
Par foi, sire, il s'en est alez.
Non est, fet-il, vos le celez.
Dit la Dame, si est par foi,
S'en maine vostre palefroi.
Des lors que de laienz issi,
Un palefroi enseller fit,
Dit qu'il iroit aus chans joer :
1430 Encore est-il à retorner.
Par foi, fet-il, il est desvez,
Autre foiz m'est-il eschapez :

Jà fussent tuit après alé,
Mès li sires a conmandé
Que nus n'i voist jusc'au matin,
Lors se metront tuit au chemin,
Si le querront tant que il l'aient.
Atant li chevalier le laissent
Tant que ce vint à landemain :
1440 Chascun s'en esveille moult main,
Moult se sont matin esveillié,
Atorné et apareillié
Pour après Estrubert aler :
Il n'i a mais que du monter.
Atant es-vos un chevalier
Qui vient poignant seur un destrier,
Droit au perron est descenduz.
Il ne fu pas de parler muz,
Ainz demande hardiement :
1450 Seigneur, enseigniez moi conment
Porrai parler au Duc Garnier.
Amis dient li chevalier,
Se ce n'est moult celée chose,
Dites le nos, qu'il se repose.
Li Dus est traveilliez et las
De ce qu'il joa aus eschas.
Alez li dont dire erraument
Que s'aparaut isnellement,
Que li Dus Goulias li mande
1460 Et les trives li contremande,
Et se dit encore autre chose,
Que se li Dus combatre s'ose
En ce pré seul à seul à lui,
Ou li ou chevalier por lui,

Autrement ne se quiert conbatre,
Se dou cheval le puet abatre,
Meintenant istra de sa terre,
Ne jamès ne li fera guerre.
Amis, tout ainsi li dirons,
1470 Et à redire vos saurons
Ce que messires respondra.
Quatre chevaliers en vont là,
Tout droit là où li sires git,
Au Seigneur ont conté et dit :
Sire, vos estes asigiez,
Li rois Goulias est logiez
Tout prés de ci à quatre lives,
Et vos contremande les trives.
Dites-vos voir ? oïl sanz faille,
1480 A demein requiert la bataille;
Encor dit-il se vos avez
Chevalier qui soit si osez
Que à lui se veille combatre,
Se dou cheval le puet abatre,
Atant iert la guerre finée,
Si s'en ira en sa contrée.
Sire mareschauz, dit li sires,
Mauvès sui, ne puis estre pires;
Metez conseil en cest afeire
1490 Du mex que vos le saurez feire :
Seur vos en met toute la cure.
Li seneschaus ne s'aséure,
Isnellement s'en va arier ;
Amis, dit-il au mesagier,
Quant tu voudras si t'en repaire,
Nos verrons que nos porrons feire;

Se li rois vient, nos le verrons,
Jà por lui ne nos en fuirons.
Atant s'en est li mès tornez,
1500 Tout sanz congié s'en est alez.
Or a li Dus moult à penser
De Trubert lessent tout ester,
Il ne pueent aler après.
Moult fu li seneschaus engrès
Et porvoianz de la besoigne :
Il mande par toute Borgoigne
Et chastelains et vavasors
Que à lui vienent au secors,
Et mande par tout soudoiers,
1510 Turpins, archiers, arbalestiers.
Moult en a fet grant asamblée,
Par tout en va la renomée :
Trubert en a oï parler,
Il dit que il i velt aler ;
Fiz, fet la mere, non feras,
Jà se tu m'en croiz n'i iras.
Si feite gent n'i ont mestier,
Tu ne sez riens de guerroier.
Mere, jà por ce ne lerai,
1520 Se je n'en sai, s'en apenrai.
Sa bone robe a endossée
Qui au chastel li fu donée,
Et monte seur le palefroi
Dont la seurcengle fu d'orfroi
Que la dame li fit baillier.
Trubert se met où droit sentier,
Bien samble que de lui n'a cure
Quant se met en tele aventure

Par la robe et par le cheval,
1530 Se plus que nus ne set de mal,
Sera penduz et traïnez.
Où droit chemin s'en est entrez :
Trubert trueve un chevalier
De la seror au Duc Garnier
Qui revient de tornoiement
Sanz escuier et sanz sergent,
Et fu vestuz de povres dras.
Ses chevax fu meigres et las,
Au tornoi le prist uns vasaus
1540 Qui li toli quatre chevaus
Et le mena en sa prison,
Si en a pris grant raençon :
Ne li a lessié c'un roncin
Qui cloche et si a le fresin.
Moult fu de povres dras vestuz,
Car les siens avoit despenduz.
Trubert s'aconpaigna à lui,
Vers le chastel s'en vont andui ;
Trubert si li a demandé,
Biax sire, où avez-vos esté ?
1550 Moult estes à povre conroi.
Amis, je fui à un tornoi
Où j'ai perdu quanque j'avoie ;
Mès se je au chastel estoie,
Moult tost seroie recouvrez,
Que je sui de cest païs nez
De la sereur au Duc Garnier,
Sires est de ce païs ci :
Un mois a que je m'en parti.
Sire, ce dit Trubert, montez

Seur cest palefroi et vestez
Ceste robe que j'ai vestue,
Car ce seroit desconvenue,
S'einsi entriez où chastel.
Il i doit avoir un cembel,
Assez i a de chevaliers,
Et je sui ci uns escuiers;
De ce païs ne sui pas nez.
Se Dex plest bien le me rendrez,
1570 Ce dit Trubert au chevalier,
C'ausi vien-ge pour guerroier.
Dit li sires, ja n'i perdras,
En ce marchié gaaigneras
Qui vaudra quatre mars d'argent,
Car tu me fez bonté moult grant,
Et je le te puis bien merir.
Atant se prent à desvestir,
La robe Trubert a vestue,
Et Trubert la soe remue.
1580 Li sires monte où palefroi
Dont la couverture est d'orfroi;
Et Trubert deseur le roncin
Qui touz estoit plains de farcin.
Vers le chastel s'en vont errant,
Li sires chevauche devant,
Car ses chevaus soef l'enporte :
Tant erre que vint à la porte.
Quant il fu où chastel entrez,
Moult cuide bien estre arivez;
1590 Mès la Duchoise l'a véu,
Por Trubert l'a reconnéu,
Tantost a dit au seneschal,

Vez là celui qui tant de mal
Nos a fet et tant de tristor,
Ce est Trubert qui mon seignor
A batu jusques à la mort.
Se nel' pendez vos avez tort,
C'est li chevaus qu'ier enmena
Et la robe que vestue a,
1600 Vos li donastes l'autre soir.
Par foi, dame, vos dites voir,
Voirement est-il ce sans faille ;
Je ne me pris une maaille
Se je traïner ne le faz ;
Ce est li hons que je plus haz.
Dit la dame, bien vos gardez
Que de nule riens nel' créez ;
Il set plus de mal que Judas.
Dame, dit-il, n'en doutez pas,
1610 Je le randrai, se il m'eschape.
Lors a deffublée sa chape
Et apelé quatre escuiers,
En sa main tient chascun leviers.
Celui pranent par de derrier,
Ainz ne lessierent desresnier,
Tantost l'ont à terre abatu,
Chascun s'i a son cop feru ;
Trestuit i ont feru ensamble.
Tant l'ont batu home ne samble :
1620 Trestout le vis li ont deffet.
Seigneur, fet-il, ci a mal plet,
De ce n'éusse-je mestier ;
Je me cuidai feire aaisier
Si come autre chevalier font

Quant de tornoi revenu sont.
Batu m'avez, ce poise moi,
Li Dus ne set pas ce desroi,
Mes oncles jà vos feroit pendre,
Nus ne vos en porroit deffendre.
1630 Ha! glouz, ce dit li senechaus,
Monseigneur affet toz les maus,
Assez sauras de falourder,
Se de ci te puez eschaper,
Orendroit te covient morir.
Bien cuidierent Trubert tenir.
Aus justices l'ont delivré,
Li senechaus a conmandé
Que traïnez soit et penduz,
Si li ert son loier tenduz
1640 De ce qu'il a monseigneur fet.
Les joutices l'ont einsi fet,
A grant tort l'ont à mort livré,
Bien cuident estre delivré
De Trubert qui le Duc bati.
Au seigneur l'ont conté et dit :
Sire, Trubert avon trové,
Le palefroi a amené.
Qu'en avez-fet? pendu l'avons.
Non avez : certes si avons.
1650 Dites-vos que pendu l'avez.
Oïl, jà mar en douterez.
Dame Dex en soit graciez,
Dit li sires, moult en sui liez,
C'est la riens plus que desirroie
Dix anz a nonnes si grant joie.
Sire, ce dit li chambellains,

Iceste chose est do mains,
Il a tout fet, lessiez ester,
De lui ne fet mès à parler;
1660 Mès mestier est que vos soiez
Encore encui bien conseilliez,
Que demain serez asailliz.
Einsi en est li plez hastiz :
Sire, ce dit li seneschaus,
Cist conseuls est et bons et biax
Que vos done li chamberlains,
Bien a en ceste vile au meins
Cent chevaliers de vostre gent,
Et des autres i a bien tant
1670 Que toute la vile est peuplée.
Mont vos ai fet bele asamblée,
Mandez les, si vos conseilliez.
Je comant que vos i ailliez,
Fait li sires, ses amenez.
Li senechauz s'en est tornez,
Un chevalier enmaine o lui,
Parmi la vile en vont andui
Semonant que nus n'i remaigne
Qui a la cort au Duc ne viegne,
1680 Et il i vont sanz deloier,
Haut home, Duc et chevalier,
Moult i a grant chevalerie,
Toute la cort en est emplie.
Li seneschaus au Duc le conte,
Sire, céanz a Duc et conte,
Chevalier, serjant, escuier,
Qui sont venuz por vos aidier.
Dit li Dus, je me veil lever

Tant que je puisse à aus parler.
1690 Or s'est fez li sires vestir,
A grant paine le puet soufrir;
Mès besoing fet vielle troter.
En la sale se fet porter,
Seur un faus d'estueil l'ont asïs.
Li Dus parole à ses amïs,
Si lor a conseil demandé :
De ce que li Dus a mandé :
Seigneur, je vos ai ci mandez,
Mi ami estes, si tenez
1700 De moi terres dex ex i a,
Cist rois me gerroie pieça
Et m'a essillié ma terre :
Or a commenciée la guerre,
Par un mesage hui me manda
Se à ma cort chevalier a
Qui à lui se veille combatre,
Se du cheval le puet abatre,
Atant iert la guerre finée,
Si s'en ira en sa contrée,
1710 Et de ce conseil vos demant
N'i a nul qui s'en traie avant,
Chascuns a la teste bessie,
N'i a celuï qui mot en die,
Et Trubert qui léanz estoit,
Ses paroles entent et oit ;
Il se pense qu'avant ira
Et ceste besoigne fera.
Trubert de la presse issi,
Devant le Duc vient si li dit :
1720 Sire se chevalier estoie,

Le roi Golias vos rendroie
Ou mort, ou abatu, ou pris.
Dont estes-vos nez, biax amis?
Sire, je sui de Brebant nez,
Si sai de guerroier asez,
Onques encor ne fui sanz guerre,
Je ne sai chevalier en terre
Qui à moi se tenist au cors.
Estrubert fu et granz et fors,
1730 Ne fist pas chiere de chapon,
Du regart resamble lion,
Il ne fet mie chiere morne,
Mès au plus bel que puet s'atorne;
Moult se contint hardiement.
Li seneschaus ala devant,
Si conseilla à son Seigneur:
Cist hons est plains de grant valeur;
Moult a les poinz gros et quarrez,
Par mon conseil l'adouberez.
1740 Fet li Dus, moult en ai grant joie,
Je cuit que Dex le nos envoie
Et por ceste guerre fenir :
Alez, sel' faites revestir
Si conme noviau chevalier.
Li senechaus lui a baillier
Quote et seurquot et vair mantel,
Tout li fet vestir de novel;
Quant il l'ot du tout atorné,
Devant le Duc l'a amené.
1750 Li Dus li a ceinte l'espée
Et puis li done l'acolée :
Amis, dit-il, chevalier soies,

Et preudons seur touz autres soies,
Preuz et hardiz et corageus.
Sire, ce dit Trubert li fox,
N'a si bon en tout mon parage,
Demain verra-l'en mon bernage,
Se je truis le roi Golias,
Il a bien geté ambesas.
Li dus lui demanda son nom.
1760 Sire, haut de cuer m'apele-on ;
Onques Rollant certes ne fu
Si forz ne de si grant vertu
Com je sui, la merci Ihesu,
Meint chevalier ai abatu :
Moult a le Duc aséuré.
Tant ont le plet einsi mené
Que il fu ore de souper.
Ne voz sauroie deviser
1770 Les mès que il orent la nuit :
Moult i ot Trubert de deduit,
Tuit se painent de lui servir.
Quant ont mengié, si vont gesir,
Et quant ce vint à landemain
Par leanz se lievent à plein.
Li Dus se lieve et sa mesnie,
Trubert ne s'i atarja mie,
Apareilliez s'est et levez,
En la chapele en est alez
1780 Où li Dus est et sa mesnie :
Dou Saint Espir ont messe oïe.
Trubert a feite sa proiere :
Sainte Marie, mere chiere,
Tu me dones si esploitier

Que en maison revoise arier
Sainz et haitiez, riches d'avoir,
Et que nus ne puisse savoir
Qui je sui, ne conment j'ai non.
Quant ot finée s'oroison
1790 Et quant la messe fu chantée,
En une chambre encortinée
Là ont-il Trubert amené,
De toutes armes l'ont armé,
Moult resamble bien chevalier.
On li ameine le destrier
Qui plustost cort c'oisiaz ne vole :
Li Dus vient à lui, si l'acole,
Biax sire, pensez de bien faire,
Ma fille vos doing en doaire
1800 Et la moitié de quanque j'ai.
Sire, dit-il, bien le ferai.
La fille le Duc li chauça
Uns esperons, puis l'acola
Et dit, de m'amors vos soviegne,
Portez en ma guimple à enseigne.
La Duchoise l'a acolé,
Un annel d'or li a donné
Qui bien valoit cent mars d'argent,
Puis li a proié doucement,
1810 Sire, dou bien faire pensez.
Puis est seur le cheval montez ;
Deus espiez rouve et en li tent,
A chacun bras un escu pent,
Toutes ses armes sont vermeilles,
Trestuit se seignent à merveilles
De ce que deus escuz enporte.

Trubert s'en ist parmi la porte
De la vile, et vint au sentier,
Grant paor a de trebuchier,
1820 Car ses chevaus est abrivez
Et gras et gros et sejornez,
Et Trubert les jambes estraint,
Des esperons le cheval point.
Tantost com les esperons sent
Trente piez li sailli avant,
De pou que Trubert n'est chéuz;
Mès à l'arçon s'est bien tenuz.
Ses lances li vont baloiant
Et ces escuz aus eulz ferant
1830 Li chevax de paor s'esfroie,
Droit en l'angarde aquelt sa voie,
C'autre foiz i avoit esté,
Dez ne fist heure sejorné,
Sitost alast com il l'enporte,
Et Trubert moult se desconforte,
Que grant paor a de morir :
A riens n'entend qu'à lui tenir.
Mauveisement li fu fermez
Ses hiaumes qui li ert tornez;
1840 Par derrier en sont li oillier,
Les eulz samble qu'il ait derrier.
En l'angarde un espie avoit,
De si loing com venir le voit,
Grant aléure en fuie torne,
Nule part ne ganchit ne torne;
An roi le conte toz marriz :
Sire, ci vient uns anemis,
Plus tost cort qu'aronde ne vole.

Amis, diz-tu voire parole,
1850 Garde ne nos falorder ci.
Seigneur, or en soiez tuit fi,
Que c'est un déable enpanez;
Il vient ci, par tans le verrez.
Je le vi dou chastel issir,
Ainz puis ne fina de courir,
Car c'est déable, bien le sai,
N'i a celui n'en ait esmai.
Que qu'entr'aus le plait devisoient,
Trubert abrive, venir le voient,
1860 En l'ost se fiert, outre s'en va,
Onques nus ne l'y aresta.
N'i a celui n'en soit troublez,
Bien croient ce soit un malfez;
N'i a si hardi chevalier,
Serjant, archier, n'arbaletier
Ne vossist estre à sauveté.
Quant li destriers ot l'ost passé,
Un pou se ganchit à senestre,
L'ost le roi a lessi a destre,
1870 Son tor a pris vers le chastel,
Si s'est feruz en un boschel,
A une espine est arestez,
Et Trubert est outre passez,
Et le hiaume dou chief li vole,
Bien li va quant il ne s'afole;
Seur un buisson d'espines chiet
Ainz dou cheoir ne se sentie,
En son vis est esgratinez,
Si en est touz ensanglantez.
1880 Mais ne li chaut, il n'a nul mal,

Puis que il est jus du cheval,
N'oit mès tel joie en son vivant,
Son cheval par la resne prant,
Seur l'erbe ilec se reposa.
Li Dus après lui envoia,
Des lors que du chastel issi,
Uns escuiers tant le sui
Que il le vit entrer en l'ost.
Arier s'en retorne tantost,
1890 Au seigneur la novele conte,
Par Dieu sire qui fist le monde,
Onques més tex hom ne fu nez.
Golias iere ja montez,
En l'angarde quant il le vit,
Por nule riens ne l'atendit,
Ainz s'en foï plus tost qu'il pot,
Onques cil lessier ne le vost,
Tant qu'il l'ot enbatu en l'ost,
Et je m'en retornai tantost.
1900 Bien sai je l' vi en l'ost entrer,
Ne sai qu'il iert du retorner.
Dame Dex de mal le desfende,
Fet li Dus, et si le nos rande :
Or je n'aurai mès au cuer joie
Tant que noveles de lui oie.
Et Trubert seur l'erbe se gist,
Moult fu liez quant à pié se vit :
Jamès descendre ne cuida.
Or se porpense qu'il fera,
1910 S'il ira au chastel ou non ;
Nenil, fet-il, par Saint Simon
En tel maniere n'en irai

Tuit sauront là où je irai.
Que qu'il estoit en telle error,
Une fame à son seignor
Portoit à mangier en l'essart.
Dame, fet-il, se Dex vos gart,
Venez, si m'aidiez à monter.
Cele ne li ose véer,
1920 Et à lui s'en vient, et il la prent
A terre la giéte et estent,
Le cul et le c.. li coupa,
En sauloiere le bouta,
Au Dus en velt feire present.
Où cheval monte isnellement,
Il s'an va sanz les confanons,
Sanz hiaume et sanz esperons,
Et si a lessié un escu,
A son col a l'autre pendu :
1930 Celui a-il tout debrisié,
Et en plus de cent leus plaié,
Et si n'enporte c'une espée,
A un grès l'a toute esdentée.
Vers le chastel s'en va errant
Où en le desirre et atent.
Sitost come en la cort entra,
Li Dus encontre lui ala
Et toute la chevalerie.
Ne vos sauroie dire mie
1940 Le grant soulaz ne la grant joie
Qu'il li firent à celle voie;
Et Trubert fu ensanglantez
De ce qu'il fu esgratinez
A la ronce quant il chaï,

Et li Dus li demande et dit :
Sire, estes vos auques navrez ?
Dites, por Dieu ne le celez.
Je cuit, fet-il, bien en garrai ;
En grant aventure esté ai.
1950 Enmi la cort est descenduz,
Par pieces li chiez ses escuz.
Li Dus le voit, de joie en rit,
Aus chevaliers le montre et dit :
Vez, voi ci le plus hardi home
Qui soit d'Illande jusqu'à Rome ;
Il a plus cuer que un lion.
Cil respondent que ce à mon.
Trubert a tret de sa loiere
Le cul et le c.. qui i ere,
1960 Au Dus en a fet un présent,
Li Dus entre ses mains le prent,
Puis li demande que ce est.
Sire, dit-il, la bouche i est
De Goulias et les narilles.
Par foi je croi bien, dit li sires
Einsi faite bouche avoit-il ;
Et qu'est-ce ci, est-ce sorcil ?
Ce sont les narilles par foi :
Onques mès ne vi si fet roi.
1970 Quant la teste li oi coupée,
Volentiers l'éusse aportée,
Mès onques ne la poi lever,
N'oi pas loisir de sejorner,
Erraument en tranchai ce jus.
Vos avez bien fet, dit li Dus.
Li sires les fet estuier

Dedanz son cofre bien fermer,
Et puis prent par la mein Trubert,
Sire, fet-il, par Saint Lambert,
1980 Il n'a home jusques à vos
Cui j'aing autant com je faz vos,
Car en grant repos m'avez mis;
Je doi bien estre vostre amis,
Si sui-je et serai toz jorz.
Et Trubert qui set toz les torz,
Entre ses denz dit, vos mentez,
Encore encui moult me harrez.
Sire, dient le chevalier,
Cist sires fet moult à prisier,
1990 Sachiez de voir il est hauz hom.
Certes, fet li sires, c'est mon,
S'il velt ma fille, li donrai,
Que des ier main li presentai,
Encor ne m'en repent-je mie,
Et Trubert le Dus en mercie :
Sire, dit-il, biax est li dons,
Mes peres est des Brebençons;
Sire, s'en voil à lui parler,
Je ne me doi pas marier
2000 Si feitement que il nou sache
Et Trubert à la voie sache,
Jusqu'à quinzaine revenrai
Et de mes amis amenrai
Ceenz moult bele conpaignie,
Puis si espouserai m'amie.
Fait li sires, moult me grevez
Quant einsi tost vos en alez,
Car demorez encore un mois.

Non ferai, fet-il, je m'en vois,
Haster me voil de revenir,
Car ce mariage desir.
Li Dus le fet avant mengier,
Puis li fet un cheval baillier
Qui soef porte l'ambléure;
Et Trubert point ne s'aséure,
Isnellement i est montez.
Fet li sires, moult vos hastez,
N'en irez pas seul, se Dex plest,
Que de ma gent avec vos n'ait
Qui vos conduiront a l'aler,
Dix chevax li fet amener
Toz ensellez en mi la place.
Dit Estrubert, jà Dex ne place
Je voie jor se cestui non,
Se je enmain jà conpaignon.
Li Dus ne l'en ose proier,
Il demande se un somier
En voudroit chacier devant lui,
Dit Trubert, assez riches sui,
Quant je vendrai en mon païs
Tant aurai de ver et de gris
Que j'en serai toz anuiez.
Quant il se fu asez proisiez,
Congié demande, si s'en va.
Li Dus à enviz li dona,
Mès il ne le pot detenir :
Assez plora au departir,
Estrubert an chemin se met,
Moult fu liez quant departi s'est
Du seigneur et de sa mesnie,

Il leur a fet grant vilenie,
Hosiez les a et decéuz.
Li niés au seigneur est penduz
De quoi il est duel et domage.
En la cort entra un mesage
Que li rois Golias envoie;
Devant le Duc va droite voie,
De parler a langue molue :
Sire, Goulias vos salue,
2050 Li rois qui tant fet à douter,
Il se velt à vos acorder.
Amis, dit-il, tu me falordes,
De parler me sambles trop lordes;
Golias est morz, bien le sai,
La narille et la bouche en ai
Céanz en un cofre enfermé.
Sire, sachiez de verité,
Car il est toz sainz et hetiez;
De par lui sui ci envoiez,
2060 Meintes foiz a seur vos praé,
Or l'en ont si baron praé
Et loé que à vos s'acort,
De quanque vos a fet de tort
Or vos en velt feire l'amende.
Vostre fille à fame demande,
Puis si sera moult vostre amis,
Diz me tu voir? est-il ainsis?
Oïl, sire, par Saint Thomas,
Je ne vos gaberoie pas.
2070 Li Dus en est toz tresmuez.
Estrubert s'en va bien loez,
Vaillant vint mars d'argent enporte.

Li palefroiz soef l'emporte;
Jà estoit cinc lives avant.
Estes-vos à pié un sergent
Qui au neveu le Duc estoit,
Après lui dou tornoi venoit :
Son sire est au chastel penduz.
A l'ancontre li est venuz
2080 Trubert et si le salua,
Puis li enquist et demanda :
Mesagier frere, qui es tu?
Quel part iras et dont viens-tu?
Je sui, sire, à un chevalier
De la sereur au Duc Garnier :
A un tornoi avons esté,
Tuit i somes desbareté ;
Messires i a tout perdu,
N'en aporte lance n'escu,
2090 Haubert ne hiaume ne cuirie.
Moult est plains de chevalerie,
Li Dus l'aime seur toute rien.
Amis, certes, je le cuit bien,
Que je l'encontrai ier matin
Chevauchant un povre roncin,
Meigre et las et tout farcineus ;
Vers le chastel alloit toz seus.
Asez chevauchasmes ensamble,
Tant que me conta, ce me samble,
2100 Que de la sereur au Duc iere,
Toute me conta la maniere,
Et je por l'amor du seignor
Le Duc que j'aim de grant amor,
Un biau palefroi que j'avoie

Dont la seurcengle iere de soie,
Li eschangai à son roncin
Qui toz estoit plains de farcin.
Sa robe chanjai à la moie,
Puis nos méismes à la voie,
2110 Où chastel entra devant moi,
Onques puis nel' vi ne il moi.
Or te voil proier por l'amor
Que fis si grant à ton seignor,
Au Duc di de la moie part
Que le cul et le c.. bien gart
Qu'il a en son cofre enfermé ;
Di li que tu m'as encontré.
Sire, conment avez-vos non ?
Amis, Trubert m'apele-l'on ;
2120 Par ce non bien me connoistra.
Sire, dit-il, n'en dontez jà
Que ce li dirai-je moult bien,
Se plus li volez mander rien,
Dites le moi, je li dirai.
Oïl, pieça je li lessai
Une moult bele chievre à let,
Demandez lui qu'il en a fet,
Et si li di que li soviegne
De ce q'au cul li fis l'enseigne
2130 Quant je li dui du cul sachier,
Et de la dame au cort legier
Cui rafetai trois foiz où lit,
Et li soviegne dou delit
Qu'il ot où bois quant li lessai,
Et de ce c'oan le couchai
Et l'oing d'un moult chier oignement.

Sire, je vos di loialment
Que tout ainsi com dit l'avez,
Dirai que moult vos sai bon grez
2140 De la bonté et de l'amor
Que vos féistes mon seignor :
Vos le méistes à cheval.
Li més n'i entent point de mal,
D'iluec s'empartent a itant.
Vers le chastel s'en va errant
Li vallez qui vient dou tornoi,
Mès ne set mie le desroi
Que Trubert a par leanz fet.
Que vos feroie-je lonc plet ?
2150 Jusque devant le Duc n'areste,
Il li cuide faire grant feste ;
Au Duc a hautement parlé.
Sire, dit-il, j'ai encontré
Estrubert qui si grant honor
Fist hui matin à mon seignor.
Sa robe à la soe chanja,
Et son palefroi li dona ;
Moult l'en devez savoir bon gré :
Diva, vallet tu ies désvé,
2160 Bien en savons la verité.
Trubert si fu ier traïné
Aval ceste vile et penduz,
Et tes sires n'est pas venuz.
Par foi, si est dès ier matin,
Li Dus en tient le chief enclin,
Quant il ot parler de Trubert,
A pou de duel le sens ne pert.
Vallet, tu me contes merveilles,

Onques mès n'oï les pareilles,
2170 Je cuit et croi tu as béu,
Qui diz que Trubert as véu.
Voirément le di-je par foi,
Et encor vos manda par moi
Le cul et le c.. li gardez
Que en vos cofres mis avez,
Et de la chievre vos soviegne.
Quant li Dus l'ot, cent foiz se seigne.
Sire, encor vos mande-il plus.
Tès-toi, amis, ce dit li Dus,
2180 Je sai bien que c'est il sanz faille,
Or primes m'a-il fet grant taille;
C'est mes niés qui fu hui panduz.
Pasmez est à terre chéuz.
Li chevalier l'en vont lever,
Tuit le pranent à conforter;
Mais onques pour ce ne laissa,
Onques hom tel duel ne mena.
Le chevalier alerent querre,
Despenduz fu et mis en terre,
2190 En estre benéoit l'ont mis,
Dex meite l'ame en paradis !
Moult est li sires adolez,
Jamès si grant duel ne verrez
Com li Dus fet por son cosin;
Il jure que jamès de vin
Ne bevra jusqu'à tant qu'il ait
Le glouton qui ce li a fet.
Li Dus le mesagier apele
Qui du roi li dit la novele,
2200 Or me di, fait-il, biax amis,

Tu me diz Golias est vis
Et à moi se velt acorder
Et ma fille velt espouser ?
Voire, sire, ainsi le vos mande,
Se n'est voirs j'otroi qu'en me pende.
Amis, jà penduz n'en seras,
A ton seigneur ariere iras
Et si li diras de par moi
Ma fille à fame li otroi,
2210 Volontiers et améement
Li envoiasse meintenant,
Mès il me convint chevauchier,
Je ne porroie soulacier
Jusqu'à quinze jorz la vien querre :
Je voil aler véoir ma terre,
Si l'en portera à grant joie.
Li mesagiers aqueut sa voie,
Jusques en l'ost ne s'aresta,
A Golias tantost conta
2220 Ce que li Dus li a mandé,
Et Golias en fu moult lié.

 Du Duc vos voil dire et retraire,
Il fet atorner son afeire,
Car après Trubert velt aler.
Landemain sanz plus demorer
Monte li Dus et sa mesnie,
Trente sont en sa compaignie :
Dou chastel issent, si s'en vont.
Quierent et aval et amont
2230 Par le païs et par la terre :
En trois jorz ne finent de querre.
Tant quierent amont et aval

Qu'il sont lassé et li cheval;
Ne sevent mès quel part aler,
Jà s'en voloient retorner
Quant li sires s'est porpensez.
Seigneur, fet-il, vos ne savez
Des lors que premiers le connui,
Que la chievre achetai de lui,
2240 Li demandai dont il estoit,
Et il me dit qu'il repairoit
En la forest de Pontellie.
Là ont droit leur voie acueillie,
Dedenz la forest sont entré.
Tant ont aval le bois alé
Qu'il ont véu une meison.
Li Dus les a mis à reison,
Seigneur, or pensez de bien feire,
Je croi que vez ci son repeire,
2250 Gardez-vos bien que il n'eschape,
Il est chéoiz en male trape
Se nos le poons atraper;
Mès il nos covient bien garder.
Sire, dient li chevalier,
Nos irons devant et derrier,
Sachiez que moult le tanrons cort.
Et Trubert fu en mi la cort,
De moult loin les aparcéuz.
Tantost s'est en maison feruz,
2260 N'est pas merveille s'a paor :
Tantost a dit à sa seror,
Desvest toute ta robe tost,
Si mest ma quote et mon seurquot,
Si muce tost desoz cest lit.

El ne set porcoi il le dit.
Desoz le lit muce sanz plait,
Ainsi com il le dit l'a fet,
Et Trubert ne s'atarge mie,
Une coife à fame a lacie,
2270 Moult en a fet riche boban,
Onques hom ne pensa tel sen.
Moult par a bien Trubert pensé,
Un peliçon a endossé
Qui est touz blans a tout la croie,
Sa mere un paletel li loie,
Puis li a ceint une ceinture ;
Moult a bien de fame feiture :
Seur le sueil s'en ala ester.
Atant es-vos sans demorer
2280 Le Duc et toz ses chevaliers,
Et par devant et par derriers
Ont la maison environée.
N'i a celui n'ait tret l'espée,
Se léanz puet estre trouvez,
Ocis sera et decoupez.
Li Dus est à pié descenduz,
Dedenz la meson s'est feruz.
Seur le soil a lessié Trubert,
Paor a, la color empert,
2290 Et li Dus l'en a regardé,
Belement l'a reconforté :
Damoiselle, n'en doutez mie,
Ja ne vos ferons vilenie
Mès que Trubert nos enseigniez,
S'il vos plait et se vos daigniez,
Car tant l'avon quis à cheval

Par ce bois amont et aval,
Moi et cist autre compaignon,
Chaut en ai souz mon gambaison :
2300 S'il vos plait, si le m'enseigniez,
Par si que vos bon le faciez.
Estrubert respont meintenant
A basse voiz tout simplement :
Par foi, sire, il s'en est alez,
Bien croï por vos est destornez
De si loing com venir le vit,
Je ne sai por coi il le fit,
Se feri en cest bois léanz.
Par mon chief c'est un droit sarpenz,
2310 Fet li Dus, ne sai ou chacier.
Sire, dient li chevalier,
N'i a tel, mès nos en alons ;
Ceste damoisele en menons,
Qu'en ce bois ne troveroit nus.
Ce poise moi, ce dit li Dus,
Foi que je doi Dieu nostre sire,
Moult en ai à mon cuer grant ire,
Mès je nel' puis ore amender,
Si m'en convient à conforter ;
2320 Mès tant com le sache vivant,
N'aurai joie enterinement,
Tout jorz m'iert mès cit deus noviax.
Atant remontent es chevax,
Trubert ne laissierent-ils mie,
Portent l'en à grant seignorie.
Un des chevaliers devant lui.
Lasse ! dit com mar onques fui,
Où m'enporte-on ? que devenrai ?

Damoisele, n'aiez esmai,
2330 Fet li Dus, jà mal n'i aurez,
Avec mes puceles serez,
Garde vos penroiz de ma fille.
Et Trubert qui moult set de guile,
Li a respondu simplement,
Je ferai tout vostre commant.
Or avez-vos dit que senée,
Autrement n'auriez durée,
Vostre frere m'a mal bailli,
Il a bien où cors l'anemi
2340 Que je ne li ai riens forfet
Et dou pis que il puet me fet.
Par lui ai mon neveu pandu,
Et moi a-il souvent batu,
Tant qu'encor m'en doil durement
Plus que je ne faz le samblant.
Tant ont einsi le plet mené,
De jorz sont où chastel entré,
Enmi la cort sont descendu;
Moult furent volentiers véu.
2350 La dame grant joie leur fet,
Puis leur demande, qu'avez fet?
Por coi avez tant demoré?
Avez-vos dont Trubert trové?
Nenil, dame, c'est por neant,
Il ne doute ne Dieu ne gent.
Ce n'est pas hom, ainz est malfez
Qui ainsi nos a enchantez :
Dit la dame, mès n'oï tel;
Et fustes-vos en son hostel?
2360 Oïl, dame, par Saint Tomas,

Mès il ne nos atendi pas ;
De si loing com venir nos vit,
Dedanz la broce se feri
Où nus hom ne péust trover.
Nos péussiens après aler
Un mois, certes, voires un an,
Que ne le préissons oan.
Assez avons de mal éu,
Ainz puis ne fusmes desvestu.
2370 Dit la dame, or vos reposez,
Il fera encor mal assez,
Que trop aaise se revelle ;
Et qui est ceste damoiselle ?
Ce est la suer au desloial,
Ele ne set ne bien ne mal,
Onques mès ne fu entre gent.
La dame par la mein la prent ;
A ses puceles l'en mena,
La mestresse la commanda,
2380 Erraument s'en revint arier.
Les chevaliers fet aaiser.
Et le mengier fist aprester,
Car il ert ore de souper.
Les tables mettent li sergent,
Au mengier s'asiéent errant,
Bien furent servi cele nuit,
Moult i ot Trubert de déduit :
Avec la pucele menja,
Damoisele Aude li tailla
3390 Et si menja en s'escuelle.
Moult fu vaillanz la damoisele,
Souvent de boivre le semont.

Quant à grant loisir mengié ont,
Si se sont des tables levées,
Moult sont beles et bien parées.
Aude qui a le cors apert,
Le non demande a Trubert.
Coment avez-vos non, fet Aude?
Dame, en m'apele Coille baude.
2400 Quant Aude l'ot, si en a ris
Et toutes les autres ausis.
Comment, comment? dites encor.
Par foi je nel' dirai plus or;
Je voi bien que vos me gabez.
Dit la mestresse, si ferez,
Je le voil et si vos en proi.
J'ai non Coille baude par foi,
Einsi m'apele-l'en d'enfance.
Ce dit la mestresse Coutance,
2410 C'est assez biau non par raison,
Assez i a de mesprison
Dou pendant qui i est nomez.
Entre vos ainsi l'apelez:
Quant i aura autre mesnie
Si ait à non dame Florie.
Dame, einsi l'apelerons:
Devisez comment nos gierrons,
Car il est bien tans de couchier,
Ceste pucele en a mestier,
2420 Dou chevauchier est traveillie.
Ce dit damoiselle Florie,
S'il li plest avec moi gierra,
Au souper avec moi menja,
S'est bien raison qu'avec moi gise.

Ce dit damoisele Felise,
Lessiez la gesir avec moi,
Moult m'iert bel et moult vos en proi.
Ce dit Belisent la cortoise,
Fille la sereur la Duchoise,
2430 Avec moi gierra enquenuit,
Soulaz me fera et dedit.
Une petite en i avoit
Qui fille le seigneur estoit,
Roseite a non la damoisele,
C'est la plus droite et la plus bele ;
Si oil resamblent de faucon ;
Blanche à la gorge et le menton,
La bouche petite et riant,
Il ne covient plus bel enfant.
2440 Aus autres dit, car vos teisiez,
Ne vos ne vos ne l'averez :
Anuit me fera compaignie,
Et la mestresse li otrie,
Ele ne l'ose corocier.
Les damoiseles vont couchier,
Devant leur lit sont desvestues,
Et Trubert les vit toutes nues ;
Voit les connez busis sans barbe,
En son corage moult li tarde
2450 Qu'avec Roseite soit couchiez.
Moult est dolanz et corociez
Quant il ne s'ose devestir.
Damoisele, venez gesir,
Fet Roseite qui est couchie.
Damoisele, n'i irai mie
Tant com la chandoile ardera.

DE FABLIAUX ET CONTES.

Roseite tantost la soufla
Qu'à s'esponde estoit atachie,
Pour le feu ne lera-il mie!
2460 Quant la chandoile fu souflée,
Trubert si a sa robe ostée,
Avec Roseite se coucha.
La damoisele l'acola,
Et dit, compaigne, bien veigniez,
Gardez tout aaise soiez,
Si ne vos soit de rien grevain,
Certes quant ce vendra demain
Richement vestir vos ferai
De tele robe come j'ai,
2470 Seurcot et quote de samiz.
Dit Coillebaude grant merciz.
Roseite la tient embracie,
N'i entent point de vilenie,
Ainçois le fet par grant chierté
Et par sa deboneireté.
Quanqu'ele puet li feit solaz,
Et Trubert gist entre ses bras,
N'en puet mès se le v.. li tent.
Roseite à sa cuisse le sent :
2480 Qu'est or ceci, dites le moi?
Volentiers le dirai par foi;
Ce est un petit connetiax,
Il est petiz, mès moult est biax.
Qu'en feites-vos? Par foi je mes
Gesir en mon c.. tel foiz est,
Grant aise me fet et grant bien.
Et voudroit-il entrer où mien?
Oïl, se il vos connessoit,

Moult volentiers i enterroit,
2490 Mès il le covient acointier.
Celle le prant à aplaignier,
Roseite entre ses mains le prent,
Nule mauvestié n'i entent;
Belement le tient et manoie,
Et li v.. en sa main coloie.
Certes moult l'avez or bien duit.
Fet Roseite jà me connuit,
Il ne me mort ne esgratine.
Ele le tient parmi l'eschine,
2500 La teste lieve et ele en rit.
A l'entrée dou c.. li mit,
Plus droit qu'elle puet li apointe,
Et Trubert ne fet pas le cointe,
Tout li a dedenz embatu.
Onques mès tel beste ne fu,
Dit Roseite, se Dex me gart,
Dex le vos sauve et le vos gart;
Certes se un tel en avoie,
Por nul avoir ne le donroie :
2510 Pour Dieu, bele douce compaigne,
Proiez lui c'un po avant viegne,
Car moult m'est bon et moult me plest.
Au non Dieu, dame, s'il vos plest,
Jà porroit si avant aler
Jamès ne porroit retorner,
Ne porroit retrover la voïe.
Dit Roseite, je le voudroie
Mès qu'il vos venist à plesir,
Jamès n'en querroie partir.
2520 Quanque il me fet tot m'est bel,

Onques mès n'oi si bon joel.
Dame, jà le verroiz joer,
Par leanz saillir et triper.
Por Dieu, compaigne, or de bien feire,
Que ses jeux ne me puet desplaire.
Et Trubert la commence à croistre
Si que tout le lit en fet croistre.
Compaigne, or feites-vos moult bien,
Hui mès ne senti-je si bien ;
2530 Feites adès que moult me plait,
Plus vos hastez et mex me fet.
Et Trubert si se resvertue
Si que trestoz li paus li sue :
Andui ont bien fet leur afeire,
Dit Roseite la deboneire,
Encore ne la quit-je mie,
Foi que je doi Sainte Marie,
Encor li convendra entrer.
Dame, lessiez le reposer
2540 Que traveilliez est de joer,
Ne l'an doit-en pas si haster.
Dit Roseite n'a mie mal ;
Sa main a mise contreval,
Le v.. a sesi par la teste,
Il ne li joe ne fet feste.
Dit Roseite ci a mal plet,
Je cuit nos li avons mal fet ;
Asez estoit ore plus forz,
Certes je dout qu'il ne soit morz,
2550 Moult mal auriens esploitié.
Tant la tenu et manoié
Que pooir li est revenuz,

Un pou s'est en sa main méuz :
Coillebaude, vos ne savez,
Certes il a esté pasmez;
Revenuz est de pasmoison,
Je croi qu'il n'aura se bien non.
Moult ot chascun de son deduit,
Onques ne dormirent la nuit,
2560 Dit Roseite, moult m'esta bien,
Gardez que n'en parlez à rien,
Chascune le vodroit avoir.
Ne vodroie por nul avoir,
Feit Roseite, qu'en le séust,
Ne que autres de moi l'éust.
Quinzaine menerent tel vie,
Roseite a la couleur changie,
Toute pâle en son vis devint;
La Duchoise garde s'en print,
2570 Un jor Trubert en apela
A conseil si li demanda :
Damoisele, dit la Duchoise,
D'une chose forment me poise,
Dequoi, dame, dit Coillebaude
Qui de parler est adès baude.
De ma fille, ce dit la dame
Qui ne samble avoir cors ne ame,
Toute sa couleur a changiée,
Moult est durement empiriée,
2580 Je ne sai dont ce li avient,
Par foi, dame, toute nuit vient
A nostre lit uns colons blans,
Il m'est avis, et bien le pans,
Que ce soit un angre enpanez.

Damoisele, vos me gabez.
Dame, dit vos ai verîté,
Encore anuit i a esté.
Damoisele, dit la Duchoise,
Vos n'estes mie bien cortoise
2590 Qui me gabez, vos avez tort.
Coillebaude jure la mort,
Et quanque de Dieu puet jurer
Qu'elle n'a cure de gaber;
Mès sachiez bien, n'en doutez mie,
Dou Saint Espir est raemplie,
Trestoute est plaine d'angeloz.
Tant li dit et jura li soz
Que la Duchoise bien l'en croit.
Or oiez com il la deçoit ;
2600 Dit la dame, moult fui bon née
Quant tel créature ai portée
Qui angelez conceit et porte,
Je voudroie mex estre morte
Jamès Golias en fut sires :
A monseigneur le voudrai dire.
Au duc s'en va grant aléure,
Si li a conté l'aventure
Tout ainsi com cil li a dit,
Et li sires grant joie en fit :
2610 Dame Dex en soit graciez,
Dit li sires, moult en sui liez,
S'il est einsi com dit m'avez.
Oïl, jà mar en douterez,
Einsi est-il com dit vos ai,
Tant l'ai enquis que bien le sai,
Que toute est plaine d'angeloz.

Or seroie sote et vos soz
Se Golias l'avoit à fame.
Certes nenil, ma douce dame,
2620 Jamès Golias ne l'aura,
Ne à son costé ne gerra.
Roseite feites bien garder
Tant que viengne à l'enfanter.
Que Dex nos porra bien doner
Les angeloz ferons norrir,
Granz biens nos empuet avenir.
Par foi, sire, vos dites voir,
Mès or nos covient-il savoir
Que nos ferons vers Golias.
2630 Il ne le tenra mie à gas,
Nostre fille voudra à fame,
Metez i conseil, bele dame,
Que de cestui n'aura-il mie,
Par foi toute en sui conseillie,
La suer Estrubert lui donrons,
Que ceenz pucele n'avons
Si bele ne si debonaire.
Dit li Dus ce est bien à faire,
Bien me plest et bien m'i acort.
2640 Entr'aus deus n'a point de descort,
Bien se sont ainsi acordé.
Et quant ce vint au jor nomé,
Golias vint querre sa fame.
Entre la mestresse et sa fame
Ont Coillebaude apareillie,
La dame et li Dus l'ont baillie
Au roi Golias par la mein,
Li rois a fet son chapelain

En la chapelle revestir,
2650 Et il i vont por messe oïr.
Sa fame a prise et espousée,
Et quant la messe fu chantée,
Golias le roi mercia,
Congié demande si s'en va.
Atant se meitent à la voie,
Li Dus grand piece le convoie,
Puis les a à Dieu commandez.
Jamès tel joie ne verrez
Com li rois fet et sa mesnie,
2660 Bien sont mil en sa compaignie;
N'i a celui qui n'ait chapel
De rose et lorain novel.
Du chastel issent, si s'en vont,
Li menestrés grant joie font :
Cornent, buisinent par deduit,
De trois liues ot en le bruit,
Et Trubert sit où palefroi
Dont la sambue fu d'orfroi,
De toutes parz à terre pent.
2670 Li lorains fu riches d'argent,
De clocheites est trestoz plains.
Lez lui se mist li chapelains.
Dame, moult vos poez amer,
Moult la commence à conforter
Et mercier nostre seignor
Qui vos a fet si grant honor
Que demain serez mariée.
De moult bone eure fustes née,
Et vos de bien faire pansez,
2680 Si c'au seigneur que vos avez

Faciez tot son commandement.
Et Trubert par la mein la prent,
Si l'en mena à une part :
Sire, dit-il, se Dex me gart,
Moult m'avez or bien conseillie,
Tout jors serez de ma mesnie;
Trubert si a fors trait le v..
Si que le chapelains le vit :
Sire prestes, ce dit Trubert,
2690 Vos oes ont-eles tex bés?
Quant li prestre vit le v.. grant
Cent foiz se seigne en un tenant,
Enfin retorne vers le roi
Et va criant à grant desroi :
Seigneur, fet-il, vos ne savez,
Li Dus nos a toz enchantez.
Et quant Trubert oï le prestre,
Jusques devant le roi n'areste;
Devant le chapelain s'avance,
2700 Il a parlé en audience :
Seigneur, fet-il, vos ne savez,
Cist prestes est touz forsenez,
Ainz mès ne vi tel chapelain,
Jusqu'à mon c.. a mis la main,
Bien se va ne m'a efforcie.
Et li prestes en haut escrie :
Por Dieu, seigneur, lessiez moi dire.
Et li roiz qui est toz plains d'ire,
Jure, certes riens ne direz,
2710 Vostre folie comparrez.
Li rois méismes de sa main
A si feru le chapelain

Qu'à la terre l'a abatu.
Li escuier i sont coru,
Se l'ont batu jusqu'à la mort.
Onques mès hom à si grant tort
Ne fu si malement menez.
Atant s'en est li rois tornez.
Douins de Lavesne tesmoigne
2720 Qu'il est moult fox qui de tout soingne.
Si li prestres se fut téuz,
Il n'éust mie esté batuz :
Bon taisir vaut, trop parler nuit.
A grant joie et à grant deduit
S'en va li rois à tot sa fame ;
A non Dieu fet-il, bele dame,
Or vos aing plus c'ainz mès ne fis,
De tout le cuer sui vostre amis,
N'avez cure de mauvès plet.
2730 Me dex sire non, se Dex plest,
Dit Estrubert qui de tot boise,
Onques ma mere la Duchoise
Ne fist de son cors mauvestié,
Et se Dex plest non ferai-gié.
Li rois l'acole et si li dit
Coiement que nus ne l'oï :
Dame, ensamble gerrons anuit,
Grant joie aurons et grant deduit,
Car moult desir vostre soulaz ;
2740 Quant vos tenrai entre mes braz,
Por nule riens ne vos donroie,
C'est la riens que plus desirroie.
Sire, ce dit Trubert, merci
Por Dieu et par amors vos pri.

Dame, par Dieu en qui je croi,
Por vint marz d'or, si com je croi,
Ne gierroie sanz vos anuit :
Or ne vos empoit ne anuit.
Tant ont einsi le plet mené
2750 Qu'il entrerent en la cité
De quoi li sires iere nez :
Jamais plus riche ne verrez.
Sa gent li sont encontre alez,
Jamais tel joie ne verrez
Com il mainent aval la vile ;
Et Trubert qui moult set de guile,
Ot avec lui une pucele,
D'une part la tret et apelle,
A conseil li dit belement,
2760 Va, si m'achate isnellement
Une borse grant et parfonde,
Si la meterai à l'esponde
Dou lit où je devrai gesir.
Dame, tout à vostre pleisir
Meintenant la borse averez
Tex com vos la deviserez.
Or chevauchent tot contreval
Tant qu'il vienent à cort roial ;
Descendu sont et sa mesnie,
2770 Moult i a bele compaignie.
Grant joie moinent et grant bruit,
Toute la vile est en deduit :
Moult i est Trubert bien venuz
Et à grant joie recéuz.
Toute la cort à lui encline,
Tuit l'apelent dame réine.

Li rois en est forment jalous,
Dou prestre li sovient tout jorz
Qui aus chans la vost efforcier.
2780 Onques puis ne la vost lessier;
Tout jorz la fet lez lui séoir,
Il ne cuida jà tant véoir
Que il soit avec lui couchiez.
Il est bien du tout enginiez,
Ne set mie la traïson
De sa fame qui n'a pas c...
Quant il fu heure de souper,
L'iaue demandent por laver,
En leur a tantost aportée.
2790 Un queus l'a Estrubert donée,
Asis se sont et entablé,
En leur a le mengier porté
Largement et à grant foison,
Premiers grues après roons
Et puis malarz et puis chapons,
Perdriz, ploviers et esturjons,
Et puis leur aporte pastez,
Jamès itant de mès ne verrez
Com il orent icele nuit.
2800 Moult i ot Trubert de deduit,
Et à boivre orent-il assez,
Si com bons vins et bons clarez,
More ferré et bon rosé,
Et piment et citouaudé,
Et il moult très bien se garda,
Petit but et petit menja.
Atant sont des tables levé,
En une chambre sont entré

Le roi, la pucele et Trubert.

2810 Le chambellan qui le roi sert
Les a fet ensamble couchier,
De la chambre ist sanz deloier,
Si a l'uis clos et refermé.
Li roi a celui acolé,
Et dit, dame, ça vos tréez.
Por Dieu, sire, car vos soufrez,
Fet Estrubert, se il vos plest.
Dame, ne feites mie plet,
Ce dit li rois, jà vos harroie.
2820 Et Trubert adreice sa voie
A l'esponde, la borse a prise
Où sa pucele l'avoit mise;
Entre ses jambes l'a boutée :
Sire, fet-il, quant vos agrée
Feites de moi voz volentez.
Seur le ventre li est montez
Li rois, c'autre chose ne quiert,
Son v.. en la borse li fiert
Si que tot li embat dedanz.
2830 Trubert a tiré les pendanz,
Et li rois tire et cil l'estraint,
Quanque il puet riens ne s'en faint,
Et li rois sache de rechief,
Mès de l'avoir ne vient à chief;
Et Trubert durement le tient,
Desouz le roi s'afiche et gient
Ausi com fame c'on efforce.
Sire, vos m'ociez à force,
Dit Trubert, et car vos soufrez.
2840 De destreice est li rois pasmez.

Quant il revint de pasmoison,
Par foi ainz mès ne vi tel c..,
Fait li rois, ne sai dont ce vient.
Et Trubert qui moult bien le tient,
Sire, c'est un c.. de biais,
Si fet con ne verroiz jamais :
Au premier vos est ore estroiz,
Mez en istroiz à l'autre foiz ;
Traiez le hors, vos m'ociez.
2850 Lor est li rois esvertuez,
De roit tire par grant aïr,
Le v.. fet de la borse issir.
Moult a esté en grant destroit,
Et encor cuide bien et croit
Que sa fame ait éu trop pis.
Dame, fet-il, il m'est avis
Que cassée estes et blecie.
Sire, fet-il, ne mentez mie,
Trop m'avez malement menée,
2860 Et desachiée et triboulée,
Et Trubert n'a point de délit,
Il s'est dreciez enmi le lit.
Li rois le prist à apeler,
Qu'est-ce, dame, où volez aler ?
Qu'est-ce, dame, que pensez-vos?
Fait li rois qui tant est jalous,
Où volez à ceste heure aler ?
Sire, je me vueil relever
Por pissier, que mestier en ai.
2870 Dit li rois, avec vos irai.
Sire, ce seroit vilenie,
Se m'en créez, n'i venroiz mie.

Li rois une cordelle prent,
Au pié li lie estroitement :
Dame, dit li rois, or alez,
Quant je trairai si revenez.
Et Trubert est dou lit issuz,
Tant est alez qu'il est venuz
Au lit où la pucele git,
2880 Où pié la cordelle li mit.
La pucele s'est esveillie,
Qu'est-ce, fet-ele, Dex aïe !
Qui estes-vos, et que querez ?
A ceste heure que demandez ?
Je sui li rois, n'en doutez mie.
Qu'est-ce, fet-ele, Dex aïe !
Biax sire, qu'alez-vos querant ?
Par foi je te di loialment
Que je t'ain de si grant amor,
2890 Je ne cuit ja véoir le jor :
Avec toi me covient gesir.
Ainsi li covient à soufrir
Que ne li ose contredire.
Et Trubert trestout sanz plus dire
En fit toutes ses volentez ;
Et quant de joer fu lassez,
Ainçois que dou lit se partist,
Son afeire li conte et dit.
Tout son afeire li conta,
2900 Ainsi com le Duc engigna,
Einsi com il croissi sa fille,
Et si li a conté la guile
Coment le prestre batre fit,
De la borse li conte et dit.

Quant trestout li a raconté,
De chief en chief la verité,
La pucele moult se merveille,
Dex, fet-elle, car me conseille :
Ausi sui com toute enchantée.
2910 Et Trubert l'a reconfortée,
Damoisele, n'aiez esmai,
Faites ce que je vos dirai,
Si seroiz moult bien conseillie.
Coment, fet-ele, Dex aïe,
Tolu m'avez mon pucelage.
Ne vos en chaut, or soiez sage,
Par Dieu se croire me volez,
En cest marchié gaaignerez,
Qui vaudra cinc cent marz d'argent.
2620 Hé! Dex aïde, et je comant?
Dit Trubert, et je le dirai :
Or gardez que n'aiez esmai,
Demain serez dame et réine.
Dex aïde! dit la meschine,
Coment porroit ce avenir?
Jà ne vos faut-il que taisir,
Feites ce que je vos dirai.
Et je, fet-ele, le ferai.
Dit Trubert, et je demorrai
2930 Demain ci tant que je saurai
Coment vos porrez esploitier;
Mes or vos veil-je enseignier
Coment vos irez où il gist.
Une cordelle où pié me mit
Orainz quant d'avec lui levai,
Et je où vostre la liai

Tout meintenant que je vin ci,
Or gardez que ne dormez si
Tout meintenant que il tirra
2940 La cordelle, si alez là.
Quant li rois la cordele tret,
Cele se lieve entreset,
Tout meintenant au lit ala,
Sans noise avec lui se coucha.
Dame, fet-il, pou m'avez chier,
Volez me-vos mener dangier?
Por coi avez tant demoré,
Qu'avez fet, où avez esté?
Vos n'amez gueres mon solaz.
2950 Dit la damoisele, si faz
Plus que je ne faz le samblant.
Je vos conterai bien comment
J'ai fet si longue demorée;
Puis ai esté trois froiz pasmée.
Dame, por coi pasmates-vos?
En non Dieu, sire, tot por vos,
Porce qu'orainz fustes pasmez,
Je croi vous fustes avenez,
Si en sui trestoute esmarrie.
2960 Dame, or ne vos esmaiez mie;
Sachiez que je vos ai moult chiere,
Moult estes de bone maniere,
Et en vos sont toutes bontez;
Mès ersoir fui si enchantez,
Quant ensamble fumes couchié,
Tantost com j'oi à vos touchié,
C'à poi que ne fui afolez.
Sire, ce me fit li rapez

De quoi béusmes tant ersoir.
2970 Certes, dame, vos dites voir ;
N'a tel dame jusqu'à la mer.
Demain vos ferai coroner,
De mon réaume serez dame :
Onques ne fu si riche fame.
Sire, dit-ele, grant merciz.
Atant est li rois endormiz
Et la damoisele avec lui,
Braz à braz se dorment andui.

Nota. Ce roman ne paroît pas terminé; mais le manuscrit n'en contient pas davantage.

DE PORCELET.

Or oiez un flabel cortois
D'un vallet fil à un borjois,
Qui prit fame cortoise et sage
Par lo conseil de son lignage,
Si l'ama engoiseussemant.
N'ot pas-o li esté grantmant
Qui l'ama tant que lo féist
Tunber, se talant l'an préist.
De li fist s'amie et sa dame,
10   Sovant li recordoit sa grame.
Un jor estoient en lor lit
O il faisoient lor delit,
La dame à cui li jeus fu boens,
Dist au valet que tot est suens.
Biax amis, car metomes non
A vostre rien et à mon c...
Dame, fait-il, ice est droiz
Que les nons amedeus metoiz.
Tex con vostre plaisir sera.
20   Sire, fet-el, si me plaira
Que mes c..s ait non porcelez,
Por ce qu'il ne puet estre nés ;
Et vostre rien, ne sai conmant.
Je cuit qu'il aura non fromant,
Car c'est biax nons. Et j'otroi bien,
Fait li vallet, ce non au mien,

Dès qu'il vos plaist et il vos siet.
Sire, fait-ele, or ne vos griet
Que porcelez voldra mangier,
30 Ne li faites mie dongier
De vostre froment qui est boens.
Dame, fait-il, il est tot suens.
Ensi furent moult longuemant,
Tant qu'il avint, ne sai conmant,
Que trestoz li fromans failli,
Et la dame l'a asailli
Por viande à son porcelet.
Li vallez lait aler un pet
El giron à la damoisele.
40 Que est-ce or, sire, fait-ele?
Qu'avez-vos fait en mon devant?
Dame, ce est brans qui espant
Por doner à vostre porcel,
Que, foi que je doi saint Marcel,
Do fromant qui est en despas
N'i est remès fors que li brans.
Conmant, sire, est donques failliz
Li fromanz? Donc est mal bailliz
Porcelez, se Dex me doint sen,
50 Qu'il n'a cure de vostre bran.
Dame, fait li vallez, par m'ame,
Fox est qui por les bons sa fame
Se grieve tant con je sui faiz :
Vostre merci, laissiez m'an paiz,
Que tant ai fait voz volentez,
Que toz me sui desfromantez.
Trop est vostre porc engoissex,
Car recovrez vostre pertex

Et vostre c.. qui est punais,
60   Jà par moi ne manjera mais :
Quant plus manjue, plus fain a,
Fox fu qui primes les trova.

CI FENIT DE PORCELET.

DO PRÉ TONDU.

Ce fu la voille d'un Noel,
Q'an tient en maint leu riche ostel,
A l'ôté fu d'un haut baron
Qu'il ot à bon feu de charbon :
E milieu un grant en avoit
Qui toz les autres destraingnoit ;
Dist as autres, laissiez m'aler,
Car je voldrai ardoir la mer;
Par ma force et par mon pooir
10   Vodrai aler la mer ardoir.
Jamais ne portera haranc,
Ploiiz, ne poison ne melan ;
Ensi con il l'a dit, si fist,
Ains ne fina, à la mer vint.
Quant il lo vit, si s'escria :
Mer, car par envie d'ardre la,
Fait-il, o puis haut de savoir,
Garde toi, je te vois ardoir.
Li charbons vient, en la mer saut,
20   Tost s'estoiz, puis ne fist chaut.
    Je vos ai conté ce fablel
Por ce qu'il fu d'un damoisel
Tant con il fu à marier
A toz jorz mené bone vie,
Et qant il a fame esposée,

Si a la teste plus mellée
Assez que ne soit chiens de Flandres.
Sales et ordes, plain de cendres,
Mau vestuz et un granz solers,
30 De tot est à si mal alez
C'assez samble miaux charbonier
Que il ne fait chevalier.
Cil fu estainz con li charbons
Qui voloit ardoir les poisons.
Un prodom une fame prist,
A moult grant noblece la mist :
Lo premier an li fist enor,
Onques ne la desdist nul jor,
Et cele acoilli tel baudet,
40 Par jeu li dona maint bufet.
Quant li chiés de l'an fu passez,
Les paranz la dame a mandez ;
Qant béu orent et mangié,
Li bachelers s'estoit drecié,
Lo pere et la mere apela,
Sire, fait-il, entendez ça.
Vos me priestas antan
Vostre fille, bien a un an,
Ne l'ai ferue ne tochiée,
50 Ne de son cors point enpiriée :
Demandez li se je di voir,
Par li le poez bien savoir.
Non, fait-ele, vostre merci,
Si l'éusse bien deservi ;
Or estoroit-il bien raison
Que vos me otroiez un don,
Que cist premier anz fust passez

Que ne fusse desdis assez.
Otroié li ai boenement,
60　Mais ne fu a longuement :
Car à poine part son hus,
Ele soloit estre au desus.
Celi qui point set de raison
Devez tenir por fol bricon,
Qui sa fame laisse puiier
No premier an à so haucier,
Que solement d'un fol regart
Là o ele l'orra parler,
La face-il tote tranbler.
70　Et cil qui autre chose an fait
Li porchace son mauvais plait.
Si vos reconst d'un païsant :
Fame prist bele et avenant,
Riches estoit, de grant lignaje,
Mais moult estoit de fel coraje,
Car si très felonesse estoit
Que nus vaincre ne la pooit.
Un jor s'alerent deporter
Par une preé por joer ;
80　Li prodom a parlé premiers :
Voir moult est cist prez bien fauché !
Et la fame a respondu,
N'est pas fauchié, ainz est tonduz.
Et cil en jure Saint Jehan
Ne fu pas tondu en un an.
Ele en jure Saint Omer
Qu'il fu tonduz et bertodez.
Qant li preudom s'oï desdire,
Sachiez que moult en a grant ire :

90 Soixante cox de livreison
Li a donez en un randon.
A la terre est chéue pamée,
Et ne dit mot d'une loée,
La ne pot-ele mot soner,
Convint c'à ses doiz motrer
Qu'il est bertodez et tonduz.
Moult fu li preudom esparduz,
Sa main lieve, si s'est seigniez,
100 Moult s'est durement merveilliez;
Bien voit que ja ne la vaincra,
A deiables la conmanda.

CI FENIT DO PRÉ TONDU.

LI SOHAIZ DESVEZ,

PAR JEHAN DE BOVES.

D'une avanture que je sai,
Que j'oï conter à Douai,
Vos conterai briémant la some
Q'avint d'une fame et d'un home.
Ne sai pas de chascun lo non,
Preude fame ert, et il prodon ;
Mais tant vos os bien afichier
Que li uns ot li autre moult chier.
Un jor ot li prodom afaire
10 Fors do païs : en son afaire
Fu bien trois mois fors de la terre
Por sa marchéandise querre ;
Sa besoigne si bien li vint
Que liez et joianz s'an revint
A Douai un joudi à nuit.
Ne cuidiez pas que il anuit
Sa fame, qant ele lo voit
Tel joie con ele devoit
En a fait con de son seignor,
20 Ainz mais ne n'ot joie graignor.
Qant l'ot acolé et baisié,
Un siege bas et aaisié
Por lui aaisier li apreste :

Et la viande refu preste,
Si mangerent, qant bons lor fu,
Sor un coisin delez lo fu
Qui ardoit cler et sans fumiere.
Moult i ot clarté et lumiere
Deus mès orent, char et poissons,
30 Et vins d'Aucerre et de Soissons,
Blanche nape, saine viande.
De servir fu la dame engrande,
Son seignor donoit dou plus bel,
Et lo vin à chascun morsel,
Por ce que plus li atalant.
Moult ot la dame bon talant
De lui faire auques de ses boens,
Car ele i r'atandoit les suens
Et sa bien venue à avoir;
40 Mais de ce ne fist pas savoir,
Que del vin l'a si empressé,
Que li vins li a confessé :
Et qant vint au cochier el lit,
Qu'il oblia l'autre delit.
Mais sa fame bien en sovint
Qui delez lui cochier se vint :
N'atandi pas qu'i la semoigne,
Tote iert preste de la besoigne.
Cil n'ot cure de sa moillier,
50 Qui lo joer et lo veillier
Soufrist bien encor une piece.
Ne cuidiez pas la dame siece
Qant son seignor endormi trove.
Ha ! fet-ele, con or se prove
Au fuer de vilain puant ort !

Qu'il déust veillier et il dort :
Moult me torne or à grant anui.
Deus mois a que je avoc lui
Ne jui, ne il avoques mi ;
60 Or l'ont deiables endormi,
A cui je l'otroi sanz desfance.
Ne dit mie qanqu'ele panse
La dame, ains se revoise et repont,
Car sa pansée la semont,
Mais ne l'esvoille ne ne bote,
Qu'i la tenist sanpres à glote.
Par cele raison s'est ostée
Del voloir et de la pansée
Que la dame avoit envers lui,
70 S'andort par ire et par anui.
El dormir vos di sanz mançonge
Que la dame sonja un songe;
Q'ele ert à un marchié annel,
Ainz n'oïstes parler de tel
Ainz n'i ot estal ne bojon,
Ne n'i ot loge ne maison,
Changes, ne table, ne repair
O l'an vandist ne gris ne vair,
Toile de lin, ne drax de laine,
80 Ne alun, ne bresil, ne graine,
Ne autre avoir, ce li ert vis,
Fors solement c..lles et v.. ;
Mais de cez i ot sans raisons.
Plaines estoient les maisons
Et les chanbres et li solier,
Et tot jorz venoient coler
Chargiez de v.. de totes parz

Et à charretes et à charz.
Jà soit ce c'assez en i vient,
90 N'estoient mie por noiant,
Ainz vandoit bien chascuns lo suen,
Por trente sax l'avoit-en buen,
Et por vint sax et bel et gent;
Et si ot v.. à povre gent.
Un petit avoit eu de deduit
De dis sax et de neuf et d'uit
A détail vendent et en gros.
Li meillor erent li plus gros,
Li plus chier et li miauz gardé.
100 La dame a par tot resgardé,
Tant s'est traveilliée et penée
C'à un estal est asenée,
Qu'ele en vit un gros et lonc,
Si s'est apoiée selonc.
Gros fu darriere et gros par tot,
Lo musel ot gros et estot.
Se lo voir dire vos en voil,
L'an li poïst giter en l'oil
Une cerise de plain vol
110 N'arestast, si venist au fol
De la c..lle que il ot tele
Con lo paleron d'une pele,
C'onques nus hom tele ne vit.
La dame bargigna lo v..,
A celui demanda lo fuer.
Se vos estoiez or ma suer,
N'i donroie mains de deus mars;
Li v.z n'est povres ne eschars,
Ainz est li miaudres de Laraine,

120 Et si a c..lle Loréaine
Qui bien fait à vandre au maje :
Prenez lou, si feroiz que saje,
Fait-cil, demantres qu'an vos proié.
Amis, que vaudroit longue broie?
Se vos i cuidiez estre sax,
Vos en auroiz cinquante sax :
Jamais n'en auroiz tant nu leu,
Et si donrai lo dernier Deu,
Que Dex m'an doint joie certaine.
130 Vos l'auroiz, fait-il, por l'estraine,
Que vers vos ne me voil tenir,
Et tot ce m'an puist avenir,
Qu'à l'essaier m'an orerez :
Je cuit q'ancor por moi direz
Mainte oreison et mainte salme.
Et la dame hauce la paume;
Si la si durement esmée,
Qant cuide ferir la paumée,
Son seignor fert, moult bien l'arene
140 De la paume delez la caine,
Que li cinc doiz i sont escrit.
La paume li fremie et frit
Del manton de ci q'an l'oroille :
Et cil s'esbaïst, si s'esvoille,
Et en son esveiller tressaut.
Et la dame s'esvoille et saut
Qui encor se dormist son voil,
Car la joie li torne à duel.
La joie en veillant li esloigne
150 Dou ele estoit dame par congé,
Por ce dormist son voil encor.

Suer, fait-il, car me dites or
Que vos songiez à cel cop
Que vos me donastes tel cop,
Dormiez o veilliez donques?
Sire, je ne vos feri onques,
Fait cele, nel' dites jamais,
Tot par amor et tot en pais.
Par la foi que devez mon cors,
160 Me dites que vos sambla lors,
Ne lo laissiez por nule rien.
Tot maintenant, ce sachiez bien,
Conmança la dame son conte,
Et moult volantiers li reconte,
O volantiers, o à enviz,
Conmant ele sonja les v..,
Conmant erent mauvais et bons,
Conmant ele acheta lo suen
Lo plus gros et lo plus plenier
170 Cinquante sax et un denier.
Sire, fait-ele, enfin avint,
Lo marchié palmoier covint;
Qant cuidai ferir en la main,
Vostre joe feri de plain,
Si fis conme fame endormie :
Por Deu ne vos coreciez mie
Que se je ai folie faite,
Et je m'an rant vers vos mesfaite,
Si vos en pri merci de cuer.
180 Par ma foi, fait-il, bele suer,
Je vos pardoin, et Dex si face!
Puis l'acole estroit et enbrace,
Et li baise la boche tandre,

Et li v.z li conmance à tandre
Que cele l'eschaufe et enchante.
Et cil en la paume li plante
Lo v... Qant un po fu finez,
Suer, fait-il, foi que me devez,
Ne se Dex d'anor vos reveste,
190 Que vausist cestui à la feste,
Que vos tenez en vostre main?
Sire, se je voie demain,
Qui de tex en aüst plain cofre,
N'i trovast qui i méist ofre
Ne qui donast gote d'argent :
Nes li v.. à la povre gent
Estoient tel que uns toz seus
En vaudroit largement ces deus
Tex con il est, or eswardez
200 Que là ne fust jà regardez
De demande, près ne de loin.
Suer, fait-il, de ce n'ai-je soin ;
Mais pran cestui et lai toz cax,
Tant que tu puisse faire miax :
Et ele si fist, ce me sanble.
La nuit furent moult bien ensanble,
Mais de ce lo tieng à estot,
Que landemain lo dist par tot,
Tant que lo sot Johans Bediax, (*)
210 Uns rimoieres de flabliax ;

(*) Ce nom *Johans Bediax* seroit-il le même que *Jehan de Boves ?* Dans le prologue de la fable des *Deux Chevaux*, que Barbazan a fait imprimer, celui-ci y est si bien désigné, qu'il n'est pas possible de s'y méprendre : alors il faudroit supposer que, dans ce conte-ci, il n'a mis Bediax que pour la rime.

Et por ce qu'il li sanbla boens,
Si l'asenbla avoc les suens,
Por ce que plus n'i fist alonge,
Fenist la dame ci son conte.

CI FENIST LI SOHAIZ.

LA DEVISE AUS LECHÉORS.

Qant li douz tans se remue,
Que je voi la venue
D'iver qui si m'argue,
Lors ains buche fendue,
Charbon clicant,
Tison flanbant,
Feu d'écoche mossue :
De joie en chant.
Dex ! je l'ain tant,
Cuer et cors m'esvertue.
Qant vient au cochier,
Certes moult m'agrée
Fornille en fagot,
Soiche san fumée,
Qui tost m'esprant
Et brese rant,
Et je rai de grant moult sovant
Lo piz et l'eschinée,
Car la char bien paüe
Et de dras mal vestue
Ne quiert autre jornée,
Et por la chalor sue
Tant que hors est issue ;
La froidure est alée.

C'est deliz de boens liz,
De dras blanchis
Qui sevent la buée.
Tainte coverture
C'est desconfiture.
Lange sanz foréure,
De celui n'ai-je cure,
Car il n'est preu.
Tant ain lou feu
Que je voi la froidure,
A lui me veu.
Miauz ain lo feu
Que deus dez de tersure
Qant je lief à pissier,
A la matinée,
Certes moult m'est grief,
Qant voi la fumée;
Au verreglaz
Atorner faz
Haste menu au broaz
Del porcel mallotée
Prise en une pasture,
La longe sans arsure,
Tote ai ma tenéure
Por bon morsel donée,
Por boen morc
Por fort raspez
Que je ain miauz assez
Que cervoise enfumée.
Qant il pluet et il tonne,
Et je sui lez la tone
Qui totjorz me foisone,

Lieute aucune
Vin de haute persone
C'on me larde,
Fox est qui lo secoue,
Fromaiche ros,
Qant rosti l'ai,
Et je li fai corone.
Je ain poi grosillier,
Nuilles et oublées,
Roisoles, gaufres dorées,
Perdriz, ploviers,
Colons, ramiers,
Fasans, vitecos.
Boen mangier a
En endoilles salées.
Je tien à fol qui done
Son gaje et enprisone,
Por tripes enfumées;
Et qant ce vient à none
Mes ostes m'araisone :
Encontre mut
Tot par déduit
Lo chaudun cuit
En chastaignes parées.
Taverne ai moult amée,
N'est pas droit que la hée,
Tote ai m'amor donée
A savor destranpée
De garingal,
De citoal.
Et en chaude pevrée
Ne fait pas mal

　　　　　Entor Noal,
90　　Mostarde o char salée.
　　　　　Anes, malarz,
　　　　　Pluvious et blaies.
　　　　Chapons, chenevas,
　　　　　Gelines rosties,
　　　　　　Grues, hairons,
　　　　　　Cisnes, poons
　　　　　Et gente et raille
　　　　　Et morillons,
　　　　Et porcel enfarcie.
100　　La langue ai moult amée
　　　　De cerf entrelardée;
　　　　Veneison ne haz mie,
　　　　Chevroil ne dain, ne lée
　　　　Ne bon ansor botée
　　　　En fort poivre flatée :
　　　　　Et lo jambon
　　　　De fresche salaison
　　　　M'a randue la vie.
　　　　En caresme à l'antrée
110　　Ain moult perche parée,
　　　　Truite et tanche enversée
　　　　　En souchie gitée,
　　　　　Fresche plaïz
　　　　　　Et poison friz
　　　　　Et enguille salée.
　　　　　Gastiax rastiz,
　　　　　Menuz braïz
　　　　Et flamiche salée :
　　　　　Bar ne hé pas
120　　　Fandu à congnie,

Ne anguile de gort
De sa piau voidie.
   Luz ne saumon,
   Congre n'esturjon,
Alose, braine ne gardon,
   Vandoise letansée,
   Escrevice parée,
   Bon foie sor tostée,
   De roie refroidée
      Et masquerel
      Fres et novel,
   Et li autre bon morsel
   M'ont la borse voidée.
   Qant Pasques repaire
   Joie ne me lait taire;
   Flaons, pastez voil faire,
   Por la costume atraire,
      Manju moston
      Au gras rongnon :
   L'angnel faz fors traire
      De son pelicon.
   L'antancion m'est au poivre
      Deffaire.
   Droit est que l'an aint
   Gras bués en porée
   Et tendre poucin,
   Oe en ranc gardée,
      Au tans novel
La teste en rost après l'oel,
   Et la paste salée.
   Joie ne me lait taire
   Por la costume atraire

Pié de porc ensocié
  En froit solier,
Que d'erbe fais jonchier,
Menuement podrée.

CI FENIT LA DEVISE AU LECHÉOR.

DE CELUI QUI BOTA LA PIERRE.

Vns Prestres bons fisicien
Vint chiés un suen parrochien.
La dame ert grasse et tendre et bele
Qui lou provoire moult apele
Et li dist que bien soit venu.
Et li Prestres a respondu :
Dame, Jhesu vous benéie !
O est li sire ? Il n'i est mie,
Il est acheter une chose,
10 Et il ne venra pas de pose :
Sire, car vos venez séoir.
Dame, je nel vos doi néoir,
A vos sui venuz en destlui,
Mais ne voil pas qu'il vos anuit.
Non, fait-el, sire, ainz m'est moult bel.
En mi l'aire avoit un carrel
Dont l'en devoit un mortier fere.
La franche dame debonaire
A tot son pié bote la pire.
20 Li Prestres li commence à dire,
Dame, laissez la pierre ester ;
Ne la vost cele avant boter :
Se la botez ne ça, ne là,
Je cuit que je vos f..tré jà.

La dame oï ce qui li plot,
Ainz onques mendre peor n'ot,
La pierre r'a avant botée.
Et li Prestres l'a acolée,
Si l'a prise tot maintenant,
30 En un lit vindrent behordant
Qui estoit fez en un recoi,
La gitoit li Prestres soz soi
Lou jeu li a fait au droit neu.
Un enfançon séoit au feu
Qui bien les vit es lit chaoir,
Et au Prestre les rains movoir.
En moie foi, dist l'enfançon,
Je cuit bien que issi f... l'on.
L'enfés se tot et ne dist plus,
40 Et li Prestres resailli sus,
Si s'en ala de maintenant.
Puis n'ala guaires demorant
Que li preudon vint de labor
Où il ot esté tote jor.
La pierre vost oster de l'aire.
L'enfés li dist : Sire, ne faire,
Se la boutez ne çà, ne là,
Nostre Prestres vos f..tra jà
Si com il fist ore ma mere :
50 Je lou vi bien de là o g'iere.
Li preudon si estoit moult sage,
Ne vost pas croire son domage,
Mais il s'en venja bien après.
De cest exanple n'i a mès,
Me mais itant dire vos voil
Que l'en se gart do petit oil

Et de larron qui est prové,
Car ainz aura assez emblé
Que l'en s'en soit apercéu.
60 Se l'enfançon n'éust véu
Lo Prestre joer à sa mere,
Il nel' déist pas à son père.

CI FENIT DE CELUI QUI BOTA LA PIERRE.

DE LA SORISETE DES ESTOPES.

Après vos cont d'un vilain sot
Qui fame prist, et rien ne sot
De nul deduit q'apartenist
A fame, se il la tenist,
C'onques entremis ne s'en fu ;
Mais sa fame avoit jà séu
Tot ce que home sevent faire,
Que à la verité retraire
Li Prestes son boen en faisoit
10 Qant il voloit et li plaisoit :
Et que tant vint à icel jor
Qu'ele asenbla à son seignor,
Lui dist li Prestes, doce amie,
Je voil à vos, ne vos poist mie,
Avoir à faire, s'il vos loist,
Ainz que li vilains vos adoist.
Et cele dit, volantiers, sire,
Que je ne vos os escondire ;
Mais venez tost et sanz demore,
20 Qant vos sauroiz qu'il sera ore,
Ainz que mes sires l'ome face,
Que perdre ne voil vostre grace :
Ensi fu enpris li afaire.
Après ice ne tarda gaire

Que li vilains s'ala cochier,
Mais ele ne l'ot gaires chier,
Ne son deduit, ne son solaz,
Et il la prant entre ses braz,
Si l'anbraça moult duremant,
30 Que il n'en sot faire autremant,
Et l'u moult sor lui estandue.
Et cele s'est moult desfandue,
Et dist, qu'est-ce que volez faire?
Je voil, fait-il, v.. avant traire,
Si vos f...ai se ionques puis,
Se vostre c.. delivre truis.
Mon c.. fait-ele enneslo pas,
Mon c.. ne troverez-vos pas.
O est-il donc? nel' me celez.
40 Sire, quant savoir lo volez,
Jel' vos dirai o est, par m'ame,
Muciez as piez do li ma dame
O je hui matin lo laissai.
Par saint Martin, je irai,
Fait-il, ançois que je ne l'aie.
De l'aler plus ne se delaie,
Ainz va querre lo c.. lo cors;
Mais la vile o estoit li bors
O sa fame avoit esté née,
50 Loin d'iluec ert plus d'une lée,
Endemantre que li vilains
Fu por lo c.., li chapelains
S'ala couchier dedanz son lit
A grant joie et à grant delit,
Et fist qanque li plot à faire:
Mais ne fait pas tot à retraire

Con li vilains fu decéuz,
Onques plus fox ne fu véuz.
Qant vint chiez la mere sa fame,
60 Si li a dit, ma chiere dame,
Vostre fille m'anvoie çà
Por son c.. que ele muça,
Ce dit, as piez de vostre lit.
La dame pansa un petit,
Et en pensant s'aparcevoit
Que sa fille lo decevoit
Por faire aucune chose male.
A cest mot en la chanbre avale,
Et trove un penier plain d'estopes,
70 Qui q'an ai fait, ele les copes :
Cest panier li bailleroiz ci.
Lors a cil lo panier saisi ;
Mais es estopes ot tornée,
Et bien s'i fu enveloppée
Une soriz sans nule dote.
Cele li baille, et il la bote
Tot maintenant desoz sa chape,
Et au plustost qu'il puet s'eschape
De li por revenir arriere.
80 Et qant il vint en la bruiere,
Et dist une moult grant merveille :
Ne sai, fait-il, se dort o veille
Li c..s ma fame, par saint Po,
Mais moult volantiers par saint Vol,
Lo f..sse ainz que je venisse
A l'ostel, se je ne cremisse
Qu'i m'eschapast à mi ces voies,
Et s'el f...ai-je totes voies,

Por savoir se s'est voirs ou non
90 Que l'an dit que il a en c..
Moult doce et moult soef beste.
Maintenant de son v.. la teste
Le liéve, et fu droiz conme lance,
Et enz es estopes s'elance,
Si conmance à parpiller,
Et la soriz saut del penier,
Si s'an torne parmi les prez.
Après est li vilains alez
Grant aléure, et grant pas,
100 Si cuide qu'ele face en gas,
Et si dit, Dex ! si bele beste,
Je cuit certes que de la teste
Soit-ele pas encor irée,
Si n'a gaires qu'ele fu née,
Je voi bien que moult est petite.
A Deu et à Saint-Esperite
La conmant et au Sauvéor :
Je cuit certes qu'ele ait péor
De mon v.. ; si ot el por voir,
110 Par les iauz Deu, qu'ele vit noir
Et roge lo musel devant.
Las ! or me vois aparcevant
Que ele en ot peor acertes.
Lasse ! con recevré granz pertes
Se cle muert ! Sainte Marie !
Ele iert jà noiée et perie
En la fosse, se ele i antre :
Ele en a moillié tot le vantre
Et tot lo dox et les costez.
120 Ostez, biau sire Dex, ostez :

Que ferai-je, se ele muert ?
Li vilains ses deus poïnz detuert
Por la soriz qui braint et pipe ;
Qui li véist faire la lipe
Au vilain, et tordre la joe,
Manbrer li poïst de la moe
Que li singes fait qant il rist.
Li vilains tot belement dit :
Biaux c..s ! doz c..s, tost revenez,
Tote ma fiance tenez
Que mais ne vos adeserai
Devant que à l'ostel serai,
Et tant que vos aurai livré
A ma fame, si delivré
Vos puis avoir de la rosée.
Faite en sera moult grant risée,
S'an set qu'eschapez me soiez :
Ahi ! vos seroiz ja noiez,
Biax c..s, en la rosée grant.
Venez, si entrez en mon gant,
Je vos metrai dedanz mon sain.
Tot ensi se travaille en vain,
Que il ne sot tant apeler
Que ele voille retorner,
Ainz se pert en l'erbe menue.
Qant il voit que il l'a perdue,
Si devient mornes et pansis.
Atant s'est à la voie mis,
N'aresta jusqu'en sa maison.
Tot sanz parole et sanz raison
S'estoit sor un banc deschauciez,
Sachiez qu'il n'estoit mie liez ;

Et sa fame li dist, biau sire,
Qu'est-ce? je ne vos oi mot dire;
Don n'estes vos haitiez et sains?
Je non, dame, fait li vilains,
Qui tote voies se deschausse
Et despoille, et ele li hauce
La coverture et liéve en haut.
160 Et li vilains joste li saut
Et se coche trestoz envers,
Ne ne dist ne que uns convers
Que li parlers est deffanduz,
Ençois se gïst toz estanduz.
Cele lo vit mu et taisant,
Si li a dit de maintenant :
Sire, donc n'avez-vos mon c..?
Je non, dame, je non, je non,
Mar l'alasse-je onques querre,
170 Qui m'est la hors chéoiz à terre,
Si est jà noiez en ces prez.
Ha! fait-ele, vos me gabez.
Certes, dame, fait-il, non faz.
Ele lo prant entre ses braz :
Sire, fait-ele ne vos chaille,
Il ot de vos péor sanz faille,
Por ce qu'il ne vos connoissoit,
Et chose qui li desplaisoit,
Au mien cuider, li faisiez,
180 Et se vos or le tenoiez,
Q'an feroiez? dites lo moi.
Je le f...oie par ma foi,
Et néis en l'oil li boteroie
Ensi que je lo creveroie

Por le coroz que il m'a fait.
Et ele li dist entresait :
Sire, il est jà entre mes jambes,
Mais ne vosisse por Estampes
Que il fust si mal atornez
190 Con il est en voz mains; tornez
Tot soavet et belemant.
Et li vilains sa main i tant,
S'el prant et dit, gel' tien as mains.
Or l'aplaigniez don tot as mains,
Fait-ele, qu'il ne vos estorde,
Et n'aiez péor qu'il vos morde :
Tenez lo qu'il ne vos eschap.
Voire, fait-il, por nostre chat,
Fait li vilains, s'il l'ancontroit,
200 Jà Dex à merci nel' metroit
Qu'il nel' manjast, au mien cuidier.
Lors lo conmance à aplaignier,
Si sant moult bien qu'il est moilliez.
Ha, las! encor est-il soilliez
De la rosée o il chaï.
Li vilains dit, ahi, ahi !
Con vos m'avez hui corecié !
Mais jà par moi n'en iert grocié
De ce que il est arosez.
210 Or vos dormez et reposez,
Que ne vos voil hui mais grêver :
Las estes de core et d'aler.
Enseigner voil par ceste fable
Que fame set plus que deiable :
Et certainemant lo sachiez,
Les iauz enbedeus li sachiez,

Se j'é à esciant dit voir,
Qant ale viaut om decevoir,
Plus l'an deçoit et plus l'afole
220 Tot solemant par sa parole,
Que om ne feroit par angin.
De ma fable faz tel defin
Que chascun se gart de la soe,
Q'ele ne li face la coe.

CI FENIT DE LA SORISETE DES ESTOPES.

LI DIZ DOU SOUCRETAIN,

PAR JEHAN LI CHAPELAINS.

Vsages est en Normendie
Que qui herbergiez est qu'il die
Fable ou chançon die à l'oste :
Ceste costume pas n'en oste
Sire Jehans li Chapelains;
Voura conter dou Soucretain
Une avanture sans essoigne.
Il avint jadis en Bergoigne
A Cligni la maistre abaie
10 Qui est de si grant seignorie
Que la contrée est toute lor
Sept lieues plaines tot entor;
Mesmes le bourc de Challemaigne
Ont-il tot mis en lor demaine,
Que il n'i a meson ne rue
Qui tot ne soit de lor tenue.
En celi bourc, ce est la somme,
Avoit jadis à un riche home
Qui de nouvel ot fame prise,
20 Sage, cortoise et bien aprise,
Bien ansaigniée, preuz et sage.
Chaucun jour avoit un usage

D'aler prier à sainte eglise,
Et d'escouter tot le servise
Que li couvens si biau fasoit.
Un matin si comme soloit
Se leva et vint au mostier
Pour orer et pour prier.
Ez-vous le moine qui gardoit
30   Le moustier, et si esgardoit
Que riens, se bien non, n'i éust
Qu'il au moustier nuire déust,
Car il en estoit soucretain ;
La dame a prise par lo main
Qui delez un piler estut :
Dame, dist-il, Dex vous salut,
Et il me doinst la vostre amour,
Car il a ja passé maint jour
Que vous amai chiez vostre pere,
40   Petiz clerçons et emfés ere
Et molt avoie petiz sans ;
Mais or en est venus li tans
Que je puis bien parler de sans :
Se vous volez faire mes bons,
Je sui touz sires du trésor,
Vous auriiez argent et or,
De grant planté joiaus et roubes.
Da Soucretain, ce sont bien lobes,
Fait la dame, que vous contés
50   Pour vostre avoir que vous avez,
Ne que vous porriez avoir,
Pour nul sens ne pour nul avoir,
Ne pour toute vostre abaïe
Ne feroie-je tel folie ;

A nul autre qu'à mon seignor.
Se vous en parliez mais jour,
Je le diroie dant abbé.
Dame, dont sui-je dant gabé,
Fet li moines sans rebout
60 Quant vous m'escondisiez dou tot :
Morir vouroie si m'est tart.
A itant cele d'iluec se part
A cui il ne tient pas au cuer,
Et li moines revint au cuer,
Puis remeit jusqu'à lonc tans
Que li bourjois par son fou sans
Vandi trestot son erité,
Et si chaï en tel vité,
Que il n'avoit mès que despendre.
70 Meson, vigne ne terre à vandre,
Dras, ne cheval, ne nul chatel
En tot le monde fors l'ostel
Où manoient près de la porte.
La povretez la desconforte,
Ne set que dire ne que faire,
Car s'il vandoit son repaire
Il n'auroit leu où il gesist
Ne où sa povreté fenit.
Si bien, ne si bel retenir,
80 Et il ne se puet mès tenir
Qu'il ne le die à sa fame.
Pour Dieu car me concilliez, dame,
Ensamble avons éu maint bien
Et mainte joie, or n'avons rien;
Dras ne chevax ne nulles bestes,
Fors la meson desor nos testes.

Que dites-vous? sera vendue?
Merci, dit-ele, sire Hue,
Ja Dieu ne plasce ce soit voir
90 Que vous vandiez nostre manoir;
Ansois nous en irons an France,
Et j'ai en Dame-Dieu fiance
Mieus nous i chevirons que ci.
Dame, dit Hue, je l'otri :
Le matin sans plus de demeure
Nous leverons à icele eure
Que nous orrons soner matines,
Si que jà voisin ne voisine
Riens ne sauront de nostre afaire,
100 Puis que ainsi le convient faire.
Au matinet sanz nul sejour
Se leverent quant il fu jor,
Qu'il oïrent les sains sonner.
Au moustier vindrent por orer
Por Dieu prier et pour requerre
Qui les consaus hors de lor terre.
A une part vers un piler
Vat la dame qui pour prier
En peine et en dolor se tient.
110 Ez-vous le Soucretain qui tient
Entre sa main une chandeille;
La dame vit qui molt fu bele,
Et il molt tost vers li se tret :
Dame, dit-il, mal dehaz ait
Qui chaut se vous avez mesaise
Qui bien puissiez avoir aise,
Si créussiez nostre consoil.
Sire, certes molt me mervoil

De quoi ce est que vous me dites :
120 Il a passé dix ans touz quites
Que ne parlates pas à moi,
Ne je à vous, si com je croi,
Puis le premier an que je iere
Departie d'en chiez mon pere :
Lors parlates de druerie.
Vous dites voir, ma douce amie,
S'ancore vous vient à plaisir
Que d'amour me voilliez saisir
Par un besier tant seulement.
130 . . . . (*)
Cent sols que j'ai ou moi ici,
Et ainz qu'il soit demain midi
Je vous donrai argent et or
Plus qu'il n'aura ens el tresor
Au plus riche home de Cligni.
Sire, vous me donroiz congié
Quel terme nous porrons avoir.
Lors li fait la dame asavoir
Que dans Hues soit à la foire.
140 Dame, dit li soucretains, voire
Vous me trouveroiz ci méimes
Molt volontierz de ci à primes,
Et me diroiz vostre plaisir.
De baisier ne me puis tenir,
Et de cent sols que j'ai premis.
Bailliés ça dont, biaus doz amis,
Fist la dame qui n'est pas fole.
Le soucretain bese et acole,

(*) Il manque un vers ici.

        Et les cent sols met en sa bource,
150   Si s'en acort toute la corce
        Son seignour qui se mervoille
        A cui ce est qu'ele conseille.
        Les deniers prent et si li baille :
        A ! suer, fait-il, se Dieus te vaille,
        Où as-tu pris tot cest avoir ?
        Sire, volez-vous tot savoir ?
        Li soucretains de ceste eglise
        Les m'a bailliez par tel devise
        Que je ferai sa volonté,
160   Si aurai avoir à planté,
        Dras et joiaus, argent et or,
        Il effondera le tresor,
        Il me donra par tel convent
        Plus que n'aura tot le couvent :
        Porparlé est por tel reson
        Quant vous serez hors de meson,
        Ou aus foires ou au marchiez,
        Çaians vanra trestous chargiés
        D'or et d'argent en son cotel.
170   Se aviez le cuer itel
        Et le courage si hardi,
        Je li diroie que mardi
        Iert la grignor foire d'esté
        Dont vanra tot abrivé ;
        Par hardiment porrez avoir,
        Gardez mon or, gardez l'avoir
        Que vous aportera li moines.
        Dame, dist-il, ceste besoingne
        Sera faite si com vous dites,
180   Il ne s'en ira pas tous quites,

Car de l'avoir avons mestier.
Tantost sanz plus de delaier
A lor ostel vindrent arriere
Chantant et faisant bele chiere
De ci atant que prime sonne.
Congié demande et on li donne
D'aler parler au secretain
Pour metre le terme certain.
Dedans le cuer le moine trueve,
Dame, dist-il, molt bien se prueve
La loiautez qui en vous est.
Sire, fet-ele, or soiez prest
Mardi au soir à la nuit noire,
Que mes sires iert à la foire,
Et je cerai en maison seule ;
Mais gardez bien que n'i ait boule
Que n'aie toute ma promesse.
Dame, dist-il, par cele messe
Que j'ai chantée, vous aurez
Plus que demander ne saurez.
    Atant cele d'iluec parti
Et soffrirent jusqu'au mardi
Que sires Hues fist acroire
A ces voisins que à la foire
Estoit alez dès le matin ;
Mès il parla molt faus latin,
Et les servi molt bien de gangles,
Car il entra en une chanbre
Où se muça mes sires Hues,
De joste li une maçue,
Et fu illuec jusques au soir.
Li soucretains, pour dire voir,

Et que voloit tenir convent,
Qant fu couchiez tout le couvent
Et endormiz tous bien se sont,
Au tresor vint où assez ont
Bons calices d'argent et d'or,
Tot pris, mais il n'ot pas ancor
Son fais, ce li est bien avis,
220 Ainz en a pris où crucefiz,
Haus fu lités, molt li cousta,
Trois des cornieres en brisa
De la corone de son chief,
Puis s'an retorne droit arier,
Si qu'il emplit bien son sachet
D'or et d'argent jusqu'au golet.
El col le lieve tot ainsi
Par la poterre s'en issi
Dou jardin qu'il ne fust véuz.
230 Il en estoit bien pourveuz;
Dou fossé de la betresche
Venuz c'en est plus droit que flesche
A l'uis d'arriere de la bourjoise
Qui là l'estandoit comme cortoise.
Ele euvre l'uis, et il s'i boute
Comme celui qui riens ne doute,
Et qui ne crient ne Dieu ne home.
Il se descharge de la somme
Si la presente à la bourjoise,
240 Et cele à cui gaires n'en poise,
L'acole et baise molt estroit,
Et dans Hues qui tot ce voit,
Ne pot soffrir plus longuement,
Ainz se leva tot maintenant.

Tel li donna de sa maçue
Où haterel que il le tue,
Et à ces piés l'abati jus.
Dame, fait-il, or n'i a plus
Fors de véoir que nous ferons,
250 De veoir comment nous porrons
Delivrer de cest vif déable,
Si que sor nous n'en soit le blasme.
Haro, dant Hue, dit la dame,
Mors ou escorchiez ou ars en flame
Serons ou au forches levé :
Murtres ne puet estre celé,
Ceste chetive que fera ?
Dame, ne vous esmaiez jà,
Ne dou moine ne parlez mais,
260 Je vous en ferai bonne pais,
N'aiez ja doute de sa mort.
Le preudome qui molt fu fort,
Leva le moine sor son col,
Mès or le tigne bien à fol
Qu'il l'anporte vers l'abaïe,
En avanture met sa vie,
Par celi méismes sentier
Par le jardin, par le challier,
Par la poterne dont issi,
270 Le moine raporte tot issi,
Si c'onques point n'i reposa,
Devant l'eure que le posa
Sor le pertruis d'une privée.
La teste li a anclinée
Et trait avant son chaperon,
Et met en sa main un torchon

Si com affiert à tel mestier,
Puis s'an retorne droit arrier.
Revenus est à son ostel.
280 Dame, dist-il, or n'i a tel
Que de bel et de bien desduire,
De nostre moine estes delivre;
Vous n'en orroiz jamais nouvelle.
Mès alumez une chandele,
Car il est bien tens de couchier
Car de porter cet aversier
Sui touz travilliez et lassez.
Quant de la nuit fu tant passez
Que de matines passa l'eure,
290 . . . . (*)
Le compaignon au Soucretain,
Chandoile ardans tint en sa main,
A son lit vint, quant il nou trueve,
Mauvaisement l'uevre reprueve.
Cil chetis la qui si c'enivre,
Il ne porroit pas longue vivre.
A la privée droit en vint,
Et vit le Soucretain qui tint
Un grant torchon dedans sa main.
300 Par Dieu, dit-il, dan Soucretain,
Vous bevez tant chaucune nuit,
Petit vous est cui il anuit,
Qui tant demorez à sonner.
Mais il ne li pot mot sonner,
Et tant que li moine s'aïre,
Il passe avant et si le tire

(*) Il manque un vers ici.

Le chaperon molt roidement ;
Et cil qui tient mauvaisement,
Chéi avant sor le viaire :
310 Or a li moines plus à faire,
Car il voit bien que il est mort.
Compains, fait-il, à molt grant tort
Et à molt grant desraison
Vous ai ocis sanz mesprison :
Dieus, je me cuidoie joer,
Or n'i a fors que dou voer
De moi foïr hors de son regne.
Dame-Dieus qui par tot regne,
Ne me donne secors par tens,
320 Car je ne sai veoir le tens
Comment je m'en puisse escondire ;
Et non pourquant j'ai oï dire
Que il amoit la fame Hue,
Un marcheant de la grant rue.
Jel' voel porter à sa meson,
Si samblera molt miex reson
Que Hues l'ait tué que moi :
Je sui plus fors que palefroi.
A son col le prent, si s'en torne
330 Par le jardin pensis et mourne,
Par la breche, par le fossé,
Le Soucretain a endossé
Tot en estant à l'uis deriere,
Puis s'an retorne droit ariere,
Onques de riens ne fist samblant.
Et la dame tot en tremblant
Se fu levée pour pissier,
A l'uis vint droit où l'avercier

Fu apuiez, si l'uevre ariere,
340 Enmi le front la fiert arriere
Si que l'abat tote estandue.
Merci, fet-ele, sire Hue,
Revenus est li Soucretain,
Or n'i a fors que demain
Serons pendu, destruit ou ars,
Petit prise ore ces deus cent mars
Que nous avons pour tel afaire.
Mès dans Hues la refait taire,
Que des voisins avoit paour.
350 Dame, dist-il, n'aiez fréour,
Mès gardez bien vostre meson,
Que il est bien droiz et reson
Que qui le brasse si le boive :
Il est bien droiz que je reçoive
De cest afaire tot le mal.
Le moine prent comme vassal,
Desor son col l'a mis dans Hues,
Si s'an torne toute la rue
Tot droit le grant chemin ferré ;
360 Mais il n'ot pas granment erré,
Que noise oï, mès n'en vit riens :
Helas ! fait-il, or sai-je bien
Que je sui pris et retenus,
Et à mon jugement venus.
De l'autre part garde, si voit
Une ruelle qui estoit
Grans et parfonde, si i antre,
Mès sachiez li cuers dou ventre
De grant paour el cors li tramble.
370 Estés-vous dui larron ensamble

Qui portoient dui bacons gras
Qu'ourent amblé chez dan Thoumas,
Un boulangier d'aval la vile.
L'uns d'aus qui molt savoit de guile
A dit à l'autre, que ferons?
Ja ce bacon n'emporterons
Par mon consoil avant de ci
Devant que nous aiens le cri
Oï et veu dou tavernier :
380 Metons le ci en ce femier
Dedans ce sac que il ne pue.
Et tot ce ot mes sire Hue
Qu'an la ruelle c'estoit mis.
Li larron si ont le sac pris,
Si i bouterent le bacon
Où fumier où ot maint baton
Et mainte escroue à sauveté,
Puis c'en retornent droit arrier
Si s'an revinent à lor oste.
390 Et dans Hues son moine oste
De la ruele vistement,
Si met au col tot esraument,
Grant aléure au fumier vint,
Le sac deslie, si retint
Le bacon et met le moine.
Molt bien a faite sa besoigne.
Le bacon prent, si c'en retorne,
Et la dame pensive et morne
De la grant dolor qu'ele ot,
400 En son ostel durer ne pot.
Li sire est en mi la rue,
Qant ele voit venir dam Hue

Et ele vit qu'il fu chargièz,
Lasse, fet-ele, est enragiez
Cil traites qui le raporte.
Or sai-je bien que je sui morte
Et qu'or est pechiez qui me nuit.
Dame, fet-il, encor annuit
Pourroiz dormir tot aséur,
410 Car cil croissant vient nostre éur.
Le Soucretain ai-je changié
A un bacon qui n'iert mangié
Par nous dec'à la Saint Denis.
En estui ont le bacon mis,
Lors se coucherent se il voudrent.
Les larrons qui le bacon ourent
Dedans le sac où fumier mis,
Ce sont dedans la taverne assis,
Dou vin font largement trere :
420 Ostes, font-il, largement fetes,
Nous voulons aler et venir,
Chanter céans tot à loisir ;
A vous ferons un tel marchié
Où assez plus de la moitié
Gaignerez ce il vous plet.
Seignour, dist-il, mal dehas ait
Qui le gaaignier refuse mie,
C'est nostre rente, c'est nostre vie :
Qu'est-ce donc que volez vendre ?
430 Sire, à vostre oés le poez pendre,
Un cras bacon à desmesure.
Seignour, dist l'oste, j'en ai cure,
Que pour musart tenuz soie
D'acheter chose que ne voie,

Alez le querre s'ou verrons,
Vin et marchiez tantost ferons,
Se ce est voir que il soit gras.
Et il s'en tornent plus que lou pas
Là où certainement savoient
440 Que lou bacon laissié avoient.
Lou sac prirent, si le trousserent,
Si que à l'ostel l'enporterent,
Si en bouterent hors le moine.
Qant li ostes vit ceste besoigne,
Si c'escrie, larrons, larrons !
Mal dehais ai or telz bacons !
Ci feroie-je mauvais gaaing,
Cist sires est de laians
Li Soucretains qu'avez ocis.
450 Puis commande que ces amis
Soient tuit quis, cousin et frere.
Pour Dieu merci dist l'uns des lerre,
Pour l'amour Dieu comment qu'il voise,
Jà en la vile n'en soit noise
Ne ja sergens ne s'en remust,
Plus muet-on le fiens, plus pust.
Nous savons bien ou le préimes,
Se il vous plait, illec méimes
Delivrement l'enporterons,
460 Vostre ostel en delivrerons,
Si que jamais n'en orroiz blame.
Alez, dist-il, au vif déable
Hors de ceans et vostre moine,
Et cil s'an vont grant aléure.
Helas ! dist quelle avanture,
Que meséur, quel mescheance !

Or estoie bien en fiance
D'avoir deniers et vins assez.
Or sommes-nous bien gabez.
470 Onques n'avint ce à chetis.
Compains, que te fu-il avis,
Se c'estoit bacons ou moines?
Tais toi, fait-il, et si ne hoignes;
Il n'a home dec'à Macon
Qui ne cuidast avoir bacon;
Ja ne véist-il que lou gras.
Adonc vindrent chiés dam Thoumas,
Si monterent par le pignon
A cel méimes chaaignon
480 Dont li bacons fu despendus,
Ont le moine pendu lassus.
Quant ce avint que il fu jor,
Au matin sanz plus de sejour
Dan Thoumas apela Robin
Un sien garçon qui au molin
Devait aler porter son blé,
Mais a Robin en assamblé
Molt grant eschars si c'en rendort.
Par Dieu, Robin, tu as grant tort,
490 Fait dans Thoumas de dormir tant.
Et cil respont tot en plorant;
Sire, mal dehas ait Robin
Se il i va au molin
Devant qu'arai mon matinel.
Par Dieu, Robin, molt m'en est bel,
Dit la dame, dont levez sus,
Dou pain prenez encore plus
Que ne féistes mais avan.

Dame, dist-il, par Saint Jehan
Ja de pain sec ne mangerai
500 Ne de céans ne mouverai,
Jusqu'à tant que m'arez donnée
Du bacon une charbonnée.
Tu l'eusses molt volantiers,
Mais tu sès bien qu'il est entiers,
Fai-ce la dame, si auroit
Vante perdue c'il estoit
Entamez de çà ne de la.
Dame, ne vous esmaiez ja,
J'en prendrai entor si très bel,
510 Que ja n'i parra que coustel
I est touchié ne tant ne quant.
Et quant ele ne puet en avant,
Si li donne congié dou penre,
Ves-toi et chauce, si va panre.
Une eschiele a mise amont,
Au moine vint qui pesa mout
Et qui tenoit mauvaisement.
A une main le grant sac prent,
Le coutel à l'autre main prist,
520 Taillier en voult, mais qant il fist.
Sachiez de voir petit li vaut,
Li chaaignons dou col li faut
Qui de la gueule li deserre,
Tot ensamble chient à terre
Si qu'il donnerent molt grant cas.
Qu'est-ce, Robin, fait dan Thoumas,
Pour les sains Dieu es-tu chéoiz?
Oïl, sire, mal dehas ait
Qui dut metre le chaaignon!

530 Car entre moi et le bacon
Sommes à la terre rué,
Par un petit ne m'a tué.
Ne mais que je chaï desus.
Dans Thoumas sans atandre plus
Il et sa fame se leverent,
Au feu vinrent s'alumerent;
Le moine virent en mi l'aire.
Hareu! lasse, que porrai faire,
Fait ce la fame dan Thoumas?
540 Mès que fera cist chetis las,
Qu'il ne puet traire ne pié ne main,
Et si cera pendus demain.
Lors c'escrient à hautes vois
Et en firent plus de cent croiz,
Et si distrent molt hautement,
Or nous convient veoir comment,
Fet dans Thoumas, que nous puissons
Delivrer nous que ne soions
Par cest afaire ars ne pendus.
550 Il a céans un poulain dru
Qui molt destruit avoine et fainc,
Ne onques n'ot sele ne frainc,
Et si ne fu point d'esperons,
Si me créez nous li metrons
Et frainc et sele sanz essoine,
Et si metrons desus le moine
Et le lierons à la sele,
Et une lance souz l'aissele,
Puis le lairons, si ne nous chaut
560 Ou çà, où là quel part il aut,
Fors tant que nous en soions quites,

Ausi soit comme vous dites,
Ce dit Robins delivrement.
Le poulain prennent erramment,
Le moine ont sus la sele mis,
Puis le lierent tot ainsis,
Par l'uis c'en vat emmi la rue,
Li poulains souz lui se remue,
Des esperons senti la pointe,
570 Si s'en torna parmi la porte
De l'abaïe qu'ert overte,
Et li moine por lor grant perte
Ce jour matin levés furent,
Parmi la cort leans esturent,
Ça un, ça deus, ça trois, ça quatre.
Le Soucretain virent embatre
Dedans la cort à tot sa lance :
Or furent-il bien en fiance
Que c'estoit mauvais esperiz.
580 Li moines sa lance feri
Encontre un mur si qu'ele froisse,
Adont véissiez faire angoisse
Et anfermer par ces maisons
Sergens et moines et garçons,
Que chaucuns de paour trambloit.
En la cort une fosse avoit
Qui ot cousté cent mars d'argent,
Grant et parfont molt durement
590 Où il cuidoient faire un puis ;
Mais n'i pooient trouver conduiz,
Ne nulle sourdance par nature,
Et li poulains par avanture
Cele part vint à grant eslais,

Dedans chaï tous à un fais.
Trestuit li moine bien le sourent,
De la grant joie qu'il ourent
Firent trestous les sainz sonner,
Et par le bourc firent crier
Que nul home ne remainsist
Qu'à la feste ne venist,
En la chapele justement.
En molt pou d'eure en i ot cent
Qui ont la fosse tost emplie
Dont véissiez par . . . . .
Fere grant joie et grant monte.
De lor prestre ne firent conte,
Et lor dommage en oblierent,
Que puis home ne receverent.

EXPLICIT.

LA PLANTEZ.

Aïde Dex qui tot governe,
Il avint en une taverne
L'autre an, si con Acre fu prise,
Bien en ai la matire aprise,
C'uns Bachelers de Normandie,
Don maint Gentilome mandie,
Se voloit disner par matin ;
Mais n'ot geline ne pocin,
N'à mangier qui gaires vaille,
10   Fors un sol panet de maaille.
En sa main tenoit un denier,
Si conmanda au tavernier
Que danrée de vin li traie.
Et cil de noiant ne delaie,
Qui moult est fiers et orgoillox,
Cointes vasax et otragos,
Au tonel vint grant aléure,
Trestot plaine la mesure ;
Prant un henap trestot de plain,
20   Au Normant lo mist en la main :
Tien, va, fait-il, isnelement.
Lors li versa si roidement
El hanap que cil li tandi,
Que demi lo vin espandi
Par son orgoil et par s'otrage.

Qant li Normant vit son domage,
Lors n'ot en lui que aïrier
Qu'il ne li remenoit c'un denier.
A tavernier escrie haut,
30 Sire vasax, se Dex me saut,
De ton orgoil mestier n'avoie.
Et, cil respont, va ta voie,
Fox musarz, espoir se Dé vient,
Ce est gaaigne qui te vient,
Car à celui qui vin espant
Vient, ce dit l'an, gaaigne grant :
Cist domages te doit moult plaire,
Li vins est près, si an fai traire,
Ne ne parler de tel lastel :
40 Maint hanap en ai or gasté,
Ainz ne fis chiere ne sanblant,
D'un mui n'en parleroie tant
Con tu feroies de demie.
Li Normanz l'ot, ne li sist mie
Que li tavernier lo ranpone,
Ains voldroit mielz estre à Espone
Qu'il nel' corost, conmant qu'il aille.
De sa borse oste une maaille,
Si li dit que li aut, boen erre,
50 Demie de fromache querre.
Bau ça, fait-il ; lors s'an torna,
Les degrez do celier monta,
Si en va moult tost et isnel.
Et li Normanz vint au tonel,
Conmant qu'il praigne ne chiée,
Si a la broche hors sachiée,
Si fait lo vin aler par terre.

Cil qui lo fromache ala querre,
N'a mie grantmant atendu :
60 Qant il voit son vin espandu,
Moult ot au cuer et duel et ire :
Ainçois que il volsist mot dire
Au Normant, ne à lui tochier,
Ala lo tonel estanchier.
Qant il ot la broche remise,
Au Normant vient, si li devise
Que vilainement a mespris :
Par lo pan do sercot l'a pris,
Tot li covient lo vin à randre,
70 O maintenant lo fera pandre.
Li Normanz dit, laissiez m'an pais,
Ains plus fol de toi ne vi mais ;
Ne sez-tu que tu me déis,
D'un po de vin que m'espandis,
Je gaaigneroie à planté ?
Or saches bien de vérité
Que cens dobles doiz gaaignier,
Que en ton vin te puez baignier
Qui par ce celier cort à ruit,
80 Par tans porras mener grant bruit
Del gaaing qui te pant as iauz,
Laisse, mestre, et si di miauz,
Que moult te vient bien ta besoigne
Si con ta parole tesmoigne,
Icest san m'as-tu or apris.
Adonc l'a li taverniers pris,
Si lo saisist par grant efforz ;
Mais li Normanz fu granz et forz,
Contre un tonel l'a si hurté,

90   A pou ne l'a escervelé.
Li chantés torne, c'est pechiez,
Et li toniax s'est eslochiez,
Que trois des cercles en ronpirent,
Et les mesures jus chaïrent.
Tuit sont brisié li mazerin.
Baignier vos poïssiez en vin
Par lo celier en plusor leus :
Or ont fait d'un domage deus.
C'il s'entretienent duremant,
100   Mais li Normanz moult justemant
L'a entre deus fonz aenglé,
Jà l'aüst mort et estranglé,
Qant li voisin i sont venu,
Lo tavernier ont secoru,
Et lo Normant botent en sus,
Mais onques ne lo tocha nus;
Mais tant li ont fait de desroi
Qui l'ont mené devant lo Roi.
Qui que s'an lot, ne qui s'an plaigne,
110   C'est li Cuens Hanris de Chanpaigne,
Qui tenoit la terre et l'anor.
Qant devant li vint la clamor,
Li taverniers tot li reconte
Con li Normant li ot fait honte,
Tote sa perde li demande.
Et li Rois au Normant conmande
Et conjure que voir li die.
Je n'an mantirai, fait-il, mie;
Lors li a conté maintenant,
120   Si con oï avez devant,
C'onques mot n'en daigna noier.

Li Rois demande au tavernier
Si c'est voirs que il a dit :
Oïl, sire, sanz contredit,
C'onques n'i a manti de mot.
Et qant la gent lo Roi ce ot,
Si batent lor paumes et dient
Au Roi Hanri trestuit, et dient
Que mais si haute lecherie
130 Ne fu devant haut ome oïe ;
Por ce que il en ristrent tant,
Se tindrent devers lo Normant ;
Et li Rois si a respondu,
Qui ait perdu, si ait perdu.

CI FENIST LA PLANTEZ.

LI FABLIAUX DES TRECES. (*)

Puis que je l'ai si entrepris,
N'est droiz que je soie repris
Por angoisse ne por destreces,
A rimer le fablel des Treces
Ai mis de mon tens un petit,
Or oiez que li fabliaus dit.
Que un borjois preuz et hardiz,
Sages et en faiz et en diz,
De bones taches entachiez
10 Lez sa fame se fu couchiez
Un mardi à soir en son lit,
Que moult estoit à grant delit,
Que bele estoit à grant mervoille.
Cil s'andormi et cele voille
Qui atendoit autre aventure.
Ez-vos atant grant aléure,
Ou fust à tort ou à raison,
Son ami anmi la maison
Qui entroit par une fenestre,
20 Comme cil qui bien savoit l'estre.
Il vint au lit, si se deschauce,
Qu'il n'i laissa soller ne chauce,

(*) Ce conte est une imitation d'un épisode de celui du *Derviche et du Voleur*, tome 1er des *Contes et Fables indiennes* de Bidpaie et Lockman.

Cote ne braies ne chemise,
Et la dame .... a à devise.
Quant le sent vers li s'est tornée,
Son mari fist la bestornée
Qui delez son costel gisoit,
Et cil de li fist son esploit
Qu'estoit venuz novelement.
Après se li fabliaus n'an mant,
Fu tant la dame o son ami,
Qu'andui où lit sont endormi.
Tuit troi dorment en une tire,
Que nus nes sache ne ne tire.
Li borjois s'esveilla premiers
Com cil qu'en iere costumiers,
Devers sa fame se torna,
Son bras par desouz li gita,
Si sent la teste d'autre part
De celui qui ot el lit part :
Bien sot que ce fu une ou uns,
Qu'ainsis li fust li liz communs,
Lors sailli sus par son effort
Com cil qui fu en grant effort.
Celui qui lez sa fame jut,
Print que eschaper ne li put.
Cil se sent pris, forment li grieve.
Li borjois à son col le lieve,
Qu'il n'iere de rien ses amis,
En une grant cuve l'a mis
En qui n'aura point de deduit
. . . . (*) .

(*) Il manque un vers ici.

S'il ne set por quoi il i vint.
Li borjois à son lit revint,
Sa fame apele, si li dist :
Or tost, fait-il, sanz contredit.
Prenez-le, si le saisissiez
Par les chevos, si nou laissiez
Por riens qui vos doie grever,
60 G'irai la chandoile alumer
Si quenoistroi ce menigaut.
A ice mot la dame saut,
Son ami par les chevos prist,
Ce pesa li com tant mesprist ;
Mais el le fist contre son cuer,
Et li borjois dist, bele suer,
Gardez que il ne vos eschap,
Vos n'i porriez avoir rachap
Que vos n'i morissiez à honte.
70 A ice mot n'i fist lonc conte,
Lors va alumer la chandoile.
La dame son ami apele,
Or tost, fait-ele, vestez-vos,
Ne soiez lans ne pereçous,
Recréuz ne de cuer failliz.
Cil est de la cuve saliz,
Tantost se vest et aparoille.
Or orrez jà fiere mervoille,
Commant fame set decevoir,
80 Et mançonge dire por voir.
Un véel ot en la maison
Qui fu liez à un baston
Et atachiez d'une cordele :
Une genice estoit moult bele.

La dame s'an ala la voie,
La génice tantost desloie,
Si la print par devers la teste,
Dans la cuve a mise la beste :
Ses amis vint à garison
Tout sans ennui, sanz mesprison,
C'onques la nuit il ne revint.
Li borjois sofla le feu bien,
Tant le sofla qu'à cuer qu'à paine
Qu'à po que ne li faut l'alaine.
Quant la chandoille fu alumée,
Plore des iex por la fumée.
Lors s'est tant hasté car il vient
A la cuve où la dame tient
Le véel, se li print à dire :
Tien le tu bien? oïl voir, sire,
Et je aport, dit-il, m'espée,
Si aura la teste copée.
Quant vient à la cuve, si esgarde
Le véel que la dame garde.
Ahi! dit li borjois, ahi!
. . . . (*)
Fame tant sez male aventure
Souz ciel n'a nule créature
Ni decéusses par verté.
Moult avez or tost tresgité
Vostre lechéor par ma teste,
Je ne mis pas ci ceste beste.
Sire, fait ele, si féistes,
Ainz autre chose n'i méistes.

(*) Il manque un vers ici.

Nel' dites pas, ce seroit faus,
Vos i mentez com desloiaus,
Dit li borjois, mais vos, puste orde.
A ce mot la dame s'an torne,
Si va o son ami gesir
120 Tout belement et par loisir,
Qu'ele amoit moult et tenoit chier,
Et li borjois s'ala couchier
Qui iere las et traveilliez
. . . . (*)
Si s'andormi, ne set que face,
Et la dame bel se porchace
Commant le puisse decevoir,
Et la grace de lui avoir.
Lors apele une soe amie :
130 Ma douce suer, ne vos poist mie,
Ainz en alez de ci au jor
Dormir avecques mon seignor,
Et je vos paierai demain
Cinc sous touz sés en vostre main :
Car se delez lui vos sentoit,
Jà de moi ne li sovanroit,
Ainz cuideroit que je se fusse
Qui delez son costé géusse,
Moult dout le blasme de la gent.
140 Cele qui convoita l'argent,
Li dist tantost que ele iroit,
Mais ne vorroit por nul androit
Qu'il la ferist ne féist honte.
Or tenez d'autre chose conte,

(*) Il manque un vers ici.

Dit la borjoise, ce ne puet estre.
Atant cele qui bien sot l'estre,
S'an est en l'ostel embatue,
Si s'est despoilliée tote nue,
Se s'est lez le borjois couchiée,
150 Mais je dout qu'il ne l'an meschiée :
Car li borjois fu esveilliez,
Qui n'iere las ne traveilliez
Fors que de corrouz et d'anui,
Et quant il sent celi lez lui,
Sa fame cuide avoir trovée.
Ahi! dit-il, fole provée,
Estes vos revenue ci ?
Se jamais ai de vos merci
Dont soie-je honiz en terre,
160 N'ala pas loig un baston querre,
Qu'à son chevet en avoit deus.
Lors le saisi par les cheveus,
Que ele avoit luisanz et sors
Tout autresi comme fins ors,
Le chief sa fame resambloit.
Cele qui de paor trembloit,
N'ose crier, mais moult s'esmaie,
Et li borjois tel cop la paie
D'une part et d'autre por voir,
170 Tant que morte la cuide avoir ;
Et quant dou batre fu lassez,
Ne li fu mie encor assez,
Puis a juré son sairement
. . . . (*)

(*) Il manque un vers ici.

Qui il la honniroit dou cors.
Lors li esrache les treces fors
Au plus près qu'il pot de la teste.
Cele s'an fuit, plus n'y areste,
Fuiant s'an va comme chaitive,
180 A la borjoise moult estrive.
. . . . (*)
Lors li conte la covenue
Que li borjois li avoit faite,
Toute l'eschine li a fraite,
Ne gaagnera jamais son pain,
Car sor li n'a ne pié ne main
Ne soit brisiez, ce li est vis :
Les larmes li chiéent dou vis,
Et de ses treces ot tel duel
190 Morte vossist estre à son vueil.
Quant la borjoise ot escouté
Ce que cele li ot conté,
Si la conforte à son pooir,
Et dit que ele ira por voir
Querre la cote et la chemise.
Tantost s'est à la voie mise,
Si s'est en l'ostel ambatue.
Cil qui la cuide avoir batue,
S'est recouchiez et puis s'andort.
200 La dame quiert et serche fort
Tant qu'ele a les treces trovées
Qu'il ot souz le cossin boutées,
Puis quiert la cote et la chemise
Que cil ne s'an est garde prinse.

(*) Il manque un vers ici.

        Tout prent et estuie moult bien,
        Puis se porpense d'une rien
        D'un barat moult bel en requoi.
        Laianz avoit un palefroi,
        La dame s'an va cele part
210   Qui moult savoit d'engin et d'art,
        Au cheval a la coe copée
        Et desouz le chevet boutée,
        Puis si despoille sa chemise,
        Tout belement et par devise
        Lez son mari se traite et couche
        Qui se gisoit anmi la couche,
        Et quant li jors fu esclairiez,
        Que li borjois fu esveilliez,
        Sa fame sant, si la regarde :
220   Par foi, dit-il, tu ies musarde
        Quant ies à l'ostel revenue,
        Car tu fus arsoir si batue,
        Que je cuidai, se Diex me voie,
        Que jamais n'alasses par voie.
        Or me gehissiez ne porquant,
        Quant je vos bati arsoir tant,
        Commant avez nul recovrier,
        Certes moult me puis mervillier
        Se trop ne vos doulez des rains
230   Et se vos avez les os sains :
        Verité savoir en vorroie.
        Sire, por quoi me desdiroie,
        Dit la dame, que mal ai-je,
        Vous avez anuit moult songie
        Que vos me cuidastes ce faire.
        Li borjois ot honte et contraire,

A la teste li va tastant,
Les treces li trueve tenant
Et des chevos a grant planté.
240 Lors cuide bien estre enchanté
Et angignez et entrepris ;
Par le chief a le cossin pris,
Si le soulieve isnelement ;
La coe dou palefroi sent :
Com la coe dou palefroi ot,
Por cent livres ne déist mot,
Une grant piece en fu touz muz.
Si durement fu esperduz,
Qu'il cuida par anchantement,
250 Je le vos di apertement,
Li fust avenu ceste chose.
La dame si le blasme et chose,
Et dit se jà Diex la sequeure,
Que grant honte li a mis seure,
Et s'il li dit mais tel outrage,
Tost i porra avoir domage.
Li borjois li prie que li pardoint,
Merci li crie et ses mains joint ;
Dame, fait-il, se diex me voie,
260 Je vous cuidai bien toute voie
Avoir honie à touz jors mais,
Et les treces copées près ;
Mais je voi bien que c'est mançonge,
Ainz ne sonjai mais si mal songe
Com j'ai mon cheval escoé,
Dont j'ai forment mon cuer iré.

 Par cest fabliau poez savoir
Que cil ne fait mie savoir,

Qui croit fame de riens qu'avaigne :
Mais de ce à vos touz sovaigne
De celi qui en tel maniere
Torna tout ce devant darriere.

EXPLICIT.

DE HUELINE ET D'AIGLANTINE.

Ce fu en mai, et tans d'esté
Que la vert herbe croist o pré,
Deus puceles en un vergier
Entrerent por esbenoier :
L'une des deus fu Eglantine,
Et l'autre avoit non Hueline.
Amont vindrent par lo jardin
A la fontaine sor le pin :
Lor mains laverent au ruisel,
10 Et puis lor cors, ce lor fu bel,
Don conmancerent à plorer,
Et lor amor à desmostrer.
Eglantine s'an fu hastée
Qui a Clerc ot s'amor donée :
Hueline li respondi
D'un Chevalier a fait ami.
Eglantine, dès qu'ele antant,
Si li respont isnelemant :
Damoisele, fait avez mal,
20 Dès or estes tornée à val :
Car là avez amor batie
Où il n'a point de cortoisie ;
Jà en amor de Chevalier
Ne troveroiz que cortoisier.

Mais qui à Clerc livre s'amor,
De cortoisie sant l'odor :
Car plus set Clers de cortoisie
Que Chevaliers qui a amie.
Hueline ne fu pas mue,
30 Ainz dist, tel chose avez méue
Don vos seroiz encor o moi,
Mi esciant, si con je croi :
Car il n'a home en ceste vie
Qui tant sache de cortoisie
Con Chevalier, se sachoiz bien ;
Jamais en doteroiz de rien,
Et ce vos ce volez noier :
Je sui preste del renoier
Que mains set Clers de cortoisie,
40 Que Chevaliers qui a amie.
Eglantine respont riant :
Dame, a bon conmancemant,
Puisque avez mené tançon ;
Soiez tenue par raison.
Vez mon gaje, et lo main gant,
De bien tenir mon convenant :
Dites premiere, le lorrai,
Et en après je respondrai.
Fait Hueline, je l'otroi,
50 Dame Eglantine, à moie foi,
Jà vos dirai mien esciant,
De vostre ami ce que j'antant.
Vostre ami set bien corecier,
Si set chanter en cel mostier,
Mais il n'ira jà en besoin
Que son sautier n'aut en son poin.

Qant mes amis va tornoier,
Et cil vait lire son sautier :
Et qant cil fiert son compaignon,
60 Et cil fait ensolucion.
Jà n'auroiz jor de lui barnaje
Don vos puissiez estre plus large ;
Mais mes amis porte cenbel,
Et si asaut sovent chastel,
Et moult se fait hardiz por moi,
Qant il cuide que je lo voi,
Ne dote pas chevalerie
Por moi à faire ne folie,
Qant est armez de son conroi,
70 Et il set bien que je lo voi.
Se Chevalier puet encontrer
Qui li voille encontre ester,
Va lo ferir de tel aïr
Qu'escuz n'auberz nel pot garir
Qu'il ne mete lo confenon
Par mi lo cors tot à bandon.
Par les resgnes lo tient formant,
Lors si s'atorne galopant,
Et apele son escuier
80 Que il plus aime et plus a chier :
Amis, fait-il, pran cest destrier
Isnelement, sans atardier,
Et si lo presante à m'amie :
Conquis l'ai par chevalerie.
Dame Eglantine, par ma foi,
Tot cest desroi, fait-il, por moi ;
Mais vostre amis n'ert jà véuz
Que il ne soit rés ou tonduz ;

Ne jà por home n'istra hors,
Se il ne cuide encontrer cors.
Qant une biere voit porter,
Lors est séurs de son soper ;
Miauz aime un mort que quatre vis,
Toz nos voldroit avoir ocis :
Ne ne fait rien por vostre amor
Qui point vos tort à desenor,
Fors solement lire et chanter
Por la vostre amor recovrer.
Bien set les ames conmander,
Et après tot ce enterrer.
Si gaaigne par covetise,
Messes, matines, grant service :
De cez deniers que il reçoit,
Por les deniers que en li doit,
Vos conroie, dame Eglantine
Con l'an doit faire tel meschine.
Or redites ce que volez
De mon ami voz volantez.
Eglantine fu coreciée,
Qant ot que si fu laidangiée,
Si li respont par mautalant :
Dame, an si bon conmancemant
Se ne me sé ore desfandre,
Par le col m'an estovra pandre.
Moult avez fole contenance,
Jà en sera prise vanjance :
Se ore m'avez fait tançon,
Or entandez bien ma raison.
Ci vos vantez de tel amor
Qui vos menra à desenor ;

Mais mes amis est bien cortois,
Apris d'amors en totes lois ;
Et li vostre est plains de pauverte,
Et met ses gages en taverne,
Et qant il vait à cez tornoiz,
Don li estuet par fin destrois
Deniers querre à emprunter
Don il se puisse conréer.
Tant con li durent cil denier,
130 A-il à boivre et à mangier :
Jà por sa foi n'aura garant ;
Lo gaje estuet venir avant ;
Qant il n'a mais que engager,
Dou va à vos por enprunter
Sercot, o mantel, o pelice ;
Vos li prestez, n'an poez mais,
Très bien savez nel' verroiz mais.
Adonc s'an va à un tornoi,
Les deniers porte ensanble soi ;
140 Qant li faillent, don n'a que prandre,
Don il estuet son cheval vandre.
Des deniers que il en aura,
Richemant s'an conroiera,
Mais ja la foiz n'ert regardée,
Que en gabois est obliée,
Ne voz gajes qu'il a laissiez,
Se vos volez, sés desgagiez ;
Ou ce ce non, si atandez
Qu'il vos die, dame, tenez,
150 Ce atandez que il vos die,
Mais ce n'ert jà en vostre vie.
Qant li chevax sera mangiez,

Et li hauberz ert engagiez,
Ci hiaumes ira au marchié,
En po d'ore l'aura mangié;
En lo prandra por un denier.
Ou à enviz, ou volantiers
Ira chiés lo bochier l'espée
Por demie truie salée :
160 Or n'aura-il poincet de vin
Ne d'avoine, nes plain bacin.
Don covient-il, ma damoisele,
Lo frain vandre, et puis la sele ;
Les heuses vont à la provande,
Car autre chose n'a que prandre.
Or sont li gages engaigié,
Ainz demi jor seront mangié ;
A l'autre jor iert esgarez
Don à la tierce soit disnez.
170 Se donc avez, si li aidiez,
N'est pas droiz que vos li failliez.
Icel besoinz li vient sovant,
En l'an cinquante foiz ou cent.
Mais tot ice ne sai-je mie,
Por itant sui au Clerc amie,
Ainz me serré en ma cheere,
De devant moi ma chanberiere
Qui me dira que mes amïs
Viaut acheter peliçon gris,
180 Ou tel mantel, o tel bliaut
Qui cent libres d'esterlins vaut,
Et si sachiéz chascune nuit
Jerra o moi dedanz mon lit.
Ce m'est avis, c'est cortoisie

D'aséurer de vilenie :
Se or volez de moi parler,
Il ne me doit pas trop peser.
Hueline respont riant
Qu'i li vait auques anuiant,
190 Qar nos somes tant enviées
Que amedeus somes iriées,
Encor n'avons-nus à fin trait
Lo conmancemant de nos plait ;
Alon encor querre seignor
Qui nos jugent à grant enor.
Li Clers set plus de cortoisie
Que Chevaliers qui n'a amie,
En moie foi, fait Eglantine ;
Jel' otroi, fait Hueline,
200 De ceste mise que ci mis
Voil que li termes en soit mis :
En cest vergier asanblerons,
Ce vos plevis, puis entrerons.
A icest mot sont départies,
Qant les fiances furent prises :
Ne demora pas longuemant,
Li termes vint del jugemant.
Il chevaucherent à bandon,
Sanz mautalant et sanz tançon.
210 Enz en un bois espès ramu
Sont entrées, moult bien foillu :
Li chauz lés vait moult aprimant,
Joste lo bois vont chevauchant.
Dame Eglantine ot une mule,
Miaudre de li ne fu ainz nule,
Tote blanche con un cristax,

Qui sor li siet ne sant nul max ;
Soef la porte l'anbléure
Qu'il ne set nule autre aléure,
220 Mais tant par vet sinplemant
Que rosée ne sant noiant.
Frain a où chief de grant paraje,
Qui moult fu fait de grant barnaje ;
La chevece fu tote d'or,
En Esgipte la firent Mor :
Les regnes sont à or batues
De fil de soie bien tissue.
Sele ot bele, et bien ovrée,
De tote part bien atornée,
230 Et moult i ot assises pierres
Esmeraudes qui furent chieres.
De paile fu la coverture,
Qui cele a, d'autre n'a cure,
Car tant par est de grant bealté,
Que jà sa per ne troverez.
Li enel sont de blanc argent,
Sororé sont et avenant.
Li estrier sont d'or noielé,
Bien forbi et bien atorné :
240 Uns esperons ot la pucele
Dont ne vos os dire novele,
Car plus sont chier si esperon
Que li roiaumes Salemon.
Ele ot vestu un mantel gris,
Afublée d'un propre bis.
Por la chaleur dame Eglantine
Destreciée ot sa bele crine
Sor ses espaules contreval,

D'or resanblent esprecial.
250 Hueline ot un palefroi,
Miaudres ne fu à cort de Roi.
Ele ot vestu un blanc chansil,
Et afublé noir osterin.
Ele fu tant bien atornée,
Jà par nul home n'ert blasmée.
Ensi chevauchent les puceles
Qui tant sont avenanz et beles.
El bois deus bachelers troverent :
Eglantine parla premiere,
260 Car Hueline fu darriere.
Cil Dame Dex qui maint en haut,
Il vos garisse et il vos saut !
Li bacheler furent cortois
Et bien apris de totes lois,
Et responent as deus puceles :
Dex vos garisse, Damoiseles !
Se descendre ci voliez,
Do reçoivre somes toz prez,
Et se de nos avez mestier,
270 Vos lo porroiz bien essaier.
Eglantine lor respondi,
Seignor Donzel, vostre merci ;
Mais dites nos, par vostre enor,
Où troverons lo Deu d'amor.
Li uns li respont, par ma foi,
Je vos dirai, si con je croi ;
S'ansanble o nos volez aler,
Nos vos ferons à lui parler,
Si vos manrons à son ostel,
280 Ainz mais n'en véistes nul tel.

Fait Hueline, si ferons,
Alez avant, nos vos suirons.
Atant s'an tornent moult joianz,
Ne ne sont mie medisanz.
Ne chevauchent pas un arpant
Q'eles voient lo pavemant,
Et après ont choisi lo mur
Qui tant par est et fors et dur,
Que feu ne noif n'i puet passer,
290 Pluie ne eve n'i puet entrer.
Ensorquetot home coart.
Dedanz ce mur n'i aura part.
Et après voient lo palais,
Ainz tel ne fu, ne n'ert jamais.
La closture est de flor de lis,
Soef en flaire li païs ;
Et tuit li tré sont de cristal,
Li paleron de garingal ;
De ginbregien sont li chevron,
300 Et de ciprès lo freste en son.
De canele est l'antravéure,
Et de basme la coverture ;
Moult par est biax sanz nul redout.
Li conpas est de requelice,
Qui aportez fu d'outre Grice :
Li pavemant sont tuit de flors,
Mil libres valent li péors ;
Et moult est granz la doçors.
Qui loianz est sanz nul redot
310 Bien puet estre sires de tot,
Car moult i a boenes espices,
Et moult i a de grant devices.

Je ne voil mie tot nomer,
Que grant chose est à raconter.
Li soz fu faiz de flor de rose,
Que n'i past nule male chose.
Aprandre poez, ce m'est vis,
Se Dex i fust de Paradis.
Un bel aubre i ot enpris,
320 Si est tot droit con un bozons,
En toz tans est chargiez de flors;
Les branches sont espés ramu,
De totes foilles bien vestu.
Ilueques chantent li oisel
Qui d'amors movent lo cenbel.
Iloc descendent les puceles
Qui à cort vienent por noveles,
Et li baron tuit ensemant
Qui vienent querre jugemant.

Nota. Ce fabliau, qui, pour le fond, est le même que *Flore et Blanchefleur*, et *le Jugement d'amour*, renferme cependant des différences considérables, quoiqu'il soit terminé ici dans le manuscrit de Berne ; mais on pourrait lui donner une fin, en reprenant *le Jugement d'amour*, tome IV de la nouvelle édition de Barbazan, page 361, au vers 205, jusqu'à la fin.

LE LUNAIRE QUE SALEMONS FIST.

S<small>ALEMONS</small> qui la seignorie
Ot de science et de clergie,
De granz honors et de hautesce,
Ot un enfant en sa joenece
D'une dame qu'il moult ama,
Qu'à bien po ne s'en renoia.
L'anfés fu moult amé dou pere
Pour amor qu'il ot à la mere :
Roboam estoit apelez,
10   Moult fu l'anfés de grant biautez.
Li peres qui moult estoit sages,
Ainz que l'anfés éust aage
De mal faire, ne le porpens,
Li volt apenre tant de sens.
Livres fist por lui mostrer
Qu'il devoit tenir et ovrer,
Et que haïr et que amer
. . . . (*)
Sor touz les biens qui li mostra.
20   Dieu à amer li enseigna,
Par tout bones genz honorer,
Sa fame servir et amer ;
Ne que jà felon ne créist,
Ne son conseil ne li déist ;

(*) Il manque un vers ici.

Que par mal serf est malbailliz
Bons sires et sovent traïz.
Moult li dist de choses loigtaines,
Puis li aprist des soveraines
Des arz moult bien le doctrina
30 Et de la lune li mostra
Toute la force et touz les tourz,
Et les croissanz et les descours.
De la lune fist une table,
Nel' devez pas tenir à fable
Qui moult est chiere et honorée :
Table Salemon est nomée.
A son fils enseignier vouloit
Tout, si com la lune naissoit ; (a)
Le jor que prime estoit nomée,
40 Et des sages ainsins clamée,
Des autres jorz tout à delivre
Si comme il est trovez en livre
Est bon à faire et à laissier,
A guerpir et à commencier.
Salemons dist, qui pas ne ment
Que la lune au commencement
Qui primeraine est apelée,
Est de touz biens enluminée.
Cel jour bon commencier feroit
50 Arer qui gaaigner voudroit,
Et bon vendre et bon acheter,
Et tout faire fors que ambler :
Icil qui la nuit amblera
Longuement sires n'en sera.

(a) *Var.* En quel force la lune estoit.

Li enfés qui la nuit nestra,
En paroles sages sera,
Bons clers sera et bien letrez
Et de plusors genz ert amez.
Son saing delez sa bouche aura
Ou près de l'euil, jà n'i faudra.
Paor de mort en eve aura,
Mais du peril eschapera
Se de set anz puet eschaper
Bien porroit puis longues durer.
La fame qui cel jor nestra
En grant bien sa vie usera ;
Chaste sera et franche et bele,
Son saing aura souz la mamele,
Ou en la bouche, ou près de l'ueil :
Ele n'aura jà point d'orgueil.
Sé douze ans puet avoir durée,
A seignor sera mariée.
Qui en enfermeté charra
A tel jour, lonc tens i sera.
L'avision que l'en verra
Cele nuit, à grant bien venra ;
Et cil qui saignier se fera,
Devant tierce bien li fera.
Et cil qui fame esposera
Sanz doutance ainz de lui morra,
Et qui istra de son païs
Bien le reverront ses amis.
    La seconde lune nos dist
Si com nous trovons en escrist,
Qu'à cel jor fet bon acheter,
Et vendre et monter et semer

Et en son nuef ostel entrer,
Et en pelerinage aler.
A cel jor premier vestiras
90 Tes novias dras se tu les as,
Et qui marier se voura
Cel jour, bon faire le fera.
Bon fet commencier à arer,
Et planter arbres et semer.
L'avoir qui la nuit iert emblez
Prochainement iert retrovez.
Li enfés qui la nuit iert nez,
Riches ert et bien heritez,
Et frans et cortois et senez,
100 Si saura des letres asez ;
S'il naist de serf franchiz sera
Et son saing sor le front aura.
Se le novieme an puet passer,
Bien porra puis longues durer.
La fame qui la nuit nestra
Assez debonere sera,
Ne mès c'un po estre orguilleuse
Envers home et contralieuse :
A poines sera vergondée,
110 Mès d'un seignor ert esposée.
Son saing aura souz la mamele,
Moult iert ceste aventure bele,
Où el pié joste le talon,
Et or créez sanz mesprison,
Et s'ele puet passer quinze anz
De son signor aura enfanz,
Et s'aucuns chiet en maladie
Cel jor, de mal ne garra mie.

En la vision que verra
120 Ne bien ne mal ne conoistra;
Ainz midi se face saignier
Icil qui en aura mestier.
   La tierce lune n'a mestier
A nule chose commencier,
Ne doit vendre ne acheter,
Ne riens faire fors esarter
Mauveses herbes et racines
Qui au bones seront voisines,
La riens qui cel jor ert emblé,
130 Longuement ne sera celé;
Qui en enfermeté charra,
Ainz quint jor de mal resordra,
Et se à cel jor n'est levez,
Longue sera s'enfermetez.
Li enfez qui la nuit nestra,
Pereceus et malvis sera,
Povres, trichierres, covoiteus
Et de l'autrui trop envieus.
Jà jor n'aura bien ne confort,
140 Et si morra de male mort.
La fame qui cel jour ert née
Touz jorz ert povre et esgarée;
Jà n'iert de folie honteuse,
Et de l'avoir ert covoiteuse.
Touz jors sera en lecherie
De son cors et de sa folie
Tant com de son tans i aura;
Mès en sa jonesce morra.
Entre li et l'ome devant
150 Auront lor saing où front devant.

En s'avision de la nuit
Ne verras ne bien ni profit :
N'est pas li jorz bons d'antamer
Son cors por faire sanc oster,
 La quarte lune tenez chier,
Car il i fait bon commencier
Ce que voudras edefier,
Et qui voura par mer aler
A cel jor en nef enterra;
160 Ne mal ne peris n'i aura :
Et s'aucuns a son enfant chier
Cel jor le doit metre à mestier;
Et qui voura chastel fermer,
Molins faire en eve torner
A cel jor le commencera,
Ce sachiez, bien les afinera.
La fame qui enfant aura
A cel jor grant joie en aura.
Moult aura paine en sa jonesce
170 Ainz qu'il ait gaire de richesce;
Fox et luxurieus sera
Et moult grant paine sofferra;
Mais puis sera prodons et sages,
Si amendera ses aages;
De granz honors sires sera,
Et son saing sor son chief aura
La fame qui la nuit ert née,
Toz jorz ert povre et esgarée,
En poine et en travail vivra
180 En autrui servise sera,
Et de mauvese mort morra,
Le jor que à la fin vendra,

Et en tel leu son saing aura
Où jà home ne le verra.
Jà le larron joie n'aura
De ce que la nuit emblera.
Qui en enfermeté charra
A cel jor lonc tans i sera.
A grant joie tenir porras
190 Ce qu'en avision verras,
Et se tu en as grant mestier,
Devant tierce te faz saignier.

La lune qui quinte est nomée
Jà de nus ne doit estre amée, (*b*)
N'est pas profitable ce jor
En bataille au defendéor.
A cel jor ne te chaut prier
Ton ami, se tu as mestier ;
Cel jor à poine troveras
200 Qui t'aïst se mestier en as.
Li enfés qui la nuit ert nez,
De ses amis ert deboutez,
Jà n'ert longuement en santé,
Jà jor ne sera sené ;
En grant poine ert et en torment,
Mès ne vivra pas longuement.
Icil qui garde s'en prendra,
Sus son costé son saing aura. —
Jà n'aura ne bien ne honor —
210 La fame qui nestra cel jor,
Toz tens sera de male vie
Et moult saura de sorcerie,

(*b*) *Var.* Doit estre haïe et blasmée.

Sa vie en poverte usera
Et de malvese mort morra :
Cil qui an lit acouchera
Par mal, à paines resordra.
Ce que par songe aura véu
La nuit, briefment ert connéu ;
Et se ton avoir ert amblez,
220 A poines sera retrovez.
Qui matin saignier se fera
Sachiez jà bien ne li fera. (c)

La siste lune on doit amer,
Quar ele fet moult à loer.
Cel jor se fait bon marier,
Et aler chacier et vener ;
Et qui sera apeléor
En bataille, en aura l'onor :
Et se aucuns a son forment
230 Que garder veille longuement
Et degaster et d'empirier,
Cel jor le mete en son grenier.
Et se tu d'aïde as mestier,
Ce jor va ton ami proier.
Li enfés qui nestra cel jor
Adez aura joie et honor,
Et si se fera moult amer
S'il puet vint et quatre anz passer.
Seur sa destre main puet trover (d)
240 Son saing qui i voura garder.
La fame qui la nuit ert née,

(c) *Var.* La sainie bone sera.
(d) Sor le destre œil porra trover.

De deus mariz ert esposée ;
Assez aura joie et honors,
Mès n'iert pas chaste o ses seignors.
Plentéive d'enfanz sera
Et par bel aage vivra.
Son saing li sera demostrez
Souz l'aissele où destre costez ;
Et ce qui ert la nuit amblé
250 A poines sera retrové.
Qui cherra en enfermeté
Garra et venra à santé.
Ce qu'en songe la nuit verras
A nului nel descouverras
Fors que à Dieu tant seulement,
Si le verras prochainement.
Ne te chaut sanc amenuisier
Le jor que tu n'en as mestier.
  La septieme lune nous dit,
260 Si com nos trovons en escrit,
Qu'à ce jor fet bon commencier
Plusors choses qui ont mestier.
Ce jor bon conbatre i fera
Celui qui son droit i aura,
Et se ce est plaiz de folie,
Ce jor ne se conbate mie.
Qui ses bestes voudroit chastrer,
Metre en charrue ne danter,
Du fere ne soit pereceus
270 Cel jor, si en sera joieus :
Et se aucuns a marrement
Vers son ami, ne mautalent,
Qui ce jor en vorroit parler,

Bien les porroit-on acorder.
Bon aler fet à son mestier
Marchéant qui veut gaaignier.
Buer fu li enfez engendrez
Qui à celui jor sera nez,
Seur toz ert larges et senez
Et de plusors genz ert amez.
Son saing li aparra où front
Si que plusors genz le verront.
La fame qui la nuit nestra
A plusors genz lor bons fera;
De mains homes sera amée,
Mès de sa parole ert blasmée.
Sa folie deguerpira,
Et en esposailles morra,
Et qui voura son saing trover
Sor le destre œil porra garder,
On entoure la destre mamele,
Entre le costé et l'aissele.
Qui la nuit amblera avoir
Longuement nel porra avoir.
Se aucuns chiet en maladie,
Il en garra s'il a aïe,
Et qui verra avision
La nuit, n'i verra se bien non.
Tout le jor fera bon sainier
A celui qu'en aura mestier.

  L'uitime lune doit estre amée
Des uns, et des autres blasmée
Bon est cel jor ses cham semer
Et ses herbes à remuer.
Li anfez qui la nuit ert nez,

Jà jor ne sera bien senez :
De mout de genz ert connéuz
Et de toz ert por fol tenuz.
Son saing où costé destre aura,
310 Et par eve mort recevra.
La damoisele qui nestra
Par sa biauté moult trovera
De qui ele sera amée ;
Mès d'un seignor ert espousée.
Moult d'omes la covoiteront
Por la biauté qu'en li verront,
Et seur l'oreille aura son saing
Ou près du poucier en la main.
Jà li lerres joie n'aura
320 De ce que la nuit amblera.
Cil qui par mal acouchera,
Jà par santé n'en resordra,
Et prochainement connistras
Ce qu'en avision verras :
Se mestier en a ton ami
Fai le seignier devant midi.

 La noviesme lune redit,
Si com nos trovons en escrit,
Bon fait en sa maison entrer
330 Et ses cortius fere semer. (e)
Li enfés qui la nuit nestra
En sa jonesce amans sera,
Preuz sera et cortois et sage
Tant com il ert en son aage,
Et se huitime an puet passer

(e) *Var.* Et ses vessiax fere porter.

Jusqu'à trente anz porra durer.
Ja de l'autrui besoing n'aura
Tant comme en sa vie sera.
En sa destre oreille verra
340 Son saing qui garde i prendera.
Ja mal testemoine n'aura
La fame qui la nuit nestra ;
Bone messagiere sera,
Et son seignor moult amera :
Dieu criendra en toute maniere,
Et sera chaste et aumosniere,
Et son saing li ert demoustré
Où lieu où à l'omme est nommé.
Qui de mal sera agroté
350 Bien en revendra à santé.
L'avoir qui la nuit ert amblé
A poines sera retrovez.
L'avision de celui soir
Porras apertement véoir :
Ce jor ne te chaut d'entamer
Ton cors por malvès sanc oster.

 La disime lune est créable
Si com nos trovons en sa table ;
Salemons qui fist l'escripture
360 Nos en demostre l'avanture.
Si ton anemi vels grever,
Ce jor te va de li clamer,
Et se bataille veus fornir
De ton droit n'i porras faillir
Que tu n'en aies le meillor
Comment qu'il voit au chief dou tor.
Bon fera vendre et acheter

A ce jor et terres semer,
Jardins faire et vignes planter
370 Et en son nuef ostel entrer,
Fame prendre et son enfant metre
A escole por savoir lettre.
Li anfès qui la nuit nestra
Escharnissant de genz sera,
Mainz regnes avironera,
Ne jà granz richesces n'aura.
Sachiez que par eve morra,
Ou par glaive, jà n'i faudra.
Son saing en l'oreille senestre
380 Aura, nel' quier pas à la destre.
La fame qui la nuit nestra,
En jonesce povre sera.
Quant en aage montera
Toz jorz en bien amendera.
Environ sa bouche ert véuz
Son saing et bien apercéuz.
Ce qu'ert emblé ert connéuz
Et li lerres sera penduz.
Et qui par mal acouchera
390 Cel jor, prochainement garra.
Jà bien ne mal n'ert connéu
Ce qu'en songe sera véu.
Bon fet de son cors sanc oster
Par jarser ou par ventoser.

De l'onsime lune dirai
Ce qu'en l'escripture trovai.
Bon fet sa vingne vendengier,
Arbres planter et blez soier,
Et si fet bon puier sur mer

400 Et en pelerinage aler. (*f*)
  Li enfez qui la nuit ert nez
  Sera moult sages et senez; (*g*)
  Mès en folie ert chaleureus,
  Quar trop sera luxurieus.
  Des ars du siecle moult saura
  De marchéandise vivra,
  Et en sa fin s'amendera
  Des folies que il fera.
  Son saing ert en l'ueil ou el front
410 Devers senestre bien amont;
  Et cele qui sa fille aura,
  S'el vit, de li grant joie aura;
  De grant biauté ert renommée,
  Chaste sera et bien senée.
  Lonc tens o son seignor sera
  Sanz enfanz et puis en aura.
  Où front ou entre la mamele
  Aura son saing la damoisele.
  Cil qui de mal sera grevez
420 Garra bien de s'enfermetez;
  Ainz tiers jor conoistre porras
  Ce qu'en avision verras.
  Bon fet ce jor fere seignier
  A celui qui en a mestier.
   La dousime lune nos dit
  Si com nos trovons en escrit,
  Moult fet cel' jor bon espouser,
  Fame noçoier et mener;

(*f*) *Var.* Ez asséoir et remuer.

(*g*) Sera moult preuz et moult osez.

Et fet bon semer son froment,
430 Des autres blez ne di noient.
Li anfez qui la nuit ert nez
De granz biens sera esprovez :
Il sera sages et piteus,
Et moult sera religieus.
Moult aura travail en sa vie
De granz richesces n'aura mie.
Sor le genou aura son sain,
Ce dit, ou en la destre main.
De la fame qui sera née
440 Ne sera pas grant renomée.
Son saing sor la mamele aura,
Et de son cors fole sera.
L'avoir qui la nuit ert amblez
Ert renduz, mès moult ert celez.
Cil qui de mal acouchera,
Morra tost, ou moult languira.
Ce qui ert en songe véu
Ert en grant joie connéu.
De son cors fet bon sanc oster
450 Ou par jarse ou par ventoser.

 La lune tresime nomée
Ne sera jà de bien loée.
Ne fet cel jor bon commencier
Nule chose qui ait mestier,
A poines nus gaaingnera
Cel jor en marchié qu'il fera.
Jà la mere joie n'aura
De l'anfant qui la nuit nestra.
Il sera fox et orgueillex,
460 Et mesdisanz et covoitex,

N'ert pas amez de toute gent
Et ne vivra pas longuement ;
Et la damoisele ensement
Sera moult fole en son jovent.
Povre sera et orguilleuse
Et de son cors luxurieuse.
A mainz homes lor bon fera,
Mais en sa joenesce morra :
Et entre li et l'ome auront
470 Lor saing sus les cheveus amont,
Et cil qui par mal ert grevez,
Longue sera s'enfermetez.
Et ce que la nuit songeras,
Soit biens ou max tu le verras,
A poines sera retrové
Ce qui sera la nuit amblé.
Ne fai ton sanc amenuisier
Si comme tu as ton cors chier.

La lune quatorsime el conte
480 Si com Salemons nous raconte,
Doit l'en moult amer et proisier,
Quar il i fet bon commencier
Toutes choses qui ont mestier.
Fet bon cel jor à commencier
Fame requerre et espouser,
En sa nueve meson entrer,
Et en pelerinage aler,
Et se marchéant veut aler
Par terre ou par mer gaaignier,
490 Cel jor i fet bon commencier.
Li enfès qui la nuit nestra,
Hardiz et corageus sera :

De plusors genz ert redoutez
Par son orgueil, par sa fierté.
Son saing aura joste les iax,
Et tant vivra que touz ert viax.
La fame qui la nuit nestra,
Pain et viande assez aura,
Et si perdra son pucelage
500 Ainz qu'ele vieigne à mariage;
Et itiez hom l'espousera
Qui jà de li honor n'aura.
Joste le front ou el costé,
Li sera ses sainz demostré.
Se aucuns chiet en maladie,
Cel jor, de mal ne morra mie.
A grant joie véoir porras
Ce qu'en avision verras.
Bien te porras le jor seignier
510 Se tu voiz qu'il t'en soit mestier,
Si com nos trovons en escriz
Que Salemons fist à son filz.

La lune quinsime nomée,
N'est pas moult bone ne loée,
A nule chose commencier,
Ne à faire, mès à laissier.
Et se aucuns voloit avoir
Son heritage ou son avoir
Ne face pas le jor clamor
520 Quar il n'i auroit jà honor.
Ne te chaut prendre ne doner,
Fame prendre ne esposer.
La fame qui seignor prendra
Cel jor, de lui joie n'aura,

Ne celui de li ensement.
Toz jors tençon et maltalent,
Aura entre aus et jalousie
Et si menront moult male vie.
Li enfés qui la nuit ert nez,
530 Larges, cortois sera asez
Mais longuement pas ne vivra,
Par eve ou par glaive morra.
Salemons dit que bien puet estre
Son saing sor l'espaule senestre.
La damoisele qui ert née
Cele nuit sera moult amée,
De moult d'omes, mais pou voudra
Qu'en son pucelage morra.
De son saing porra véoir l'estre
540 Jouste son espaule senestre;
Et cil qui de mal ert grevez
Se ainz quinze jorz n'est levez,
Longuement l'estovra languir,
Et paor aura de morir.
Et ce qu'ert en songe véu
En joie sera connéu :
Et se tu voiz fere tens cler,
Bien porras de toi sanc oster.
   Oiez de la sesime lune,
550 En tout le cors n'a pieur c'une.
Cel jor ne te chaut commencier
Nule chose qui ait mestier,
Ne riens vendre ne achater,
Ne fors de ton païs aler,
Fame esposer ne noçoier
Ne ton enfant metre à mestier.

Li enfés qui la nuit nestra
De marchéandise vivra.
N'ert pas trop en autrui dangier,
560 Si aura asez à mangier.
Où destre costé ers véuz
Son saing, et bien apercéuz.
La fille qui ce jor nestra,
Franche et cortoise asez sera :
Honteuse ert et moult soufferra
Mesaise, quar el ne voudra
Fere hontage ne folie
Et si sera de bone vie,
Ce sachiez, tant comme el vivra.
570 Toz jors en bien amendera.
Son saing li sera demoustré
En tel leu où l'omme est nommé.
A grant poine cil resordra
Qui en enfermeté charra.
L'avision qui ert véue
La nuit sera bien conéue.
Se malvès sanc as en ton cors
Bien le puez fere giter fors.
   La lune qui est apelée
580 Diseseptime est moult loée,
Si com Salemons l'enseigna
A son filz que il moult ama.
Moult fet le jor bon commencier
Toutes choses qui ont mestier.
Bon fet cel jor ses chans semer,
Vignes, arbres et bois planter,
Fame espouser et noçoier,
Et son enfant metre à mestier.

Vallet qui veut avoir honor
590 De chevalerie à cel jor,
Praingne armes, il fera que sage,
Mieudres en ert tout son aage.
Batailles seront apaisies
Qui à cel jor seront gagies.
Buer fu li anfés engendrez
De pere qui ce jor ert nez;
Sages, cortois et preuz sera,
Jà en lui malvestié n'aura;
De largesce sera loé
600 Et si sera lons ses aez.
Où front ou el destre costé
Li sera son saing demostré.
La mere moult grant joie aura
De la fille qu'enfantera :
De maintes genz sera amée,
Et si ert de grant renomée;
Asez aura joie et honor,
Et sera chaste o son seignor.
Dieu et sainte Yglise amera,
610 Et aus povres genz bien fera;
Enfanz aura de son seignor
Et si morra à grant honor :
Jà jor blasmée ne sera
Et son saing où chief portera.
Et qui ce jor acouchera
De celui mal briément garra.
Li avoirs qui sera emblez
Ne sera pas longues celez :
Et ce que songeras le soir
620 Verras, soit ou mensonge ou voir,

Bon sainier fera à cel jor
A celui qui a grant chalor.
 La lune qui cort par dishuit,
Moult est bone et de grant profist.
A toutes choses est vaillant
Si come est cele de devant,
Si comme Salemons le mestre
Le nous dit qui bien connoist lettre,
Por ce que tout autrement vaut.
630 De li parler plus ne m'en chaut.
Moult vousisse nestre à cel jor
Se Dieu pléust nostre signor.
 La diseneuvieme lune nos dit,
Si comme l'escripture dit,
Bon fet fame prendre et doner,
Et chevax vendre et acheter,
Et son enfant mestre à mestier,
Prendre poisons et soi baignier.
Li enfez qui la nuit nestra,
640 Sages, cortois et preuz sera,
Et de tant com plus il croistra
En bonté plus amendera.
Sor le destre œil sera véu
Son saing et bien apercéu.
La damoisele qui nestra,
Franche et bele et sage sera :
En sa jonesce ert moult amée,
Et de deus seignors espousée ;
O le premier petit sera,
650 Mès du secont enfanz aura,
Et son saing li sera moustré
El lieu où à l'omme est nommé.

Cil qui par mal acouchera,
Par medecine bien garra.
Ce qu'en avision verras
Ainz quart jor bien le connoistras.
Ne te chaut cel jor entamer
Ton cors por mauvès sanc oster.
La lune vintisme est mauvese,
660 Jà n'i ferez riens qui vos plese,
Fors à son seignor fere hommage
Et aler en pelerinage.
Li enfés quï la nuit nestra
Orguellex et povres sera,
Et covoiteus d'autrui avoir,
Et si n'ert pas de grant savoir.
Ja mestier ne voudra aprendre,
N'à nul bien ne voudra entendre.
Jà son saing ne sera véuz,
670 Ne par nul homme connéuz.
La pucele qui lors ert née,
Si sera asez esgarée :
Jà sanz aïde ne vivra,
Et le noauz qu'en li aura
Ert qu'ele sera orguilleuse
Et de son cors trop folieuse.
Jà ne sera cel homme né
De son saing sache verité.
Li lerres à honte rendra
680 L'avoir que la nuit emblera.
Cil qui de mal sera grevé
Ainz le quint jor aura santé,
Et s'il ne relieve à cel jor
Longuement sera en langor

A nului ne descouverras
Le songe que la nuit verras.
Jà saignie bien ne fera
A celui qui se saignera.
 Le jor qui vient après premier
690 Est bon son plet à porloingnier
A celui qui voudroit conquerre
Vers son voisin avoir ou terre ;
Et se aucuns a son forment,
Ou son avoir ou son argent,
Et l'en vueille à lui emprunter,
Ne li chaille à cel jor livrer,.
Quar jamès n'en seroit sesis
Qu'il n'en fust iriez et marris.
Mar fu li enfés engendrez
700 Qui en cele nuit sera nez ;
Jà jor ne sera sanz envie
Et si sera de male vie :
Quar jà ne se porra garder
De l'autrui prendre ne d'embler ;
De sa folie ert connéuz,
Deffez sera, ars ou penduz.
En la cuisse senestre aura
Son saing et bien aparistra.
La fame qui la nuit nestra,
710 Franche et debonere sera ;
Chaste sera et moult amée
Et à seignor ert mariée.
Dras et viande assez aura
O son seignor tant com vivra :
Joie aura de sa portéure,
Tant vivra qu'ele ert vielle et dure.

Son saing aura sous la mamele,
Ou el chief, ou desouz l'aissele;
Et qui de son païs istra
720 Sain et sauf i repairera.
Ce que en songe auras véu
Ert à joie reconnéu.
De son cors face sanc oster
Qui de mal se voura garder.
　　La lune vintime et seconde
En toutes choses est faconde.
Se aucuns est en mautalent
Vers son seignor ou autre gent,
S'en cel jor en fesoit parler
730 Bien se porroient acorder;
Et se aucuns veut acheter
Chevax et bestes por garder,
Et il i vousist gaaignier,
Cel jor i fet bon commencier.
Li enfés qui la nuit nestra,
Paine et travail asez aura.
Jà d'avoir ne sera mananz
Et si aura fame et enfanz:
Par sa povreté ert tout fol
740 Et si aura son saing où col.
Tout d'autretel vie sera
La fame qui la nuit nestra;
Et qui par mal acouchera,
De sa maladie garra.
En joie et en bien connoistras
Ce qu'en avision verras;
Et se sanc te fait mal où cors,
Par saignie l'en giete fors.

De plusors genz ert renommée
750 La lune vint troisieme nommée,
Moult i ert le jor vrai et chier
A toutes chosés commencier,
Quant de toz biens l'o si loer
Je nel' vueil mie dessevrer.
Li enfés qui la nuit nestra,
En bataille se combatra,
Mès ne sai com li estera,
S'il ert vaincuz ou s'il vaincra,
Et sera plains de grant folie,
760 Et vivra de malvese vie.
Sus le talon tout en apert
Aura son saing à descouvert.
La damoisele qui nestra
En autrui servise morra.
Qui d'enferté acouchera
Ainz le quart jor de ce morra ;
Et se le quart jor puet passer,
A lonc tens porra retorner.
En l'avision que verras
770 Jà bien ne mal n'i entendras :
De son cors face sanc oster
Qui de chalor se veut garder.
 La lune qui est apelée
Vint quatrieme doit estre amée
De toz ceux qui veulent aler
Por marchéandise achater,
Ne riens où vueillent gaaignier
Cel jor lor est bon commencier.
Cel jor ne marieras pas
780 Ton filz ou ta fille se l'as ;

Se meson nueve as aprestée ;
Cel jor n'est pas bone l'entrée.
Li enfés qui la nuit ert nez
Moult sera cremu et doutez :
Jà ne sera d'avoir mananz,
Et morra ainz vint et cinc anz.
Son saing li sera demoustrez
Seur le nombril ou el costez.
La fame qui la nuit nestra,
790 Poine et travail asez aura ;
Et cil qui la nuit emblera,
A grant honte l'avoir rendra.
Prochainement de mal garra
Qui en enfermeté charra :
S'ainz le quint jor n'ert relevez
Longue sera s'enfermetez.
L'avision que tu verras
La nuit en joie connistras,
Ainz tierce se face saignier
800 Icil qui en aura mestier ;
 La lune vint cinquieme el conte,
Si com Salemons nos raconte,
Est là pior au commencier
Toutes choses qui ont mestier ;
Nus n'i doit vendre n'achater,
Ne fame prendre ne doner.
Jà l'avoir trové ne sera
Que lerres la nuit emblera.
Covoiteus et povres sera
810 Li enfés qui la nuit nestra ;
Sa vie usera povrement,
Et la damoisele ensement

Qui en cele nuit sera née,
Toz jors ert povre et esgarée.
Enmi le dos près de l'eschine
Sera le saing à la meschine;
Et le saing au wallet sera
En tel leu où nus nel' verra.
A paine cil de mal garra
Qui en enfermeté charra.
Ce qu'en avision verras
A dolor conoistre porras.
Garde se tu as ton cors chier
Ce jor ne te faces saignier.

 La lune qu'est vint et sisime,
Autretant vaut com la cinquime,
Quant je sai qu'à plus n'a mestier
Je ne m'en vueil plus traveillier.

 La lune vint et sept el conte,
Si com li livres dit et conte,
En toz biens est dite et loée
Si com la disime est nomée.
Li enfés qui la nuit nestra
Riches, sages, cortois sera,
Et la pucele qui ert née
Sera chaste, franche et amée
De maintes genz et si prendra
Seignor o qui grant joie aura.
Au col desus l'oreille amont
Ert véu son saing ou el front.
Cil qui par mal acouchera
Cel jor, dou mal grevez sera.
Jà bien ne mal ne connoistras
En l'avision que verras;

Et li avoirs qui ert emblez
Ne sera longuement celez.
Moult fait bon sainier à cel jor
Qui de la fievre auroit paor.
 La lune qui est apelée
850 Neuf et vintime est moult loée,
En toz biens est autretant dite
Com la dis et septime escrite
Fors seul de l'enfant qui nestra,
Granz paines et travaus aura.
Jà fame espousée n'aura,
Et fors de son païs morra :
Et cele qui nestra cel jor
Espousée ert, s'aura seignor
O qui ele ert plus de trente anz,
860 Et si aura assez enfanz.
Piteuse ert et moult amera
Povres genz à qui bien fera.
En sa vie ert moult honorée
Et en sa fin benéurée.
Seur le col du poing à senestre
Ert son saing ou desoz le destre.
Paor de mort avoir porra
Cil qui par mal acouchera.
En joie sera conéu
870 Ce qu'en songe sera véu.
Garde se tu as ton cors chier
Cel jor ne te faces saignier.
 La lune vint et nueme dit
Qu'ele est bone et à grant profit,
Et qu'il i fet bon commencier

Toutes choses qui ont mestier.
En sa vie floris sera,
En grant bien l'enfés qui nestra.
Cele qui fille enfantera
880 Preude fame ert, jà n'i faudra ;
Et celui vendra en santé
Qui par maladie ert grevé.
Bon ert le songe de la nuit,
Quar véu sera à proufit.
Au matin au soleil levant
Te fai sainier ou au roisant.

    Les fez de la lune trentime
Sont tez trovez en la vintime,
En toutes choses est ygaus
890 En biens, en fez, en dis, en maus :
Des songes et des enfanz nez,
Et des avoirs qui ert emblez.
Quant de plus dire n'est mestier
Je ne m'i quier plus traveillier.

    Or est fenie la leçon,
Que fist le bon roi Salemon
A cui Diex donna en sa vie
Richece et honor et clergie
Plus qu'à nul qui onques fust nez
900 Ne en fame d'omme engendrez.
Cest escrit fist por fere entendre
A cels qui sens vuelent aprendre
Qu'est bon à fere et que lessier,
Que fenir et que commencier.
Or prions Dieu le créator
Qu'il otroit grant bien et honor

A celui qui en romanz mist
Cest escrit que Salemons fist,
Et qu'il le mete en paradis
910　Ensanble avoeques ses amis.
　　　Amen.

EXPLICIT LE LUNAIRE QUE SALEMONS FIST.

LE TOURNOIEMENT AUS DAMES.

A cel tens que chevalerie
Est par tout le monde perie,
Que nus n'ose mès tornoier
Tant sont couart li chevalier,
Que les dames en sont hardies,
Durement en sont esbaudies,
Dient lor seignor sont provoire,
Il tienent lor sene à Montoire,
A Orliens et à Baugenssis,
10 A Compiengne, à Miaus, à Senlis,
S'en vont por despendre le lor,
Ne jà n'i auront autre honor.
Bien ont alé par le païs
Un an si com lor est avis :
Onques un jor ne tornoierent,
Ne desus hiaume ne se fierent.
Grant despit en ont entr'aus pris
Les dames qui sont de grant pris.
Primes manda tornoiement
20 La bone dame de Braibant
Et la contesse de Grantpré
Qui bien sert amors à son gré.
. Et la contesse de Forois
I vint à moult riche conrois :
Cele de Bar et de Roussi,
La contesse d'Artois ausi.

Trestoz li mons les regardoit,
Et chascuns moult se merveilloit
Où eles voloient errer,
30 Qui véist les destriers aler
Après eles enz el chemin,
Il ne cuidast en nule fin
Que tant en péussent avoir.
Et quant ce vint à l'esmovoir
Des autres dames du païs
Qui moult estoient de grant pris,
C'estoit merveilles à bon voir,
Toz li mons les aloit véoir.
Quant trestoutes furent ensanble,
40 Ce fu merveilles, ce me sanble,
Comment Soissons le pot souffrir,
Qu'il nes en covint departir.

 Celes de Braibant i revienent
Qui bones et beles cors tienent :
Quant un jor furent en la vile,
Ne voudrent pas servir de guile,
Ainz s'en issirent fors aus chans
Les plus sages de grant porpans
Por miex atorner lor afere,
50 Quar ainsi le covint à fere
Selonc coustume de tornoi.
Sachiez que là ot grant desroi
Là où tantes granz dames furent ;
Et quant toutes aus chans s'esmurent,
Si se virent moult poi de gent.
Moult se contindrent bel et gent
Du tournoiement efforcier.
Primes parla au commencier

La contesse d'Anjou sachanz,
60 Et dist, ci a moult de vaillanz
Dames qui sont d'estrange terre,
Qui por pris et por los conquerre
Vindrent à cest tornoiement,
Et je ne voi mie comment
Nous puissons avoir le tornoi,
Si vous dirai reson por qoi.
Poi i a de ceus de Braibant,
Mès fesons crier nostre bant
Qu'à grant joie et à grant deduit
70 S'en revoisent toutes et tuit
A Miaus à quinze jors tout droit
Et por ce que teus i vendroit
Qui n'est pas ore ci venue,
Dont ert la chose miex tenue
A grant afere et aus Norois ;
Et si l'orront dire François,
Si leront les dames venir
Por nostre afere miex tenir
Et por loer miex nostre fet,
80 Dont dient toutes c'est bien fet.
 Atant s'en vont à lor osteus,
Et s'en i ot assez de teus
Qui pesa de la departie
Que si demoroit l'aatie :
Toutes voies l'estut souffrir
Et aus plus granz dames tenir
De qoi movoir toz li renons.
Lendemain partent de Soissons,
Si s'en alerent droit au jor
90 Qui mis i estoit sanz sejor.

Tels chose qui n'est pas celée
Fu tost séu par la contrée
Des contesses et des roïnes.
Les merveilles, les aatines
Que les dames fet s'entr'avoient,
Por un petit que ne dervoient
De ce que n'i orent estées;
Mès moult se sont reconfortées
Du tornoiement qui doit estre
100 Si que moult bien i pueent estre.
 Adonc s'atorna de premiers
La bone dame de Poitiers
Et la dame de Maubuisson,
Et des autres moult grant fuison
Que nous ne savons pas nommer.
Cele qui moult fet à amer
Et qui moult est cortoise et sage,
Bien le doit estre par lingnage,
C'est la contesse de Bretaingne
110 Qui bien atorna son ouvraingne.
Sa fille la dame de Blois
Si s'en revint à grant noblois,
De Dreues, s'est bien atornée
La contesse, et si a mandéé
Toutes ses dames sanz eschars
Qu'eles vienent dedenz les chars,
Qu'ainsi, ce dist, le voudra fere
Por plus le beuban contrefere.
Ainsi le firent quant le vost,
120 A li s'en sont venues tost.
Adont i vint que oublions
La visdame de Charlions

Et la dame de Marcilli,
Li et la dame de Foisi,
S'i vint la dame de Seilli
Et la dame de Limeilli,
La viscontesse de Linieres,
Et si amena deus banieres,
Dont vint la dame d'Andresel
130 Appareillie bien et bel.
Quant furent en la vile toutes,
Merveilles i avoit de routes.
Le jor méisme s'en issirent
Que le droit tornoiement firent.
Lors dist la roïne de France
Qui devant les autres se lance,
Que bien seroit droiz et resons
Que nous deus discors fesons
Qui la chose deviseront,
140 Ne nul mal n'i regarderont,
Ainz en diront la verité
Si que jà n'en seront rété :
Dont respondent toutes ensanble,
Vous dites moult bien, ce nous sanble.
 Adonques s'atornerent toutes
Et deviserent bien lor routes,
Adonques n'i ot qu'à jouter.
Premiere se vont assanbler
La chevalereuse de France
150 Qui en ses poins tint une lance
Où il avoit un pingnoncel
Des armes de France moult bel.
Le champ des armes ert d'azur
Semez de flors por plus séur

Estre connue la roïne.
L'autre qui n'ert pas orfeline,
Qui roïne de Navarre ert,
S'en ist sor un cheval couvert
De couverture mi partie :
160 De Navarre ert l'une partie,
Et de Champaigne refu l'autre.
Adonc s'en vint lance sor fautre
Contre cele de l'autre part ;
Et cele des rans se depart,
Moult durement s'en vint encontre,
Entr'eles font si dur encontre,
Que les lances sont peçoiées.
Adonc desrengent l'or mesnies
De la partie d'ambedeus,
170 Toutes s'arestent sor eus deus.
Moult très durement se travaillent,
De desus ces deus dames maillent.

Quant les autres routes revienent,
Deus dames qui moult grant leu tienent,
L'une contre l'autre desrangent
Des deus dames qui pas ne changent,
Ainz s'entrevienent durement
L'Englesche et cele de Braibant
Qui tant par sont chevalereuses,
180 Et d'aquerre honor desirreuses.
Moult très cruelment se hurterent,
Si qu'andeus à terre volerent
Si cruelment que c'est merveille.
Ne véistes onques pareille
Meslée qu'à ceste aferist ;
A grant merveille la tenist.

Les autres s'entrevienent tost,
Vous déissiez ce fust un ost.
La roïne d'Escose i vint
190 Qui en sa route ot quatre vins
De dames moult chevalereuses;
Celes vienent, ne sont douteuses
Assanbler à eus liemant.
C'est la duchoise la vaillant
Que tient la terre et le païs,
Dont assanblent, ce m'est avis,
Entr'eles deus moult fierement,
Si se fierent communément,
Ne s'entrepargnierent de rien.
200 Veraiement vous di-je bien
Que s'entr'abatent des chevaus.
Eles chéirent en un vaus
Ambes dens, mès pas n'aresta
La duchoise qu'el ne monta
Et cort à la roïne sus,
Grant cop li done de desus
Le hiaume qu'ele ot en sa teste,
Tant que par force et sanz arreste
Li a fet fiancer prison,
210 Se cele nuit en sa meson
Sa raençon ne li envoie.
Cele sor sa foi li otroie,
Adonc se departirent lors,
Et la roïne traisent hors
Sa gent por reprendre s'alaine.
Au tornoi sa route ramaine,
D'Anjou la nobile contesse
Qui lor a fet bele promesse

De doner lor maint riche don.
220 Adonc s'en vienent a bandon
Celes de Gueille contre ces,
Mès moult i orent maus retrès,
Que cele d'Anjou prist lor dame
Qui moult estoit cortoise fame :
Malement furent recueillies,
Ceus d'Anjou les ont assaillies,
Ses pristrent moult mal à mener.
Celes de Gueille qui mener
S'i vit issi vilainement,
230 Dont s'esforça moult malement
Tant que sa route retorna
Et que ceus delà dessevra,
Moult vilainement les menerent.
Ceus d'Anjou se desconforterent
Comme se virent réuser,
Et toute lor prouece user.
Adonques misent tout pour tout,
Eles misent ensanble tout
Le pooir que porent avoir,
240 Ici poez-vous bien savoir
Que ceus de Gueille ont mal menées
Et vilainement demenées ;
Que cele d'Anjou prist lor dame
Qui moult estoit cortoise fame,
Se li a fet lors fiancer
Prison, et por plus essaucier,
Se feri es greignors meslées.
Adonc se sont entremeslées
Deus dames qui moult sont proisies,
250 Et qui de cuer sont envoisies :

Blanche de Bretaigne fu l'une,
L'autre qui de bien ert commune,
Estoit de Cleves dame riche.
Durement es estriers s'afiche,
Tout maintenant se desrengierent,
Et au venir si fort se fierent
Que li cheval sont descenglé,
Que par pou se sont estranglé.
Granz cops se vont entredoner,
260 Bien se vuelent abandoner
Et souffrir dolor et martire
Por avoir l'onor, la matire,
Si font les autres volentiers.
Dont vint la dame de Poitiers,
Contre li vint cele de Blois,
Quar ele tint aus Champenois.

La meslée fu fort et dure,
Et li tornois longuement dure.
Plus longue riote n'i fais,
270 Toutes assanblent à un fais,
Et chascune ala à son droit
Si comme il est resons et droit.
Quant furent en une pelote,
Qui là fust si oïst tel note
Qu'eles fesoient desus hiaumes,
Miex vaut à oïr que set siaumes.
Moult durement se domagierent
Et moult forment se ledengierent;
C'estoit merveilles à véir,
280 Qui véist les unes fuir,
Les autres durement chacier,
Et teles i ot manecier.

Au pardestroit au departir
Covint ceus de France partir
De la place tout maugré aus.
La place si fu communaus
De ceus de Champaigne la fine.
La contesse cortoise et fine
Demonstre sa proece noble;
290 L'espée que tint fu moult noble.
Ele s'embat parmi les lices,
De quatre lances fist esclices.
Que vous diroie? plus n'i a,
C'est cele qui le pris en a.
Vraiement a trestout vaincu,
Bien i parut à son escu
Et au cisne que li donerent
Li hiraut qui s'abandonerent
A ce qu'il l'en donent l'onor,
300 Et ele fist moult grant honor
A toutes celes qui esturent.
Por li toutes semonsses furent,
Lendemain matin au mengier,
Eles n'en firent nul dangier,
Ainz s'en vindrent à son ostel
Où ele dona mengier tel
Que teus ne fu, ce m'est avis.
Lendemain vont en lou païs,
Quar trop sont iluec sejornées.
310 Or vous ai les resons contées
Par qoi fu le tornoiement.
Ici faut le definement.

EXPLICIT LE TORNOIEMENT AUS DAMES.

LE DEPARTEMENT DES LIVRES.

Chascuns enquiert et veut savoir
Que je ai fet de mon avoir,
Et comment je sui si despris
Que n'ai chape ne mantiau gris,
Cote, ne sorcot, ne tabart,
Tout est alé à male part.
Li tremeriaus m'a abatu,
Par ma folie ai tout perdu,
Tout mon avoir et toz mes livres
Grant pieça que j'en sui delivres.
En duel ai torné mon revel,
Quar je cuit que il n'ait chastel
En France que je n'i alaisse,
Et de mes livres n'i lessaisse.
A Gandelus lez La Ferté
La lessai-je mon A. B. C.,
Et ma patrenostre à Soisson,
Et mon credo à Monléon,
Et mes set siaumes à Tornai,
Mes quinze siaumes à Cambrai,
Et mon sautier à Besençon,
Et mon kalendier à Dijon.
Puis m'en reving par Pontarlie,
Iluec vendi ma letanie,

Et si bui au vin mon messel,
A la vile où l'en fet le sel.
Aus espices à Montpellier
Lessai-je mon antefinier;
Mes legendes et mon gréel
30 Lessai-je à Dun le chastel.
Mes livres de Divinité
Perdi à Paris la cité,
Et cels d'art et cels de fisique,
Et mes conduis et ma musique,
Grant partie de mes auctors
Lessai à Saint Martin à Tors;
Et mes doves est à Orliens,
Et mes chacones à Amiens :.
A Chartres mes Théodelés,
40 A Roen mes Avionés.
Mes Ovides est à Namur,
Ma philosophie à Saumur,
A Bouvines delez Dinant
La perdi-je Ovide le grant.
Mi regiment sont à Bruieres,
Et mes gloses sont à Maisieres.
Mon Lucan et mon Juvenal
Oubliai-je à Bonival.
Estace le grant et Vigile
50 Perdi aus dez à Abevile.
Mes Alixandres est à Goivre,
Et mon grecime est à Auçoirre,
Et mon Thobie est à Compiengne,
Ne cuit que je jamès le tiengne,
Et mon doctrinal est à Sens,
La perdi-je trestout mon sens.

Ainsi com je vous ai conté,
Jamès ne seront rachaté
Mi livre en trestoute ma vie.
60 Toute ai perdue ma clergie.
Se je ne truis aucune gent
Qui me doingnent de lor argent,
Autrement ne les puis ravoir.
Or li doinst Diex sens et savoir,
Qui m'en donra par tel convent,
Se je revieng en mon couvent,
Je ferai proier en chapitre
Que Diex ses pechiez li acquite.

EXPLICIT.

CE SONT LES DIVISIONS

DES SOIXANTE ET DOUZE BIAUTÉS QUI SONT EN DAMES.

L'AN de grace mile trois cens
Et trente deus fui-je tracens
A Encerre compaignons querre
Por eulz compaignier et enquerre
Des deduis, car iete à cel jour,
En cel temps fu et à cel jour
Que Chevaliers fu Jehan de France.
Lors me sovint estre en souffrance
D'une execusacion à faire
Qui trop me fu de mal afaire,
Pour ce assez tost la laissai,
Et fis ces vers dont m'eslaissai
En les faisant pour la matiere
Qui nouvelle est dont la maniere
Mon cuer est du recort plaisans,
Où y ot mout de biax plaisans.
Et s'aucuns n'i avoit plaisance,
Je me terrai car plesence.
Ne doit-on en ce point plaidier,
Car des plés d'ui ne des plés d'ier
Pas ne me porroient tant plaire.
Mès aucuns plais me doit desplaire

Des vers dont en voist li esplais
Si me plest du recort li plais
Qu'a fait Bertax en esploitant
De Chasteillon me desploiz tant
A fait sera qu'aura argent,
Non contretant ce qu'il art gent.
 Gracieuse Dame enterine,
30 Digne pour estre une Roïne
Entre les Dames de Paris
Vous n'eussiez que je determine
Dame, Damoiselle ou meschine
Très bele et propre à mon avis
Diex sons detroys vous y devis.
Du bien avez les deus foys sis
Qu'en voit bien et quant adevine
Ci après tous les vous descris.
Bien soit seur vous, Dame, l'escris
40 Es sains privez souz la cortine.
 De vos biax semblans sanz retraire,
Gente Dame, voudré retraire
Ce que de si qu'en soit retrait.
Car fine amour m'a fait retraire
A vous servir, car tant à traire
I a de biens, pour ce atrait
Les retrairai car nul mal trait
Ne sai por dire du contraire.
Ne croy de nul soit ja pourtrait
50 Vo gentil façon ni estrait
S'amors de lui nel' fait estraire,
N'ai en ce faisant, ne mal trait.
 Tant avez parfaite figure
Que nature qui tout figure,

Tele ne sauroit figurer :
De biax membres sanz affaiture
Et d'autres biax biens de faiture
Sur vaus sunt sanz affaiturer.
Bien se sot nature enfourmer
60 De vous quant si vous vout former,
N'i oublia droite mesure,
Si bel vous sot amesurer
Qui vous soit se veut mesurer
A vous amer sanz desmesure.

Poissance douse biens a mis,
Nature en vous por fins amis
Conforter de desir d'amie
Tous contraires ci les devis,
De tel corps croy pou soit devis,
70 A Dieu pri jà jour ne demie
Troys d'un, troys d'el par la mestrie
De nature qui vous mestrie,
Formé vous a mout estris.
Dire le veul que que detrie
S'amors par grace le m'otrie,
Coument qu'en face lonc destris.

Trois lons, trois cours.

Lonc nez, lons bras et lonc corsage
A moult bien mesurez cest sage,
Et qui la voit le doit savoir :
80 Courtes tettes a d'eritage
Courtes fesses, ce dist le sage,
Selonc le corps com poet véoir,
Cours talons a au dire voir

Au marchier et à l'asséoir
Les voit ou il pert qu'ele nage,
Quant levere va main et soir,
N'est hom qui ne devroit voloir
A li amer de vrai corage.

Trois blancs, trois noirs.

Blanche plus que noif et charneure,
90 Blanc le blanc des iex sanz parsure,
Le contraire nulz n'i verroit,
En bouche à blanche dentéure :
Noirs sourcis, noire paupiéure
Aussi noirs poinis avoir doit ;
Et quant toutes ces choses doit
Nature pas en vain n'ouvroit
Quant fourmoit tele créature,
N'est cuers si tristes si la voit
Qu'en joie tost mué ne soit
100 Diex li doint très bonne avanture.

Trois gros, trois gresles.

Gros entr'eul a en son devis,
Grosses quisses à mon avis,
Grosse coume emprez qui bien l'avise,
Grelle corps bien a fait bien apris ;
Grelletes deuz assez petites,
Vermeilles a droite devise
Grelles doir, mainz de bon assise
Reploiant quant li plaist la guise,
Aussi sont les dois drois traitis.
110 C'est la façons c'aucuns moult prise,

Se telle Dame est d'amours prise
Miex en devroit valoir ses pris.

Trois gras, trois traitis.

Gras corsage a ma Dame à point.
Grasse corge qui moult m'espoint,
Quant plus la voy plus m'en despointe,
Gras membres, tiex ne voit-on point,
Traitis iex qui sovent m'ont point,
Au cuer dedenz einsi l'apointe,
Traitice descendue a jointe
120 Du col sus l'espaule l'enpointe
De parfaite façon Diex doint
Que soie à celle Dame acointe,
Traitices mains tant sage et cointe
Qu'à nul ne seroit mescoint.

Trois molz et trois durs.

Moles mains plus que d'alun gant,
Ne plus molz genous dusqu'à gant
Je croy ne porroit-on trouver :
Mol ventre et apoint reboutant,
Durs chevex blons, col reploiant,
130 Dures fesses sanz mal amer,
Dures testes com un piler :
Hé ! tel cors doit-on bien amer
Quant un pou la vois remirant,
Joie en mon cuer fait demourer,
Tout mon corps fait enamourer,
Tous sa merci desirant.

Trois larges, trois jointis.

    Large entrucal et large poitrine,
    Larges hanches près de l'eschine,
    Et sa gointise dentéure,
140 Jointis guichet, blanche boutine,
    Jointis arceus riens n'i devine;
    Qui voit le pié je di droiture,
    Tant par est de douce aléure :
    Il pert qu'elle voit s'ambléure
    Et tant par douce definine,
    Qu'en tous ses fais si s'amesure
    Et son parler si bel mesure
    Quiconques l'ot bien li destine.

Trois votis, trois fosseleus.

    Votis col bel et votis rains,
150 Votis piez a et néentmains,
    Elle au l'aisseles foisselues,
    Fonceleus menton, crespés crains,
    Vis coulouré ne trop hautains,
    Tous jours les verroit-on itex,
    Focelex jointes les parex,
    Onques ne vi si desireus :
    Ainsi c'est drois quant voy ses mains
    S'en pitié d'umble cuer pitex
    Regardoit ce poivre hontez
160 Pas ne craindroit faye frans de vilains.

Trois haus, trois bas.

    Haut front moien, haute foncelle

Onques ne vi telle fors celle,
Et ensivant haute boudine,
Basse en jointée Damoiselle
En tout le mont n'est mie telle
Ne de si parfaite doctrine :
Basse risée à tous encline,
De tous vices très pure et fine,
Bas escarnus trop ne revelle
170 Son parler en male couvine,
En li auroit bonne voisine
De qui elle auroit sa querelle.

Trois grans, trois petits.

Grande verche et avec grant front,
Grans iex et gros à loer front,
Petites oreilles c'est drois,
Petite bouche, neu lonc,
Plusor qui tesmoingnié le m'ont,
Et quant belle est en tous endrois,
Et son corsage est à point drois,
180 Petiz piez rons comme une nois,
La pieare au passer pas ne font ;
Einsi va elle toute foys,
Se pas n'est contesse de Foys,
Si n'a il si belle en cest mont.

Trois simples, trois dangereus.

Simple regars, très douce chiere,
Simple en parler et non pas fiere,
Onques ne vi en li fierté,
Seur toutes a simple maniere ;

Elle est de toute honnour mainiere :
190 Ceste grace a elle aquesté,
Dangereusement regardé,
A dangereusement donné
Response qui qui le requiert
Dangereusement otroié,
De ce la où pou mestroié,
Tant est en tous ses fais entiere.

Trois sanguins, trois poursuivans.

Sanguin par mesure viaire,
Sangins levres de bon affaire,
Sangins ongles tiex n'esgardai,
200 Poursuivans membres sans refaire,
De ce doit-on avoir affaire ?
Poursivant corps defui le say,
En meintes dont veoir joie ay,
Poursivant contenance et gay,
Viaire pour amant atraire,
Bien se par moy ne retreray
Ses honnours que qui metray
En dire ce qui me poet plaire.

Trois avant et trois arrier.

Avant paz et au droit port porte,
210 Avant pas qui miex se deporte,
Nule n'est de si biau deport,
Arriere haut front de tel sorte,
Onques ne vi et ce m'en orte
De lui loer a grant effort,
Arriere chief trousse dacort

Denature a laz ce m'amort,
Diex me consente ja soit morte;
Arriere espaules outre bort
N'a arrivé est à bon port
220   Cil qui la seue amor emporte.

Michiau del Evesque portier
D'Aucerre tant de biau portier,
Vous vi moy priant que portasse
Vos mos esquiez me deportasse
A les rimer moy deportant;
Rimez les ay dont deportant,
Onques n'oy si les vous aport,
Si seroie arrivé à port.
Bon, se bien fait le vous portoie,
230   Afin qu'aucuns en deport oye:
Se cil en bien fais se deporte
Qui ces vers vous fist raporte
De par Bertaut de Chateillon,
Sergant le Roy et compaignon,
A tous bons fendus compaignons
Qui ensamble vous compaignons.

EXPLICIT LES DIVISIONS DE 72 BIAUTÉS QUI SONT EN DAMES.

DE MARCO ET DE SALEMONS.

1   Mortalitez et guerre
    Est escil de terre
    Et destruiemenz,
        Ce dist Salemons.

2   De putain sourt max
    Et ires mortax,
    Et peril de gent,
        Marcoul li respont.

3   Tençons et envie
    Départ conpaignie
    De feax amis,
        Ce dist Salemons.

4   Engens di putain
    Font parens prochains
    Mortiex anemis,
        Marcoul li respont.

5   Jà tant n'en iert vins,
    Que jà li molins
    Mialx en tort ne muelle:
        Ce dist Salemons.

6   Jà tant ne seroiz
    Por putain destroiz,

Que miax vos en vuelle;
  Marcoul li respont.

7   La pute et li sers
    Font tot en travers
    En dit et en oevre;
      Ce dist Salemons.

8   Or font bele chiere,
    Traïssent derriere,
    Lor corage cuevre,
      Marcoul li respont.

9   Sers de pute orine,
    Coistrons de cuisine
    Font moult à doter,
      Ce dist Salemons.

10 Pute en cort norie
    N'est en abaïe
    Legiere à entrer,
      Marcoul li respont.

11 Moult fait fole chace (1)
    Cil qui porsuit trace
    De cointe gorpille,
      Ce dist Salemons.

12 Maint pas fait en vain
    Qui trace putain,
    Tant ele gandille,
      Marcoul li respont.

(1) *Al.*   Sovent se trestorne
        Et fet petit orne
        Qui porsuit gorpille,
          Ce dist Salemons.

13 Perier mal gardez
    Est sovent crollez
    Con il a que prendre,
        Ce dist Salemons.

14 Tant vous prisera
    Pute que saura
    Que aurez que tendre,
        Marcoul li respont.

15 Cheval sejornez
    A poinne est ferrez
    Qui mort et recane,
        Ce dist Salemons.

16 Moult a bone main
    Qui porroit putain
    Fere preude feme,
        Marcoul li respont.

17 Ce sachiez vos bien,
    Coustume est à chien
    De mengier charoigne,
        Ce dist Salemons.

18 Je pig bien en main
    Qui maintient putain,
    Jà n'iert sanz vergoigne,
        Marcoul li respont.

19 Maigre char prenez,
    Jà n'i troverez
    Graisse ne saïn.
        Ce dist Salemons.

20   Putain blandissiez
      Et la chierrissiez,
      Jà n'i metré fin,
         Marcoul li respont.

21   Gitiez au plunjon
      O pierre, o baston,
      Et il plus se moille,
         Ce dist Salemons.

22   Donez à putain
      Et hui et demain,
      Tant plus vos despoille,
         Marcoul li respont.

23   Bués mal ivernez
      En mars est lassez,
      Si chiet en la roie,
         Ce dist Salemons.

24   Pute bien vestue
      Se demostre en rue
      Por ce qu'en la voie,
         Marcoul li respont.

25   Là tent-en la glu
      O l'en a véu
      Repaire d'oisiax,
         Ce dist Salemons.

26   Pute cerche foire
      Quant ele i espoire
      Planté de bordiax,
         Marcoul li respont.

27   Qui voit le solel
     Au matin vermel,
     Si atende pluie,
        Ce dist Salemons.

28   Pute à bele chiere
     Es taverne est chiere,
     Puis après anuie,
        Marcoul li respont.

29   Jà nus useriers
     N'aura tant deniers
     Con ses cuers voldroit,
        Ce dist Salemons.

30   La pute en sa vie
     N'iert tant replenie
     Que plus ne covoit,
        Marcoul li respont.

31   Jà par sairement
     C'on n'i pert noient
     Mar querrez vilain,
        Ce dist Salemons.

32   Bien let sa nature
     Con ele plus jure
     Qui mains croit putain,
        Marcoul li respont.

33   Chargiez à jument
     Ou plunc, o argent,
     Hei ne chault loquel,
        Ce dist Salemons.

34 Pute ne tient conte
Qui sor son cul monte,
Tuit li sont ignel,
   Marcoul li respont.

35 Ne vos chault semer
Au sablon de mer,
Jà n'i croistra grain,
   Ce dist Salemons.

36 Bien pert la raison
Qui vialt par sermon
Chastoier putain,
   Marcoul li respont.

37 Loez lo poon,
Si fait à bandon
Sa queue parroir,
   Ce dist Salemons.

38 Pute se demonstre
En rue et se monstre
Por loenge avoir,
   Marcoul li respont.

39 Li Ostors muiers
Est plus soveniers
Que n'est li sors,
   Ce dist Salemons.

40 Con plus est en voie
Plus sovent prent proie
Pute o lou gent cors,
   Marcoul li respont.

41 Li faucons sorsis
    Est auques ordis
    Au premerain jor,
        Ce dist Salemons.

42 Moult est deferrée
    Pute mal gardée
    Quant ele a loisor,
        Marcoul li respont.

43 Gerfaulx n'espervier
    N'est mie legier
    A faire privé,
        Ce dist Salemons.

44 Pute de mal aire
    Ne se set atrere
    A nule bonté,
        Marcoul li respont.

45 Norrissiez l'ostor,
    Si l'auroiz mellor
    Por bien rivoier,
        Ce dist Salemons.

46 Putain destraingniez
    Et soz piez tenez
    Si vos aura chier,
        Marcoul li respont.

47 De loing cort au vent
    Li chiens quant il sent
    O perdriz ou caille,
        Ce dist Salemons.

48   De loing aperçoit
      Pute de cui doit
      Traire la maaille,
        Marcoul li respont.

49   Li cras porcelet
      Ne quiert pas lou net,
      Ainz quiert la palu,
        Ce dist Salemons.

50   A putain ne chaut
      Qui argent li baut
      Mès tost ait f..tu.
        Marcoul li respont.

51   Li petiz pouparz
      Fet moult large parz
      De son pain au chien,
        Ce dist Salemons.

52   Bien vos entendra
      Pute, quant orra
      Que vos diroiz tien,
        Marcoul li respont.

53   Fol est, ce m'est vis,
      Qui les charbons vis
      Respont en son seing,
        Ce dist Salemons.

54   A droit gist en paille
      Qui son avoir baille
      En main de putain,
        Marcoul li respont.

55 Chevax enselez
    Est bien aprestez
    De faire son oirre,
        Ce dist Salemons.

56 Pute bien corbée
    Est bien aprestée
    De f..tre et de poirre,
        Marcoul li respont.

57 A droit pert s'onor
    Qui a trahitor
    Otroie baillie,
        Ce dist Salemons.

58 Qui met à putain
    Ses biens entre main
    A bon droit mendie,
        Marcoul li respont.

59 Qui en sa meson
    Atret lou larron,
    Domage i reçoit,
        Ce dist Salemons.

60 Qui putain anore
    En la fin en plore
    Quant il s'aperçoit,
        Marcoul li respont.

61 Quant lo chat est bel
    Et luisant la pel,
    Lors asauvagist,
        Ce dist Salemons.

62 Cherissiez putain,
Donc soiez certain
Qu'ele vos guerpist,
   Marcoul li respont.

63 Moult sot de la muse
Qui vout fere escluse
Por retenir Loire,
   Ce dist Salemons.

64 Pute communaus
Et fols naturaus
Ne font pas à croire,
   Marcoul li respont.

65 Et la chenillete
Menjue l'erbete,
La fueille du chol,
   Ce dist Salemons.

66 La pute se vest
Et conroie et pest
De l'avoir au fol,
   Marcoul li respont.

67 Quant chevrel est nez,
De voir le savez,
Il a le col blanc,
   Ce dist Salemons.

68 Quant gars dist, tenez,
Pute dist, venez
Seoir en cest banc,
   Marcoul li respont.

69   Qui langor aura,
     Moult liez en sera
     Se vis en eschape,
        Ce dist Salemons.

70   Qui putain croira,
     Ne li remainra
     Ne cote ne chape,
        Marcoul li respont.

71   Li petit poucin
     Sont bon en saïn
     Atorné au poivre,
        Ce dist Salemons.

72   Quant pute n'a vin,
     Art quiert et engin
     Comment ait à boivre,
        Marcoul li respont.

73   Li singes est lais
     Et moult contrefais,
     S'a le cul pelé,
        Ce dist Salemons.

74   Diex ne fist contrait
     Qui por argent n'ait
     De putain son gré,
        Marcoul li respont.

75   Bien set li putois
     Son recet où bois
     Où il doit garir,
        Ce dist Salemons.

76 Pute a les dois crois,
   Tout veut prendre à chois
   Quanques voit tenir,
      Marcoul li respont.

77 Tels chace le dain
   Par bois et par plain
   Qui puis le pert tout,
      Ce dist Salemons.

78 Tels vest la putain
   Et pest de son pain
   C'uns autres la f...
      Marcoul li respont.

79 La poire méure,
   Vaut miex que la dure,
   Ce savez vos bien,
      Ce dist Salemons.

80 Pute a tel nature,
   De garçon n'a cure
   Puis que il n'a rien,
      Marcoul li respont.

81 Roinsce acroche gent
   Et poile souvent
   Brebis et mouton,
      Ce dist Salemons.

82 Pute proie et prent
   Tant comme ele sent
   Riens en son garçon,
      Marcoul li respont.

83 Le coc où fumier
    Grate le paillier
    Por trover le grain,
        Ce dist Salemons.

84 Pute a bon mestier
    De borse vuidier
    A cul de vilain,
        Marcoul li respont.

85 Se n'estoit li chas
    Moult iroit li ras
    Souvent au bacon,
        Ce dist Salemons.

86 Pute o ses blans bras
    De son c.. fet las
    Por prendre bricon,
        Marcoul li respont.

87 Li buès au vilain
    Gaaingne le pain
    Dont li siecles vit,
        Ce dist Salemons.

88 Bien se lasse en vain
    Qui cuide putain
    Tuer à son v..
        Marcoul li respont.

89 Riens ne vaut aillée,
    S'ele n'est broiée
    Et fort pestelée,
        Ce dist Salemons.

90   La pute est perdue
     S'el n'est bien batue
     Et souvent foulée,
         Marcoul li respont.

91   Meson esventée
         Est tost alumée
         Quant li feus i prent,
             Ce dist Salemons.

92   La pute tifée
         Est tost enversée
         Quant el voit l'argent,
             Marcoul li respont.

93   Conins se repont
         En terre parfont
         Que il ne soit pris,
             Ce dist Salemons.

94   Pute poile tant
         Garçon en riant
         Que il est chelis,
             Marcoul li respont.

95   Anguille peschie
         N'ert jà empoignie
         Tant fort se demaine,
             Ce dist Salemons.

96   Pute vezie
         N'ert jà engingnie,
         Fols est qui s'en paine,
             Marcoul li respont.

97 A molt grans tropiaus
Vont les estorniaus
Que uns seus n'en chiet,
    Ce dist Salemons.

98 Pute tient convent
A vint ou à cent,
Encore en aquiet,
    Marcoul li respont.

99 Li liepars est fiers,
A prendre maniers
Et li lyons plus,
    Ce dist Salemons.

100 Putain embraciez
Ele dist, fuiez,
Ainsi l'ont en us,
    Marcoul li respont.

101 Asne avez véu
Lessier fain menu
Por rungier chardon,
    Ce dist Salemons.

102 Pute avez véu
Lessier son b●●dru
Por mauvais garçon,
    Marcoul li respont.

103 Moult est biaus estez
Et la flor es prez
Dont il i a tant,
    Ce dist Salemons.

104   Se putain créez,
       Quanques vous avez
       Prendra en riant,
          Marcoul li respont.

105   Jà ne parra trace
       Que culuevre face
       Desus pierre bise,
          Ce dist Salemons.

106   La pute privée
       N'est prise provée
       S'en f..tant n'est prise,
          Marcoul li respont.

107   A bouche de four
       A si grant chalour
       Ja n'i croistra herbe,
          Ce dist Salemons.

108   Ja cul de putain
       Au soir ne au main
       Ne sera sans merde,
          Marcoul li respont.

109   Qui vilain blandist
       Et souef norrist,
       Adonc l'a pior,
          Ce dist Salemons.

110   Qui putain honist
       Et bat et laidist,
       Adonc l'a meillor,
          Marcoul li respont.

111   Gars taste à sa borse
      Se trueve piau d'orse,
      N'a mès que doner,
        Ce dist Salemons.

112   Quant la pute l'ot
      Son c.. li reclot,
      V.. n'i puet entrer,
        Marcoul li respont:

113   Qui prise les dez,
      Fols est et dervez,
      Qar tost en est nus,
        Ce dist Salemons.

114   Qui putain maintient,
      Toz maus l'en avient,
      Tost est confondus,
        Marcoul li respont.

115   Li mules où pré
      A mavais soustré,
      Et sont de porri fain,
        Ce dist Salemons.

116   Souz bel vestement
      Ort cul et pu..
      De bele putain,
        Marcoul li respont.

117   Feus en brueroy
      Art environ soy
      Quanques il ataint,
        Ce dist Salemons.

118 Pute ment sa foy,
Ne li chaut por coy,
Mais qu'ele gaaint,
 Marcoul li respont.

119 Fox est qui conmande
Au lous en la lande
Garder ses agniax,
 Ce dist Salemons.

120 Pute si demande
Au musart viande
Sovent et drapiax,
 Marcoul li respont.

121 Cerf va cele part
Où il set l'essart,
Si paist volentiers,
 Ce dist Salemons.

122 Pute de male art
Set bien de musart
Traire les deniers,
 Marcoul li respont.

123 Dex ne fist poisson
Qui sont de l'iave lo...
Qu'à longues puist vivre,
 Ce dist Salemons.

124 Putain et garçon
Boivent à tençon
Tant que il sont yvre,
 Marcoul li respont.

125   Moult a li faisans
      Les plumes luisans
      Et les iex bien fais,
        Ce dist Salemons.

126   Pute a bele guimple
      Et la chiere simple,
      Mais li cus est lais,
        Marcoul li respont.

127   Grenoulle en marais
      Est en son defois
      Tant con l'eve est bone,
        Ce dist Salemons.

128   Pute prend manois
      De tant est sordois
      Cilz qui plus li done,
        Marcoul li respont.

129   Qui veut mesurer
      Les goutes de mer,
      Molt est plain de rage,
        Ce dist Salemons.

130   Qui tient en sa main
      La foy de p...n,
      Molt a malvais gage,
        Marcoul li respont.

131   Qui se sent forfait
      Fol est s'il en plait
      Entre sans aïe,
        Ce dist Salemons.

132 Qui va vuide mains
   Deprier putains,
   Il fet grant folie,
     Marcoul li respont.

133 Li chien aime bien
   Cil qui li dist, tien,
   Et non autrement,
     Ce dist Salemons.

134 Quant on dit, tenez,
   Putain dit, venez,
   Tout à voz commant,
     Marcoul li respont.

135 La truie enserrée
   Est tantost levée
   Si lui vient pasture,
     Ce dist Salemons.

136 La putain qu'on f...
   I prent autre gout
   Se l'argent ne dure,
     Marcoul li respont.

   De blanche levriere
   Grant saut en bruyere,
     Ce dist Salemons.

   De grosse lodiere
   Grant vesse pleniere,
     Respont lui Marcon.

Delez grant val grant mont,
Ce dist Salemons.

Delez grant cul grant c..,
Marcoul li respont.

EXPLICIT MARCOUL ET SALOMON
QUI NE VAUT PAS UN GRANT ETRON.

VOIAGE D'OULTRE MER

DU COMTE DE PONTIEU.

En tans passé ot un Conte en Pontiu moult amant le siecle. En ce meisme tans enclina le Conte de Saint Pol ; n'avoit nul oir de se car, mais il avoit une sereur qui Dame fu de Doumart en Pontiu. Cele Dame si avoit un fil, Tiebaus avoit à non ; oirs fu de le Conté de Saint Pol, mais povres bacelers estoit tant con ses oncles vesqui. Li Quens de Pontiu avoit feme moult boine dame, en cele dame eut une fille. Cele fille cruit et monteplia en moult grant bien et eut bien xvi. ans d'âge, mals dedens le tierc en q'ele fu née, se mere morut, et li Quens se remaria tant tost, en pau de termine s'eut un fil, et il cruit et monteplia en bien. Li Quens dit monsengneur Tiebaut et si l'apela de se maisnie, et quant il l'ot de sa maisnie, si monteplia li Quens de Pontiu en moult grant bien. Au repair d'un tournoiement apiela li Quens monsengneur Tiebaut si li demanda : Tiebaut, qel joel de ma tere ameriés-vous le mex ? Sire, fait Tiebaut, je sui uns povres bacelers, mais de tous les joiaus de vostre terre je n'ameroie tant nul con damoiselle vostre fille. Li Quens fu liés et dist: Tiebaut, je le vous donrai s'ele vous veut. Li Quens vint là où li damoiselle estoit, et dist : Fille, vous estes mariée s'en vous ne remaint. Sire, fait-elle, à cui?

Fille, fait-il, en men bon chevalier Tiebaut de Domart. A ! sire, fait-elle, se vostre Contés estoit Roiaumes et à moi deust rois venir, si me tenroie-jo à moult bien mariée en lui. Fille, fait-il, benois soit vostre cuers. Li mariages fu fais. Li Quens de Pontiu et cil de Saint Pol i furent, et maint autre preudome. A grant joie furent asamblé et à grant deduit vesquirent bien cinc ans ensamble, mais ne plut à Diu qu'il eusent nul oir, dont moult pesa à cascun. Une nuit jut me sire Tiebaut en sen lit, et pensa, Diu ! dont vient ço que j'aim tant ceste dame et ele mi, et ne poons avoir oir dont Dix soit servis et au siecle bien fais? Il pensa de monsengneur Saint Jake qu'il dona as vrais requerans ço qu'il li demandoient et promist sa voie. La dame se dormoit : quant ele fu esvellie, il le tint entre ses bras et requist un don. Sire, fait-elle, qel? Dame, fait-il, est-ce seurtés que jo l'araï? Sire, faites l'oir qes qu'il soit, se je döner le puis, je le vous donrai. Dame, fait-il, congié d'aler à monsengneur Saint Jake et prierai mon boin sengneur qu'il nos doinst oir dont Dix soit servis et sainte Eglise onerée. Sire, fait-ele, cis dons est moult courtois, et je le vous otroi. Moult furent en grant joie. Trespasa un jour et autre et tierc et jurent ensi en leur lit. Une nuit la dame li dist : Sire, je vous requier que vous me donés. Dame, fait-il, demandés, je vous donrai se je doner vous puis. Sire, fait-elle, congié d'aler avoec vous en ce voieage. Quant mesires Tiebaut l'oï, si fu moult dolans et dist : Griés cose seroit à vostre oeus; et elle li dist : Sire, n'en doutés mie que dou meneur Esquier que vous avés serés vous plus enblaés que de moi. Dame, fait-il, jel' vous otroi. Jors vint et noviele corut, et tant que li Qens de Pontiu le seut et manda monsengneur Tiebaut et li dist : Tiebaut, vous estes li pelerins voés, ce me dist-on, et me fille. Sire, fait-il, c'est voirs. Tiebaut, fait-il, de vous m'est bel et de li me poise. Sire, fait-il, je ne li peut escondire. Tiebaut, fait-il, movès quant vous volés et hastés vous : palefrois et roncis et somiers je vous liverrai asés et autre avoir. Sire, fait-il, grant mercis. Il s'aparelle et muet à moult grant joie, et va tant qu'il aproce monsengneur Saint Jake à mains de deus jornées. Une nuit jut en une boine ville. Au soir apella l'oste et demanda li de la voie dou demain quele elle seroit, et il li dist : Sire, près de ceste ville averés un peu de forest à paser, après toute jour bele voie. Atant se teurent. Li lit furent aparellié, si vont jesir. El demain fist moult bel. Pelerin se leverent ains qu'il fust jors et fisent noise, et mesires Tiebaut s'esvella et se trova un peu pesant sen sanc, et dist à sen Canbrelenc, lieve te et fai nostre maisnie lever et tourser et aler leur voie, et tu remanras et torseras nostre lit, que je sui un peu pesans et mehaitiés. Cille conmanda et il s'en alerent. Petit demoura après mesire Tiebaut se leva, li valés torsa, et li palefroi furent aparellié, si monterent et n'estoit encore mie jors, mais moult faisoit bel. Il isirent de la ville il troi sains plus de conpagnie fors que de Diu et aprocierent de la forest, et quant il i virent, si troverent deus voies, l'une bone et l'autre mauvaise, et dist au Canbrelenc : Fier des esperons, ataing nostre gent et di qu'il nos atengent : laide cose est à dame de chevaucier par mi forest à pau de conpagnie. Cil s'en va grant aleure, et mesire Tiebaut vint à la forest et trova les deus voies, et ne seut lequel aler, et demanda le, dame, laquele irons-nous? et elle dist : Sire, se Diu plaist, la bone. En la forest avoit larons qui la mibatoient la fause voie pour faire les pelerins desvoier. Mesire Tiebaut descendi et esgarda la voie, et trova la fause voie plus antée et plus large que la boine, et dist: Dame, alons de par Diu cesti. Il entrerent ens et alèrent bien le quart d'une liue. La voie conmença à estrecier et raim furent bas, et il dist : Dame, moi samble que nous n'alons mie bien. Quant il eut ce dit, il vit devant lui quatre hommes armés comme larons sur grans chevaus et cascuns lance en sa main; et quant il les ot veus, il resgarda ariere et en vit autres quatre en autel maniere atornés, et dist : Dame, ne vous effréés de cose que voiés. Il salua les premiers et il se teurent à son salu. Après il leur demanda qu'il pensoient envers lui, et li uns li dist, ce sarés vous jà, et il muet à lui le glaive et le quide ferir parmi le cors, et mesire Tiebaut vit le cop venir, si douta et baisa le cors, et cil fali à lui, mais au trespaser jeta mesire Tiebaut le main deseure le glaive, si le toli au laron, et mut as trois dont cil estoit mus, et en fiert un parmi le cors si l'ocit et il recuevre et muet ariere et fiert celui qui primes estoit mus à lui parmi le cors et l'ocit. Ensi pleut à Diu que des huit ocit les trois, et li cinc l'avironnerent et li ocisent sen palefroi et il caï sans avoir bleceure qui li grevast. Il n'avoit espée ne autre armeure dont il se deffendist. Il li tolirent sa reube dus c'à se cemise et esperons et hoeuses, et prisent le coroie d'une espée et li loierent les mains et les piés, si le geterent en un buison de ronses ; et quant il eurent çou fait, il vinrent à la dame, si li tolirent son palefroi et sa rebe dus çà la cemise, et elle estoit moult bele, et ne pourquant si plouroit-elle moult durement. L'uns des larons l'esgarda et dist : Segneur, j'ai men frere perdu, si voel avoir ceste dame en restor. L'autres dist, ausi ai-jo men cousin germain, autant i clain-jou comme vous et autel dist li tiers et li quars et quins leur dist, segnor, en li retenir n'arons nous mie grant preu, mais menon le en ceste forest et faisons de li nos volentés, puis le remetons à voie et le lasons aler. Ensi le fisent et le remenerent à le voie, et mesire Tiebaut le vist et dist li dame, pour Diu, desliés me, car ces ronses me grievent moult. La dame vit une espée gesir qui fu à un des larons qui ocis fu, si le prist et vint vers monsegneur Tiebaut, si dist : Sire, je vous deliverai. Elle le cuida ferir parmi le cors, et il vit le cop venir, si le duta, et si durement tresali que les mains et li dos li furent desevré, et elle le fiert si q'elle le bleça es bras et copa les coroies, et il senti les mains laskier, et saca à lui et rompi les loiens et sali sus en piés et dist : Dame, se Diu plaist, vous ne me ocirés huimais. Et elle li dist : Certes, sire, ce poise moi. Il li toli l'espée et li mist le main sur l'espaule et l'en remena le voie qu'il estoient venu; et quant il vint à l'entrée, si trova de sa conpagnie partie ù il estoient venu, et quant il le virent nu, se li demanderent, sire, qui vous a ensi atorné? Et il leur dist que larons avoient encontrés ki ensi les avoient atornés, et il en firent grant doel, mais tost furent ratorné, si monterent et alerent leur voie. Cel jor chevaucerent, n'onques à la dame piaour samblant mesire Tiebaut n'en fist. Le nuit il jurent en une boine ville. Mesire Tiebaut demanda à l'oste s'il i avoit maison de relegion ù en peust une dame laissier, et li ostes li dist : Sire, bien vous en est avenu; ci dehors en a une moult religieuse. Cele nuit pasa, lendemain mesire Tiebaut i

ala et s'i oï messe. Après il pria à l'Abeesse que cele
dame li gardast. Elle li otria. Mesire Tiebaut i laisa de
sa maisnie pour li servir, et s'en ala et fist son peleri-
nage et revint par la dame. Bien fist en la maison et
reprist la dame et le ramena en ù païs et à si grant
honeur et à si grant joie com il li avoit menée, fors ke
de gesir en son lit. U revenir en la tere moult fist-on
grant joie de lui. Illi fu li Qens de Pontiu et ses oncles
li Quens de Saint Pol, et li dame fu moult honerée de
dames et de demisseles. Ce jor li Qens de Pontiu menga
avoec monsegneur Tiebaut à s'escuelle. Après le men-
gier il li dist : Tiebaut biaus fix, ki lonc va il voit ; or
me contés aucune aventure que vous avés veue u oï
dire. Et mesire Tiebaut li respondi qu'il n'en savoit
nule aventure conter ; et li Qens autre fois l'en pria, et
il dist : Sire, puis c'au dire vient, je nel' vous dirai mie
en l'oïe de tant de gent. Li Qens se leva et le prist par
le main, et le mena à une part, et mesire Tiebaut li
conta q'ensi estoit avenu un Chevalier et une Dame,
mais il ne noma mie lui. Et li Qens li demanda que li
Chevalier avoit fait de la Dame, et il li dist qu'il l'avoit
remenée, et autel joie et autel honneur con il l'en avoit
menée fors ke de jesir en son lit. Tiebaut autre sens
eut li Chevalier ke jou n'euse, que par le foi que je doi
vous que je l'euse là pendue à le brance d'un arbre par
les treces d'une ronse u de le coroie meisme. Sire, fait
mesire Tiebaut, se ne fust mie la cose si bien creue
comme elle sera quant la Dame meismes le temongnera.
Tiebaut, fait-il, savés qui le Chevalier fu ? Sire, oie
bien. Ki fu-il, fait li Qens ? Sire, fait-il, ce fui-je.
Dont fu-ce ma fille cui ensi avint. Sire, fait-il, voire.
Tiebaut, fait-il, bien en estes vengiés qui ramenée le

m'avés. A le grant ire qu'il avoit il apiéla la Dame et li demanda se voirs estoit que mesire Tiebaut avoit dit, et elle demanda coi? Q'ensi le vousistes ocire. Sire, fait-elle, oïl. Pour que le vousistes-vous faire ? Sire, fait-elle, pour çou q'encore me poise ke je ne le fis. Li Qens laisa ce ester, et la cort de partir ; mais dedens le secont jor vint li Qens a Tue sur le mer et mesire Tiebaut et ses fix, et fist la Dame amener. Li Qens fist un batel aparellier fort et bien portant, se fist la Dame metre ens et s'i fist metre un tonel et fu et poi, et il entrerent tous trois avoec, sans conpaignie d'autre gent, fors des maronniers qui les menerent, et fist li Qens nagier bien deus liues en mer ; et quant il vinrent là, il fist d'un tonel l'un des fons ferir hors, et prist la Dame ki moult ert bele et bien acesmée, si le fist metre où tonel, et fist le fons referir après li et bien repoier, et le bondenel si ratirer ke aue n'i peust entrer, et fist le tonel metre sur le bort de le nef, si le bouta de sen pié en le mer, puis le conmanda au vent et as ondes. Moult en fu mesire Tiebaut dolans et ses frere. Il li kéirent as piés et li prierent pour Diu ke de ce torment le peusent oster. Il ne leur vaut otroier, mais ançois ke li Qens fust à tere repairiés, vint une nés marcéande devers Flandres qui s'en aloit en tere de Sarrasins pour gaangnier, et vinrent le tonel floter, et dist li uns, vés là un tonel wit, se nous l'aviens çaiens, aidier nos poroit. Il l'envoierent pourouec, et mis fu en le nef. Il le resgarderent et vinrent le fons novel repoiet. Il les fonserent et troverent la Dame ens gisant tele come sor l'estaindre, car airs li estoit falis : col gros et vaire enflé et les iex lais. Et quant elle réut l'air, si respira et sospira. Li marcéant furent entor li et l'apelerent; mais ele n'eut pooir de parler. Li airs li revint et eut pooir de parler et parla à aus, et il li demanderent ki elle estoit et ele leur cela verité et dist que par cruel aventure estoit là venue et par grant forfait. Ele manga et but, et desenfla et devint moult bele, s'ele eust tant joie comme ele avoit duel. Tant cru la nés ke ele vint devant Aumarie, et quant il eurent havene pris, galies vinrent encontre aus qui leur demanderent que gens erent, et disent. Marceant somes, il avoient leur conduis des haus homes qu'ils pooient aler en totes parties sauvement. Il misent la Dame sor tere, et furent avoec li, et demanda li un à l'autre qu'il en feroient, et li uns dist qui le venderoient, et li autres dist : Se j'en fuise creus, nos en ferons present au Soudant d'Aumarie, s'en amendera nos afaires. Il s'i asentirent tout et prisent la Dame et l'enmenerent au Soudant ki jouenes hom estoit, et l'en fisent present, et il le reçut moult volentiers, q'ele ert moult bele Dame. Li Soudant demanda qui ele estoit, et il disent : Sire, nos ne savons, mais par tele aventure fu trovée. Moult leur fist de bien, et la Dame cuelli en moult grant amour. Ele fu sur ferme tere, si li revint coulours, et le conmença à convoitier et à amer, et li fist reqere par latiniers q'ele li desist de quel linage ele estoit. Ele nule verité n'en vaut dire. Il pensa bien à çou que il véoit en li qe ele estoit haute feme, et le fist reqere se ele estoit crestienne, et ke se ele voloit sa loi laisier k'il le prenderoit. Ele vit bien que mix li valoit faire par amours que par force, si li manda que ele le feroit. Il l'espousa quant ele fu renoie, et crut en moult grant amour envers li, et petit fu avoec lui quant elle conçut et eut un fil. Elle fu de la conpengnie à la gent et parla et entendi sarrasinois, et petit demoura après que ele eut une fille. Ensi fu bien deus ans et demi avec le Soudant, et entendi sarrasinois et parla moult bien. Or dist ensi ke li Qens estoit en Pontiu et mesire Tiebaut et ses fix. Li Qens fu en moult grief pensée et mesire Tiebaut ne s'osoit remarier, et li fix le Conte pour le doleur qu'il véoit que si ami avoient, ne voloit Chevaliers devenir, et s'estoit bien d'aage q'estre le peust. Un jor li Qens pensa et douta du pecié qu'il avoit fait de se fille. Il traist à l'Archevesque de Roem, si se confessa à lui et prist le Crois, et qant mesire Tiebaut vit ke li Qens ses boins sires estoit croisiés, si se confessa et croisa. Li fix le Conte vit sen pere croisié et monsegneur Tiebaut sen frere qu'il amoit tant, si se croisa. Li Qens ses pere le vit, si l'en pesa et dist: Biaus fix, pour coi estes-vous croisiés? Or remanra la tere wide. Li fix li respondi: Biaus pere, je sui croisiés pour Diu servir et por vous. Li Qens s'aparella et mut et ala s'ent, et mesire Tiebaut et ses fix à grant saveté vinrent en la tere et de cors et d'avoir: fisent leur pelerinage moult saintement en tous les lius ù il furent c'on devoit Diu servir et quant li Qens eut çou fait, il pensa q'encore voloit-il plus faire, si s'adona au service dou Temple un an il et sa conpagnie, et quant ce vint au chief del an, il pensa qu'il voloit viseter sa tere et ses amis. Il envoia à Acre et fist nés aparellier, prist congié à la tere et vint à Acre et entra en mer. A vent moult bien portant issirent du havene d'Acre, mais pau leur dura. Quant il furent en haute mer, si les souprist un vens durs et oribles, si que li maronnier ne seurent qel part il aloient. Cascune eure cuidoient noier, si s'acousirerent ensanble li fix au pere et li niés au neveu. Li troi s'acousirent si fort ensanble c'on ne les pooit departir. Petit eurent alé en tel maniere quant il virent tere et demanderent as maronniers qes tere c'estoit, et il respondirent ke c'estoit tere de Sarrasin, et si l'apeloit-on le tere d'Aumarie, et disent : Sire, qe plaist vous? Et li Qens leur dist : Laisiés corre, de plus cruel mort ne poons-nous morir que de noier. Il vinrent devant Aumarie tot alagen. Galies et batel plaines de Sarrasins leur vinrent encontre, et le prisent et menerent devant le Soudant, si l'en fisent present de tous leurs avoirs. Li Soudant les departi et envoia en ses prisons. Li Qens et ses fix estoient si fort acousu ensanle et acolé, c'on ne les pooit departir, si conmande li Soudant à metre en carte à par aus. La furent une piece à grant meschief, et li fix et li Contes i fu moult malades. Après vingt uns jors que li Soudant fist une grant feste du jor de se naisence. Li Cours fu grande. Après le mengier arcier et Turcople vinrent au Soudant de Aumarie et disent : Sire, nos reqerons no droit. Il demanda coi, et il disent : Sire, un cetif por metre au bersel. Il leur dist : Alés à le cartre, si prendés celui ki mains puet vivre. Il alerent et prisent le Conte et si l'en amenerent, carciet de barbe, vestu de caviaus, menesme d'autre afaire. Li Soudans leur dist : Cis n'avoit mestier de plus vivre; alés, menés l'ent. La Dame qui feme estoit au Soudant, estoit là et se le vit, et li atenri li cuers et dist : Sire, je sai françois, si parleroie à cest povre home se vous plaisoit. Dame, fait-il, oïl moult bien. Ele vint à lui et si li demanda dont il ert et ques homs. Il li respondi : Dame, je sui d'une partie de Franche d'une tere c'on apele Pontiu. De qel gent? Dame, sire et Qens en estoie quant je m'en parti. Quant l'oï, si vint à sen Seigneur et dist : Sire, donnés me cest cetif s'il vous plaist, car il set des eschiés et des tables, si juera devant vous et si nos en aprendera, et je sui auqes seule avoec vous, si me fera conpengnie. Dame, par ma loi saciés moult volentiers. Ele l'envoia en sa cambre. Li cartriers s'en r'ala à la cartre, s'amena monsegneur Tiebaut vestu de chaviaus et de barbe, magre et descarné. Quant la Dame le vit, si dist : Sire, encore parleroie-jo à cestui si vous plaisoit. Dame, par ma loi, oïl volentiers. Ele vint à lui, se li demanda dont il estoit et qes hom : et il li dist : Dame, je sui de la tere au viel et sui Chevaliers et si eut sa fille. Ele revint à sen Seigneur et se li dist : Sire, or me ferés-vous grant bonté se vous me donés cestui, car il set de tous deduis, et ses verrés volentiers juer ensanble. Dame, fait-il, et je le vous doins. El envoia avoeques le premier. Li archers se hasterent et disent : Sire, nos droits trop atarge. On ala à le chartre, si amena-on le fil covert de moult biax keviax sans barbe et si estoit febles qu'il ne se pooit soustenir : et quant la Dame le vit, si en ot pitié et dist : Sire, plaist-vous que je paroil encore à cestui ? Dame, fait-il, oïl bien. Ele vint à lui, si li demanda ques hom il iert et qui il estoit ; et il li dist : Dame, je sui fiex au viel premerain. Quant ele l'oï, si dist à sen Seigneur : Sire, or me ferés-vous grant bonté se vous me donés chestui, car il set d'echiés et de tables et de biax contes asés. Et il dist : Par ma loy, Dame, se cent en i avoit, si les vous donroie-jou volentiers. La Dame l'envoia avoec les deus. On r'ala à la chartre, si on ramena-on un autre. Ele parla à lui, n'en connut mie, livrés fu à son martire. Alains qu'ele onques puet s'en parti et vint en la cambre ù si prisons estoient, et quant il le virent venir, si firent sanblant de lever et ele leur fist signe qu'il se sisent qoi. Ele vint près d'aus et li Qens li demanda : Dame, quant nous ocira-on? Et ele lor dist : Che n'iert mie sitost. Dame, fait-il, ce poise nous, car nous avons si fain que li cuer nous partent. Et ele s'en essi et fist aparellier viande si leur aporta et trencha meisme à sa main, et si douna à chascun un morsel et petit à boire, et quant il orent chou près, si eurent plus fain que devant. Ensi lor douna à mengier par dix fois le jour, et à chascune fois un morsel ou deus. La nuit aaise jurent. Ensi la Dame tous les huit jors les peut et aaisa à chascune fois petit et tant qu'il furent si fort qu'ele leur abandouna viande et boire ausi. Il eurent eskiés et taules et juerent, si furent tot aise. Li Soudant estoit volentiers avoec aus pour veir jouer, et la Dame si sagement se warda devant aus c'onques n'i ot celui qui eust œul ne pensée à li connoistre. Petit demoura après ke li Soudans ot afaire, car uns Soudans qui à lui marcisoit, si li fist sa tere laide; et il pour vengier manda gent. Et quant la Dame le seut, s'en vint en la canbre ù li prisonnier estoient, et il ierent si acoustumé que pour sen aler ne pour sen venir il ne se mouvoient. Ele s'asit en une kaiere devant aus, si les apela et dist : Seigneur, vous m'avés dit de votre afaire une partie; or veu-ge savoir se voirs est che que vous m'avés dit. Vous me desistes ke vous estiés Qens de Pontieu et que cil eut vostre fille, et que cil est vostre fiex. Je sui Sarrasine et sai d'art, si vous di que vous ne fustes onques près de si honteuse mort que vous estes ore, se vous voir ne me dites, et jou sarai bien se vous dirés voir. Vo fille que cil Chevaliers ot espousée, que devint-ele? Dame, fait li Qens, jou cuit qu'ele soit morte. Coument morut-ele, fait la Dame? Dame, fait li Qens, par une oqoison qu'ele deservi. Kele fu l'oquoisons, fait la Dame? Li Qens li conmence à conter le mariage et l'atargement d'oir qu'ele ne pot avoir. Li boins Chevaliers pramist la voie à monsegneur saint Jake : ele li requist d'aler avoec lui et il li otroia et murent et alerent s'ent. Il vinrent à un lieu où il furent sans compaignie, si troverent larrons en une forest. Li boins Chevaliers ne puet mie contre tous, mais il en tua troi : cinc en i demourerent et prisent le bon Chevalier et le desvestirent en sa cemise lui et la Dame. Après il li loierent les piés et les mains et le jeterent en un buison de ronces. Il virent la Dame bele, si le vaut chascuns avoir. A chou s'acorderent ensanble que tout cinc jurent à lui. Et quant il orent ce fait si s'en partirent et ele remest. Li boins Chevaliers le vit et li pria moult doucement : Dame, or me desloiés, si nous en irons. Ele vit une espée qui a un des larrons estoit keue, si le prist et vint vers lui en sanllant de moult grant ire, et li dist : Je vous deslierai. Ele tint l'espée nue et l'en cuida ferir parmi le cors. Par le volenté de Dieu et par le viguer du boin Chevalier, il se tourna chou desous deseure; ele ataint les loiens si les trencha et li blecha les bras. Les mains li lasquierent et il rompi les loiens de ses piés, et sali sus si bleciés con il estoit et di : Dame, se Dieu plaist vous ne m'ocirés hui mais. Et ele li dist : ce poise moi. A fait la Dame, bien sai que voir avés dit, et bien sai pourquoi ele le vaut ocirre. Dame, pourquoi? Pour le grant honte qu'il avoit veu que ele avoit souferte et rechut devant lui. Et quant mesires Tiebaus l'oï, si commencha à plorer

moult tenrement et dist : Elas! ques coupes i avoit ele.
Dame, fait-il, si me voelle Diex delivrer de la prison ù
je sui, jà pour ce pieur sanllant ne l'en eusse fait. Sire,
fait-ele, che ne cuidoit-ele mie adonc. Or me dites,
fait-ele, lequel le cuidiés-vous miex ou vive ou morte?
Dame, font-il, nous ne savons mie lekel, mais bien sai,
fait li Qens, que cruel venjanche en fu prise, et s'il plai-
soit à Dieu, fait la Dame, k'ele fust escapée de cel tour-
ment et vous en poiés noveles oïr, k'en diriés vous?
Dame, fait li Qens, je ne seroie mie si liés d'estre de-
livres de ceste prison et d'avoir autant de terre en cru-
ture que jou oi onques. Dame, fait mesire Tiebaut,
et je ne seroie mie si liés d'avoir le plus bele Dame
du mont et d'avoir le roiaume de France avoec lui.
Chertes, Dame, fait li joules, n'on ne me porroit
douner ne prametre de quoi je fusse si liés. Quant
la Dame oï lor paroles, si li atenri li cuers, et dist, Diex
en soit aourés. Or gardés qu'il n'ait faintise en vos pa-
roles. Et il dirent tout troi à une vois : Dame, non a-il.
La Dame conmencha à plourer moult tenrement. Sire,
or poés vous dont dire ke vous estes mon pere et que
je sui vostre fille; et vous estes mes barons, et vous estes
mes freres. Quant il oïrent chou, si furent moult lié et
si firent sanllant d'umelier vers li, et ele leur deffendi et
dist : Je suis Sarrasine et si vous pri que de cose que
vous aiés oïe nul plus biau sanllant n'en faites, mais
simplement vous maintenez et moi laisiés couvers. Or
vous dirai pour quoi je sui demouree à vous. Li Soudans
mesire en doit aler en une chevaucie et je vous connois
bien, si querrai que vous irés avoec li, et se vous onques
fustes preudoume, monstrés le ore. Atant se taisent et
ele se lieve et vient au Soudant et dist : Sire, li uns de

mes prisons a oï parler de vostre gerre et m'a dit qu'il iroit volentiers avoec vous s'il en avoit l'aiseur. Dame, fait-il, je n'oseroie qu'il ne me fesist fauseté. Sire, fait-ele, seurement le faites, car jou retenrai les deus, et se cil vous meffaisoit, je penderoie ces par les gueles. Dame, fait-il, et jou li livrerai ceval et armes et ce qu'il li convenra. Atant ele s'en retourne en la chanbre et dist : Sire, vous irés avoec le Soudant; et ses freres s'agenoilla et pria pour Dieu, seur, faites que jou voise avoec. Non ferés, fait-ele, que trop seroit le coze aperte. Li Soudans mut et mesires Tiebaut avoec lui, et vinrent seur leur anemis. Li Soudans li livra canques mestier li estoit. Par le volenté de Dieu et en l'aïe d'autrui, tant fist mesire Tiebaut qu'en pau de tans mist les anemis le Soudant au desous et moult le prist en gré, et repaira vainkiere et amena grant plenté de prisons en sa conpaignie, et vint à la Dame, et dist li Dame : Par ma loy, je me lo de vostre prisonnier, et s'il voloit grant terre prendre, chertes jou li donroie. Et ele li dist : Sire, il ne le feroit mie sans droite loy. Atant se teurent et ele s'atorne et dist : Sire, je sui enchainte, et en enferté sui keue. Et il li dist : Dame, je ne fusse mie si liés pour cruture d'autant de terre que jou ai. Sire, fait-ele, je ne menjai ne ne bus puis ke vous en alastes par saveur, et me dist mes viex prisons que se ge ne sui sus terre de droite nature, morte sui. Dame, fait-il, vostre mort ne voel-jou mie, mais desisés seur quel terre vous volés estre, je vous i ferai mener. Sire, fait-ele, moi ne caut seur quel terre chou soit, mais que jou soie hors de cest ille. Li Soudans li fist aparellier une moult bele nef et garnir de vin et de viande. Sire, fait-ele, je menrai men viel prison et le joine, si jueront devant moi aeskiés et as taules, et si menrai mon fil pour moi déduire. Dame, fait-il, et que devenra li tiers prisons? Je voel miex que vous l'enmenés que les autres deus, car il n'est liex ne sor terre ne sor mer, qu'il ne vous deffende se vous en avés mestier. Sire, fait-ele, et jou l'en voel bien mener. La nés fu aparellie et entrerent en mer. Sitost ke li maronnier furent en haute mer, il dirent à la Dame : Nostre vent nous porte droit à Brandis; et ele dist, laisiés aler abandounéement, car jou sai Franchois, si vous conduirai bien partout, et il vinrent en havle à sauveté et monterent sor terre. La Dame leur dist : Seigneur, jou voel que vous recordés les paroles qui dites furent, car encor ai-jou bien pooir du retourner se jou voel. Et il disent : Dame, nous ne desimes coze que nous ne voellons bien tenir. Seigneurs, fait-ele, veschi mon fil. Qu'en ferons-nous, Dame? à grant bien et à grant houneur soit-il venus! Seigneur, fait-ele, j'ai moult tolu au Soudant quant jou li ai tolu mon cors et mon fil, ne plus de ses cozes jou ne li bé à tolir. Ele revint as maronniers à le nef et dist : Retournés et dites le Soudan que jou li ai tolu mon cors et son fil, et jeté de sa prison mon pere et men baron et men frere. Li maronnier furent moult dolant, et alains qu'il puerent retornerent. Li Qens s'aparella et bien ot dequoi par marceans et par Templiers qui volentiers li prestent du leur. Aparellié furent et murent de là et vinrent à Rome. Li Qens vint devant l'Apostole à toute sa conpaignie. Chascuns se confessa à lui, et quant il eut chou oï, si fist moult grant joie des œuvres et du miracle que Diex moustroit à sen tans. Il bautisa l'enfant et ot non de Guilliaume. Après il remist la Dame en droite crestienté et conferma et li et son seigneur en droit mariage, et douna chascun penitance de ses meffais. Après il monterent et vinrent u païs à grant joie où il estoient moult desiré. Moult fist-on grant joie d'aus, et la nés retourna de Brandis et revint en Aumarie et dirent les noveles qui moult despleurent au Soudant. La fille qui demorée estoit mainz l'ama, nepourquant ele crut et devint moult bele. Et li Qens fu en Pontieu et fist de son fil Chevalier : en pau de tans après monteplia en grant bien, mais pau vesqui. A une haute feste li Qens de Pontieu fu, s'i ot un haut home de Normendie c'on apeloit monseigneur Raoul de Praiax. Chis Raous avoit une moult bele fille. Li Qens de Pontieu parla tant qu'il fist le mariage de Guilliaume son neveu et de sa fille, car chis Raoùs n'avoit plus d'oirs. Guilliaume l'espousa et fu sires de Praiax. Moult fu li païs en grant joie, et mesires Tiebaut out par le volenté de Dieu deus fiex de sa fame. Li fiex au Conte morut dont grans deus fu fais, et li Qens de Saint Pol vivoit. Or furent li enfant monsegneur Tiebaut en atente des deus Contés où il parvinrent en le fin. La boine Dame vesqui en moult grant penitance, et mesires Tiebaut con moult preudom. Ore avint que la fille qui demourée fu avoec le Soudant crut en moult grant biauté et fu apelee la bele Cetive. Uns Turs moult vaillans servoit le Soudant; Malakins de Baudas estoit apelés. Il regarda la bele Damoisele et le couvoita et dist au Soudant : Sire, pour mon service avoir à toujors doi mesme. Malaquin, fait li Soudans ! Quoi? sire, fait-il, se jou l'osoie dire pour le hautece dont jou n'ai mie tant con ele, jou le diroie. Dites seurement, fait li Soudans. Sire, fait-il, la bele Cetive vostre fille. Malaquin, et je le vous donrai volentiers. Il li douna et chil l'espousa et mena en son païs à moult grant joie, et à moult grant houneur, et ensi con verités tesmoingne, de cele fu née la mere au courtois Salehadin.

FIN DU PREMIER VOLUME.

GLOSSAIRE

CONTENANT L'EXPLICATION DES MOTS LES PLUS DIFFICILES
A ENTENDRE, QUI SE TROUVENT DANS CE VOLUME.

A.

A : Avec.
AAGE : Le temps de la vie.
AAISE : Content, avec plaisir.
AAISIER (s') : Passer son temps agréablement, s'amuser.
AATIE, *aatine* : Animosité, querelle.
ABA : Aboiement.
ABANDON : Avec plaisir, sans balancer.
ABELIR : Plaire, être agréable.
ABIT : Demeure, habitation.
ABOIVRE : Abreuver, désaltérer.
ABRIÉVER : Diminuer, abréger ; *l'ore abrieve* : le temps approche.
ABRIVER : Venir promptement ; *abrivé* : empressé, vif.
ACERIN : Perçant, tranchant.
ACERTES : Certainement.
ACESMER : Parer, ajuster.
ACHIÉE : Douleur.
ACHIER : Hacher.
ACHOISON : Occasion, sujet, motif.
ACLINER : Être couché, reposer.
ACOINTE : Familier.
ACOINTIER : Faire société, se lier d'amitié ; *acointié* : informé, instruit.
ACOISIÉ : Calmé, adouci.
ACONSIRENT, ACONSIRERENT : Se joignirent, s'embrassèrent.
ACONSU : Joint, lié, embrassé.
ACONTE : Action, acte.
ACONTER : Narrer, raconter, compter.
ACORER : Arracher le cœur, les entrailles.
ACORT : Accourt.
ACOUPIR : Cocufier.
ACRÉANTER : Promettre, assurer.
ACROIRE : Prêter ; en imposer.
ACUEILLE, *acuet sa voie* : Il se met en chemin.
ADEMET (s') : Se comporte, se tient bien.
ADÈS : Toujours.
ADESER : Toucher, joindre ; *adoist* : qu'il touche, qu'il approche.
ADOLÉ : Triste, affligé.
ADONC, *adonques* : Alors.
ADOUBER : Armer des armes et vêtemens de chevalier.
ADRECHIE : Dirigée.
ADROIT : Directement, avec justesse.

Aé. Voyez Aage.

Aengler : Tenir, serrer dans un coin.

Aerdre : Saisir, enlever ; *aers :* pris, saisi avec force.

Aessent (s') : se divertissent, se réjouissent.

Afaitement : Politesse, parure ; renseignement.

Aferist : Ressemblât, fût conforme.

Affaiture : Flatterie.

Affet : Tu as fait.

Affiert : Il convient.

Afiche : Épingle, agrafe.

Afichier : Assurer, affermir, appuyer, fixer, se confier.

Afier : Promettre, assurer, donner sa foi.

Afoler : Faire enrager, tourmenter, nuire, faire perdre le sens ; blesser, estropier.

Agait : Surprise, piége, embûche.

Agaiter : Épier.

Agreveis : Abattu.

Agroté : Malade.

Agu : Aigu.

Ahernechier : Enharnacher, mettre les harnois aux chevaux.

Ahonteis : Déshonoré.

Ahurter : Heurter, choquer.

Aïde, *aïe :* Aide, secours.

Aillée : Sauce, ragoût où il entre beaucoup d'ail.

Ain, *aing, ains :* J'aime ; *ainme :* il aime ; *aint :* qu'il aime.

Aingin : Art, industrie, subtilité, fourberie.

Ainz : Avant, auparavant, au contraire ; *et qui ainz ainz :* à qui mieux mieux.

Ainz mès : Jusqu'à présent, jamais.

Ainzné : Aîné.

Aïr : Violence, colère.

Aira (n') : N'y aura.

Aire : Lieu, place, état.

Aïrier : Se mettre en colère, se fâcher.

Aisier : Mettre à l'aise, faire du bien ; *aisiez :* gaillard, dispos.

Aisselée : Charge sous le bras, brassée.

Aïst, *aït :* Qu'il aide, qu'il secoure ; *aïue :* qu'il secourre.

Ajornée, *ajornement :* Le matin, le point du jour.

Ajorner : Faire jour.

Alagen : En désordre.

Alainz : Le plus tôt, au plus tôt.

Ale : Elle.

Aléure : Pas, allure ; *grant aléure :* grand train.

Alexandre : Est mis ici pour Quinte-Curce, son historien.

Alez : Fini, mort.

Amain : J'amène.

Amant : Devient meilleur, du verbe *amender.*

Ambléure : Amble, petit pas d'un cheval.

Ame (m') : Mon âme.

Amedens, *amedos, amedui :* les deux, tous deux.

Améement : Avec plaisir.

Ament, du verbe *amender :* Améliorer, profiter.

Amenuisier : Diminuer.

Amer : Aimer.

Amesurer : Donner des formes agréables.

ANT

A MI : Au milieu.
AMONT : Au haut, en haut.
AMOR (s') : Son amour.
AMUENE : Aumône.
AN (s') : Si on.
ANCESSERIE : Ancienneté, suite d'aïeux, terme collectif de prédécesseurs.
ANCHE : Pour encre.
ANCHOIS, *ançois* : Plutôt, avant, auparavant, de préférence.
ANCLOT : Prend dans ses filets, trompe.
ANDEUS, *andui* : Les deux, tous deux.
ANE MALART : Mâle du canard.
ANFEZ : Enfant.
ANGARDE : Avant-garde.
ANGIEN, *angin* : Esprit, génie, adresse, finesse.
ANGLON : Coin.
ANGNEL : Agneau.
ANGOISSEUS, *angoissous* : Triste, chagrin, fâché.
ANGOISSIER : Presser vivement, persécuter.
ANGRE : Ange.
ANIOSE : Fâcheuse, désagréable.
ANNEL : Annuel.
ANOI : Ennui, peine.
ANOR : Honneur.
ANORER : Honorer.
ANPRÈS : Après, ensuite.
ANSIMENT : Pareillement.
ANSOR : Oie, oison.
ANTAN : L'an passé.
ANTEFINIER : Antiphonier, livre d'église.
ANTER : Fréquenter.
ANTICER : Exciter, provoquer.
ANTRAVÉURE : Plancher.

AQU

ANUI : Peine, chagrin.
ANUIT : Cette nuit, aujourd'hui.
ANUIT : Il fait nuit.
ANUIT (ne vos) : Que cela ne vous fasse pas de peine.
ANUITIÉE : Toute la nuit.
ANVIER : Envoyer.
ANWIER : Anvers.
ANZ : Dedans.
AORNÉE : Remplie, ici infectée.
AOURER : Adorer.
APANRE, *apenre* : Apprendre.
A PAR AUS : Séparément.
APARAUT (s') : Se prépare, se dispose.
APARELLER : Fournir, donner, apprêter.
APAROILLE (s') : Se pare, s'arrange.
APELÉOR : Demandeur.
APELER : Assigner.
APENDRE : Dépendre, tenir, appartenir.
APENRE : Apprendre.
APENSER : Préméditer, former un dessein.
APERE : Qu'il paroisse.
APERT (en), *apertement* : Ouvertement, à découvert.
APÉS : Calmes, contentes, donnes satisfaction.
APLAIGNIER : Caresser.
APOIÉ : Appuié, posé.
APORT : J'apporte.
APOSTOLE : Le pape.
APRANDRE : Les études.
APRIMER : Approcher.
APROCE : Il approche; *aprocierent* : ils approchèrent.
AQUELT, *aqueut, aquiait* : Il accueille; *aquelt sa voie* : il se met en chemin.

Arai : J'aurai.
Araisnier : Interroger, demander, entretenir.
Araisoner : Sommer, appeler en justice ; questionner, parler raison, adresser la parole.
Araument : Tout de suite, promptement.
Arcier : Archer, soldat.
Arder, *ardoir* : Brûler ; *arse* : brûlée ; *art* : il brûle.
Ardure : Violence.
Arener : Toucher.
Arer : Labourer.
Aresné : Attaché par les rênes.
Arestée (sans) : Sur-le-champ.
Arestéue : Arrêtée.
Ariez : Arrière, derrière.
Arme : Ame.
Arsoir : Hier soir.
Arsure : Brûlure.
Art : Magie, divination.
Artu : Artus, roi de la Grande-Bretagne.
Aronde : Hirondelle.
As : Aux ; avec.
Asaje : Il apprivoise.
Asalt, *asaut* : Il attaque.
Asanse (s') : S'absente, s'enfuie.
Asembler : Épouser.
Aséner : Placer, établir ; *asenez* : arrivé, parvenu.
Asentirent : Ils consentirent.
Aserir : Se faire tard.
Aséur : Certain, assuré.
Aséurer : Garantir, être à l'abri.
Asient (s') : Ils s'asseyent.
Asigiez : Assiégé.
Asis : Assis ; *assise* : posée, placée.

Asoeve : Il apaise, calme.
Asoté : Sot.
Assemblé ; A semblé.
Assener : Adresser.
Astoit : Il étoit.
Atalanter : Avoir pour agréable, faire plaisir.
Atant : Alors, en ce moment.
Atargement : Retard.
Atarger : Retarder, différer.
Atemprer : Accorder.
Atengent : Ils attendent.
Atenrir : Attendrir.
Atillier : Parer, ajuster.
Atiré : Disposé, traité.
Atornement : Parure, ornement.
Atorner : Arranger, disposer, préparer.
A tot : Avec.
Auberz : Haubert, cotte de mailles.
Aubre : Arbre ; *aubrisel* : arbrisseau.
Auctorité : Sentence, discours utile.
Aue : Eau.
Aumans : Le Mans.
Aume : Heaume.
Aumoniere : Bourse, gibecière.
Aumosniere : Charitable.
Auques : Alors, à présent, en ce moment, aussi.
Aurament. Voyez Araument.
Aurillox : Sainte-Palaye pense qu'il signifie le temps qu'il fait.
Aus : Eux.
Ausi : De même.
Aüsse : J'eusse ; *aüssié* : vous eussiez ; *aüst* : qu'il eût.

Aut : Haut, puissant, distingué.

Aut : Qu'il ait ; qu'il aille.

Autel, *autez* : Pareil, semblable.

Autresi, *autresin* : Aussi, également, de la même manière.

Autretant : Autant.

Autretel : Pareillement, de même.

Autrier : L'autre jour.

Aval : A bas, en descendant.

Avaler : Descendre.

Aveigne : Qu'il arrive, qu'il vienne ; *avenist* : qu'il arrivât.

Avenant : Agréable, qui plaît.

Averai : J'aurai.

Averas (r') : Tu rauras.

Avers : Avare.

Aversier : Adversaire, ennemi.

Avertin : Folie, vertige.

Avesprée : Le soir ; *avesprer* : faire nuit.

Aveuc : Avec.

Aviax : Tout ce que l'on souhaite.

Aviens : Nous avions.

Avionés : Ce mot paroît mis ici pour fabuliste, d'*Avienus*, auteur de fables.

Avironer : Environner ; parcourir.

Avision, *avison* : Vision, fantaisie.

Avoec, *avoeques* : Avec.

Avoi : Hélas ! ha ! exclamation.

Avoier : Diriger, mettre dans le chemin.

Awist : Il eût.

Ax : Eux.

B.

Baceler, *bacheler* : Jeune homme, gentilhomme qui n'est pas encore chevalier.

Bacon : Cochon.

Baienne : Brune, noire.

Baille : Palissade, barrière.

Bailler : Prendre, saisir, s'emparer ; donner.

Baillie : Soin, garde, puissance.

Baisant : Baissant ; *baist* : qu'il baise.

Bajasse : Servante, femme de chambre.

Baloiant : Flottant, voltigeant.

Bandon (à) : Sans délai, sans hésiter, à volonté, à plaisir.

Bangne : Baigne.

Bar : Barbot, poisson.

Barat : Tromperie, finesse.

Bareter : Tromper, friponner.

Barge : Esquif, barque.

Bargigner : Marchander.

Barnage : Bagage ; ici, richesse, prix.

Barnesse : Femme de bien, brave femme.

Baron : Mari.

Basme : Baume.

Batel : Bateau.

Baudré : Baudrier.

BAUT : Donne.

BAUT, *bauz*, *baude* : Gai, content, joyeux.

BAUTISA : Il baptisa.

BEALTÉ : Beauté.

BEASSE. Voyez BAJASSE.

BÉER : Désirer, souhaiter.

BEHORDER : Lutter, joûter, passer le temps à se réjouir.

BEL : Agréable ; *il m'est bel* : cela me plait.

BEL, *belement* : Doucement ; *bel covrir* : s'excuser honnêtement.

BENÉIÇON : Bénédiction.

BENÉIE : Bénit, bénisse.

BENÉURÉE : Bienheureuse.

BENOIS, *benoiete* : Béni, bénie.

BER : Fort, vaillant, baron, homme.

BERNAGE : Courage, force.

BERSEL : Captivité, chaine.

BERTODÉ : Tondu inégalement.

BÉS : Bec.

BESAGUE : Hache à deux taillans, outil de charpentier.

BESOIN (aller en) : Vaquer à ses affaires.

BEUBAN : Faste, luxe, magnificence.

BIENVIGNER : Complimenter, saluer.

BLANCHET : Blanc.

BLANDIR : Caresser, cajoller ; d'où

BLANDIZ : Caresses, cajolleries.

BLANJE : Flatterie.

BLEF : Bled.

BLIAUT : Sorte de robe, habillement de dessus.

BLOI, *bloie* : Blond, blonde.

BOBAN : Somptuosité, grand appareil.

BOBERT : Fier, orgueilleux.

BOCHE : Bouche.

BOCHIER : Boucher.

BOCLE : Boucle, agrafe.

BOEN : Bon, plaisir, volonté.

BOIDIE : Ruse, finesse, tromperie.

BOISE : Gros bâton, rondin.

BOISER : Ruser, frauder, tromper.

BOISSON : Buisson.

BON : Bien à propos, volonté, plaisir.

BONDENEL : Bondon.

BORDE : Raillerie, tromperie, sornette.

BORDELE : Bordeaux.

BORS : Loge, petite maison, cabane.

BORSE : Bourse.

BOSCHEL : Bosquet.

BOSCHERON : Bûcheron.

BOSCHIÉE : Fardée, déguisée.

BOT : Action de pousser.

BOTEIS : Bouteille.

BOTER, *bouter* : Mettre, pousser.

BOUDINE : Nombril.

BOULE : Tromperie.

BOUTE-EN-CORROIE : Voleur, filou.

BOZ : Poussé en avant.

BOZON : Sorte de flèche, trait d'arbalête.

BRASE : Bras.

BRAIES : Culottes, hauts-de-chausses.

BRAINE : Brême, poisson.

BRAINT : Il crie.

BRAMES : Cris, pleurs.

BRANC : Sabre, glaive, épée.

BRANCE : Branche.

BRANDIS : Brindes.
BRET : Il crie.
BRIEF : Écrit, lettre, brevet.
BRIÉMENT : En peu de mots.
BRIFAUDER : Manger goulument.
BROAZ : Jus, sauce de viande, bouillie.
BROCE : Petit bois, broussaille, bruyères.
BROIE : Dispute, ou délai.
BRUEROY : Broussaille, bruyère.

BRUIRE : Faire du bruit.
BRUNLÉ : Brûlé.
BU : Buste, corps.
BUÉE : Lessive.
BUEN : Volonté, plaisir, bon.
BUER : Heureusement, bien à propos, pour son bonheur.
BUÈS : Bœuf.
BUFET : Soufflet, tape.
BUI : Je bus.
BUISINER : Sonner de la trompette.

C.

ÇA : Ici.
CAÏ : Tomba.
ÇAIENS : Ici, dans.
CAINE : Joue.
CANBRELENC : Chambellan.
CANQUES : Tout ce que.
CAR : Chair.
CARAUDES : Danses en rond.
CARBONCULE : Sorte de rubis.
CARCIET : Chargé.
CARDOIL : Une des quatre cités du roi Artus, d'où partent presque toutes les aventures des romans.
CARRAGE : Chemin.
CARREL : Pierre.
CARTE : Chartre, prison.
CARTRIER : Geôlier.
CASCUN : Chacun.
CAUT : Il importe.
CAVIAUS : Cheveux.
CAX : Eux, ceux.
CE : Pour se.
CEL : Celui, tel.
CELÉE : Cachette, secret.
CELÉEMENT : En cachette, secrètement.

CELZ : Cheveux.
CEMBEL, *cenbel, cenbiax* : Combat, joute, tournoi ; mais au vers 63 de Hueline, il paroît signifier la lance dont on se servoit dans les tournois.
CENGLE : Sangle.
CENS : Sans.
CEP : Espèce d'entrave dans laquelle on mettoit les pieds du criminel.
CERCHANT : Parcourant, allant de tous côtés.
CERVOISE : Bière.
CESTI : Celle-ci.
CETIF : Captif, prisonnier.
CEVAL : Cheval.
CEZ : Ceux.
CHAHÉURE : Hache.
CHAENNE : Chaîne.
Chaï : Tomba ; *chaïrent* : tombèrent.
CHAIENS : Céans, ici.
CHAILLE (ne vos) : Que cela ne vous inquiète pas.
CHAINSE : Chemise, jupe, veste.

CHAITIS, *chaitive* : Malheureux.

CHALEMELER : Jouer du chalumeau.

CHALOIR (ne te) : Que cela ne t'inquiète pas.

CHALONGE : Tromperie, contestation, empêchement.

CHALONGIER : Réclamer.

CHAMBERIERE : Femme de chambre, suivante.

CHANAP : Vase à boire.

CHANCELA : Glissa, se détourna.

CHANCRE : Goutte, ou crampe.

CHANSE, *chansil*. Voyez CHAINSE.

CHANT : Je chante.

CHANTES : Chantier sur lequel on met les tonneaux.

CHAOIR : Tomber.

CHAPE : Robe qui avoit un chaperon pour mettre sur la tête.

CHAPEL : Couronne, guirlande.

CHAPLE : Combat, bataille, cliquetis des épées en frappant de taille.

CHARAIE : Sort, charme, espèce de sortilége.

CHARLION : Une des quatre cités. Voyez CARDOIL.

CHARRA : Tombera.

CHARRIERE : Chemin de charroi, route.

CHARTEINS : Monnoie de Chartres.

CHASTEL : Château.

CHASTELAIN : Gouverneur d'un bourg, d'un château.

CHASTIER, *chastoier* : Avertir, donner avis, corriger.

CHATEL : Effets mobiliers, gain, profit.

CHAUCES : Bas, chaussures des jambes.

CHAUCIE : Chaussée, grand chemin.

CHAUDUN : Sainte-Palaye l'explique par chaudeau.

CHAUT : Il importe, il se soucie; *ne vos chaut* : ne vous en inquiétez pas.

CHAÜ : Tombé.

CHE : Ce.

CHÉERE : Siége, chaise.

CHENU : Vieillard, qui a les cheveux blancs.

CHÉOIZ, *chéu* : Tombé.

CHESTUI : Celui-ci.

CHEVALERIE : Bravoure, prouesse.

CHEVAUCHIE, *chevaucie* : Compagnie de gens à cheval, voyage, guerre.

CHEVECE, *chevestre* : Licol de monture.

CHEVIR : S'aider, conduire, gouverner.

CHEVOX : Cheveu.

CHIÉE : Qu'il tombe, qu'il arrive.

CHIEF (à) : A bout; *à chief treire* : venir à bout, terminer heureusement; *au chief del an* : à la fin de l'année; *de chief en chief* : d'un bout à l'autre.

CHIERE : Visage, mine, contenance; *faire povre chiere* : faire triste mine.

CHIERTÉ : Amitié.

CHIÉS EN CHIÉS (de) : De pied-en-cap.

CHIET : Il tombe; *chieent* : ils tombent.

CHIEUS : Celui-là.

CHIEZ : Chef, tête.
CHOISIR : Voir, apercevoir.
CHOSER : Gronder, blâmer, quereller.
CHOU : Ce, cela.
CIL : Lisez s'il.
CIL : Celui ; *cil et cist* : l'un et l'autre, celui-ci et celui-là.
CINE : Cygne.
CINE : Fait signe.
CITEUIN : Citoyen.
CITOAL, *citouaudé* : Sorte d'épice, zédoaire, graine aromatique.
CLAIMMER, *clamer* : Demander, réclamer justice, se plaindre, avouer, publier, déclarer ; *clain-jou* : je réclame.
CLAMOR : Plainte.
CLARÉ : Vin blanc, vin clairet.
CLER : Insigne.
CLERC : Savant, instruit ; mais ici, écolier, jeune homme qui étudie.
CLERGIE : Science, savoir.
CLICANT : Pétillant.
CLO : Clou.
CLOFICHIER : Attacher avec des clous.
ÇO : Ce.
COART : Lâche, poltron.
COCELESTRE : P. e. Glocester.
COCHE : Lit, coucher.
COCHIER : Coucher.
COE : Queue.
COÉTÉE (vestéeure) : Je crois que ce mot signifie un habillement garni de fourrure : Sainte-Palaye l'explique par, *qui a une queue.*
COFINEL : Écrin.
ÇOI : Quoi.

COINT, *cointe* : Aimable, gracieux, avisé, prudent, sage, rusé, bien instruit.
COINTEMENT : Adroitement.
COISINE : Cousine.
COITIER : Presser, hâter, aiguillonner.
COLOIER : Affecter certains mouvemens du cou ou de la tête.
COLON : Pigeon.
COLUEVRE : Couleuvre.
COMMANT : Je recommande ; recommandation.
COMMUNAUMENT : Ordinairement, en général.
COMMUNAUS : A tout le monde.
COMPARER : Acheter, payer, récompenser.
COMPLIR : Remplir, compléter.
CON : Comme.
CONBE : Butte, hauteur, lieu escarpé.
CONDUIS : Passeport.
CONDUIT : Chanson, cantique.
CONÉUE : Reconnue.
CONFANON, *confenon* : Bandelette terminée en pointe dont les chevaliers ornoient leurs lances.
CONFERMA : Confirma.
CONFIT : Mort.
CONGÉER : Renvoyer, donner congé.
CONGRIER (se) : S'amasser, s'assembler.
CONIN : Lapin.
CONJOIER : Fêter, recevoir avec joie, avec plaisir.
CONMANDER : Recommander.
CONMIN : Cumin, plante.
CONPAS : Pourtour.

CONQUESTER : Amasser, gagner, profiter.
CONRAER, *conréer, conroier*: Arranger, ajuster, équiper, traiter.
CONROI : Train, appareil, équipage, provision, préparatif, repas.
CONSAUT : Conserve.
CONSEILLER : Consulter, examiner; parler à l'oreille, raconter à voix basse.
CONSÉUE : Attrapée, atteinte.
CONSOIL (à) : En secret.
CONT : Je conte.
CONTALHIÉ : P. e. couvert de blessures.
CONTENEMENT : Contenance, maintien.
CONTENT : Adversaire, du verbe *contendre*: quereller, disputer.
CONTOR : Comte.
CONTRAIRE : Peine, chagrin.
CONTRALIEUX : Querelleur, contrariant.
CONTREMONT : En haut, en montant.
CONTREVAL : En descendant, en bas.
CONTROVE : Fable, conte, mensonge.
CONUI : Je connus.
CONVANS, *convent*: Accord, convention.
CONVENANT : Pacte, convention par écrit ; *avoir en convenant:* promettre.
CONVENIST : Convenoit.
CONVERS : Converti, religieux.
CONVINE : Affaire, arrangement.
CONVOIER : Guide, conducteur.

CONVOIER : Conduire dans la voie, guider.
COP : Coup.
COPA : Coupa.
COPE : Coupe à boire.
COPER : Délivrer.
CORAGE, *coraje*: Cœur, volonté, pensée, esprit, envie, dessein.
CORANZ : Courans, légers.
CORBER : Courber.
CORBOILLE : Corbeille servant à berner les dormeurs.
CORCE : Course.
CORDELES (frères des) : Cordeliers.
CORDUAN : Cuir.
CORE : Courir ; *corent* : ils courent.
CORECIÉ : Courroucé, en colère.
CORECIER : Sainte-Palaye l'explique par tenir un chœur, y figurer.
CORÉE : Entrailles, intestins.
CORGE : Gorge.
CORGIÉE : Fouet de charretier.
CORNILLE : Corneille.
COROIE : Courroie, ceinturon.
CORONE : Couronne; mais ici paroît signifier danse en rond, pour dire faire comme les autres.
COROST : Qu'il fâchât.
COROZ : Courroux, colère.
CORPE : Faute.
CORQUILLE : Coquille.
CORRECIER, *corrocier*: Fâcher, mettre en colère: *corost:* qu'il fâchât.
CORS (lo) : En courant.
CORSAL, *corsiere*: Coureuse, libertine.

CORT : Cour; court; *corte*: courte.
CORT : Il court.
CORTINE : Rideaux, tour de lit.
CORTIUS : Jardin.
CORTOIS : Civil, gracieux, honnête.
CORTOISIE : Politesse, grâce, manières honnêtes, gracieuses.
COS : Coups.
COSE, *coze* : Chose.
COSER : Blâmer, désapprouver.
COSTER : Coûter.
COSTUME : Coutume.
COSUE : Cousue.
COTE : Veste, soubreveste.
COTÉIST (se) : Sainte-Palaye l'explique, se pare. s'ajuste.
COTEL : Couteau; veste, manteau de lit.
ÇOU : Ce, cela.
COUMANT : Je recommande, j'ordonne.
COUMIN. Voyez CONMIN.
COUPE : Faute.
COUS : Mari dont la femme est infidelle.
COUTE : Coussin, couverture.
COUVERS : Inconnue.
COUVERTOR : Couverture.
COUVINT : S'accorda, s'arrangea.
COUVREMENT : Excuses.
COVANT, *coven, covent* : Promesse, engagement, convention.
COVENANT (être) : Tenir sa promesse.
COVENUE : Conduite.
COVERT : Couvert; *covre* : couvre.
COVETISE : Envie, jalousie.

COX. Voyez COUS.
COX : Coups.
CRÉANCE (faire) : Promettre, faire un engagement.
CRÉANT : Promesse, permission.
CRÉANTER : Consentir, promettre, assurer, garantir.
CRÉIRENT : Ils crurent, ils eurent confiance.
CREMIR : Craindre; *crien* : je crains.
CREPON : Croupion.
CRESPERITE : Sorte de pierre précieuse.
CRIÉ : Créé.
CRIENT : Il craint.
CRIMINAUX : Criminel, péché mortel.
CRINE : Chevelure.
CRISTAX : Cristal.
CROICHE : Étable.
CROIRE : Confier.
CROISTRE : Craquer.
CROLLER : Secouer, ébranler.
CROTE : Grotte, caverne.
CRUEX : Cruel, barbare.
CRUEZ : Creux, profond.
CRUIT : Grandit; *crut* : avança.
CUENS : Comte.
CUER : Cœur.
CUETE : Matelas, couverture.
CUEVRE : Couvre, cache.
CUEVRECHIEF : Voile, chapeau, bonnet.
CUI : Qui, que, à qui.
CUIDIER : Penser, imaginer; *au mien cuidier* : à mon avis; *cuit* : je pense.
CUILLIR : Recevoir.
CUIRIE : Cuirasse.
CUISENÇON : Souffrance, douleur cuisante.

D.

Dahaz, *dahez* : Imprécation qui a la même signification que le *væ* des Latins.
Dahez : Malheur, maladie, chagrin.
Damage : Dommage.
Dame-Dex : Seigneur Dieu.
Dan, *danz* : Seigneur.
Dane : Dommage.
Dangier : Obstacle, difficulté, crainte, délai, retard ; *mener dangier* : contrarier, faire de la peine ; *estre en autrui dangier* : dépendre des autres.
Danrée : Objet de peu de valeur, denier.
Dant : Dent ; *dant à dant* : en face, en présence.
Danter : Dompter.
Darien (au) : A la fin, enfin.
De : Est mis quelquefois pour que.
Debareis : En mauvais état.
Debiaux : Plaisirs, suivant Sainte-Palaye.
Debrisié : Rompu, harassé.
Dec'a : D'ici à.
Decement : Tromperie.
Dechoivre, *deçoivre* : Tromper.
De ci al : Jusqu'au ; *de ci qu'an* : Jusqu'en.
Decopé : Découpé.
Dedit, *deduit* : Passe-temps, plaisir, récréation.
Deffaez : Païen.
Deffet : Mort, puni de mort, ou d'être privé de quelque membre.
Defin : Fin.
Defois : Empêchement, défense, lieux défendus.
Defors : Dehors.
Deguerpir : Laisser, quitter.
Déisse : Je dirois.
Del : Du.
Delacer (se) : Se tirer de liens.
Delaier : Retarder, différer.
Deleis, *delez* : A côté, auprès.
Deliter : Se récréer, se délecter.
Deliverai : Je délivrerai ; *deliverra* : il délivrera.
Delivre : Libre, quitte, débarrassé, sans empêchement.
Delivrement : Facilement, sans difficulté, promptement.
Deliz : Plaisirs.
Demanois, *demenois* : Aussitôt, sur-le-champ.
Demanter (se) : Gémir, se plaindre.
Demant-je : Je demande.
Demantre : Tandis que, pendant que.
Demener : Gouverner, tourmenter, conduire ; *demener effroi* : inspirer de la frayeur.
Demesure (à) : Avec excès, outre mesure.
Demie : La moindre chose, rien.

Demisseles : Demoiselles.
Demoiner. Voyez Demener.
Demorance, *demoré*, *demorée :* Retard, délai, attente, séjour.
Demostrance : Signe, manifestation.
Demostrer : Démontrer, faire connoître.
Denrée : Ce qui se donnoit pour un denier.
Departir (se) : Se séparer, s'éloigner, s'en aller.
Depechier, *depecier :* Briser, mettre en pièces.
Deport : Contentement, plaisir ; mais au vers 668, du *Chevalier à l'Espée*, il paroît signifier le contraire.
Deporter : Se divertir, prendre du délassement.
Depute : Méchant, perfide, bas, abject.
Deriers : Derrière.
Derompre : Briser, fracasser ; *deront :* met en pièces.
Derver : Sortir du sens, extravaguer.
Desbareté : Dépouillé.
Descarné : Décharné.
Desci : Jusques.
Desconéu : Oublié.
Descordance : Débat, querelle.
Desdaigne : Mépris.
Desdie : Refuse, contredise.
Desduire : S'amuser, se récréer.
Desduit. Voyez Dedit.
Desenor : Déshonneur.
Desevrer, *dessevrer :* Séparer, diviser, débarrasser.
Desfende : Empêche.
Desfermer : Ouvrir.
Desforeté : Sorti de la forêt.

Desfromenté : Dépourvu de froment.
Desfubler (se) : Se découvrir, se débarrasser, se mettre à son aise.
Deshaitié : Triste, abattu, malade.
Desimes : Nous dîmes.
Desingle : Dépouille.
De si que : Jusqu'à ce que.
Desisés : Dites ; *desist :* qu'il dit ; *desistes :* vous dites.
Deslaier. Voyez Delaier.
Desneuer : Rompre, disloquer.
Desor : Dessus ; *desoz :* dessous, devant.
Desovoir : Tromper.
Despandre : Dépenser ; *en despas :* dépensé.
Despoillier (se) : Se déshabiller.
Despris : Pauvre, déguenillé.
Desraier (se) : Se déranger.
Desraison : Malice, folie.
Desresnier : Se justifier.
Desroi : Dégât, dommage, trouble, confusion, désordre.
Dessevrer : Détacher, séparer.
Destraindre : Tourmenter, réprimer.
Destre : Droite.
Destrecier : Défaire des tresses, détresser.
Destrier : Cheval de main et de bataille.
Destrois : Triste, chagrin, abattu, embarrassé.
Destrois, *destroit :* sollicitation, importunité, embarras, peine, détresse.
Desvez : Fou, hors de sens.
Desviet : Égaré.

Desvoier : Égarer, mettre hors de la voie.
Desvoille : Qu'il refuse.
Detienne : Retienne.
Detirier : Arracher.
Detor : Débiteur.
Detrenchier : Hacher, couper par morceaux, fendre en deux.
Detrier : Retarder, prolonger.
Detuert : Détord, tord.
Deu : Dieu.
Déussient : Qu'ils dussent.
Deut (se) : Se plaint, souffre.
Devenrai : Je deviendrai.
Devices : Délices, richesses, abondance.
Devin : Je devine, j'explique.
Devise : Convention, gré, volonté, avis, plaisir.
Devise (à) : A volonté, à plaisir.
Deviser : Exposer, décrire.
Diaut (s'en) : S'en repent, s'en chagrine.
Diax : Chagrin, deuil.
Die : Dise ; dient : disent.
Dire savoir : Bien parler.
Disent : Ils dirent.
Ditié : Ouvrage, traité, discours, pièce de vers.
Diu, dix : Dieu.
Diva : Dame, exclamation.
Diz : Jour ; toz diz : toujours.
Diz. Voyez Ditié.
Do : Du.
Doble : Petite monnoie de cuivre qui valoit deux deniers.
Doblier : Petite nappe qui se met par-dessus la grande.
Doce : Douce.
Docement : Doucement.

Doçor : Douceur.
Doel : Deuil, chagrin.
Docié : Fin, délié, menu.
Doie : Doive.
Doillanz : Souffrant, harassé.
Doille : Douillet, mou, efféminé.
Doille (se) : Se chagrine, se plaigne.
Doins : Je donne ; doint : qu'il donne, qu'il permette.
Dolent : Souffrent, gémissent.
Doloere : Doloire, instrument de tonnelier.
Domache : Dommage, perte.
Don : Donc, alors ; d'où.
Donans cox : Marteaux au figuré.
Doner : Accorder un don.
Dongié. Voyez Docié.
Dongier. Voyez Dangier.
Donoier : S'amuser, se réjouir, faire l'amour.
Donrai : Je donnerai ; donroiz : vous donnerez.
Dont : D'où.
Donzel : Jeune gentilhomme.
Dor : La quatrième partie du pied géométrique.
Dosnoi (mener). Voyez Donoier.
Dostriner : Instruire, enseigner.
Dotance, dote : Crainte, incertitude, doute.
Doter, douter : Craindre ; doteroiz : vous douterez.
Douloir : Souffrir.
Douteuses : Timides, craintives.
Dox : Le dos.
Dras : Robe, habit, vêtement.

DRECHIE : Dressée, mise.
DREUES : Dreux, ville.
DROITURE : Justice ; *à droiture* : A propos, avec raison.
DRUE : Amie, maîtresse.
DRUERIE : Amour, galanterie.
DUCH : Doux ; *duce* : douce.
DUEL : Chagrin, tristesse, deuil.
DUI : Deux ; *dui et dui* : deux à deux.
DUI : J'ai dû.
DUIT : Instruit, appris.
DUREMENT : Avec excès, bien fort, beaucoup.
DUS : Duc.
DUS C'A : Jusqu'à.
DUSIL : Canal, fontaine, robinet.
DUTER. Voyez DOTER.

E.

É : J'ai.
ÉCOCHE : Écorce.
EFFONDER : Enfoncer, rompre.
EFFORCIER : Augmenter, presser, exciter.
EFFRÉEMENT (mener) : Se fâcher, se mettre en colère, faire du bruit.
EFFRÉER : Épouvanter, fâcher, irriter.
EINÇOIS : Avant, auparavant.
EÏT (m') : Pour *m'aït* : me secoure.
EL : Au, en, dedans ; autre chose ; *s'el* : et il le.
ELME : Heaume.
ELNOL : Arnould, nom d'homme et de saint.
EMBATRE, *enbatre* : Pousser, enfoncer, plonger ; *s'embatre* : se fourrer, entrer.
EMBESA : Ambesas, terme du jeu de trictrac.
EMBLAÉ : Embarrassé.
EMBLER : Voler, enlever de force, ôter.
EMPAIS : En paix.
EMPOIT (ne vos) : Que cela ne vous fasse pas de peine.
EMPRIS : Doué.
EMPRISE : Entreprise.
EN : On ; an.
ENBAREIS : Enfoncé.
ENBRUNCHIER : Couvrir, cacher, baisser.
ENCHAENÉ : Enchaîné.
ENCHARGIER : Charger.
ENCHASSIER : Chasser, renvoyer.
ENCHAUCIER : Poursuivre, presser, serrer.
ENCIENEZ : Enseigné, instruit.
ENCLINER : Saluer, remercier en saluant ; mourir.
ENÇOIS : Volontiers.
ENCOMBRIER : Dommage, perte.
ENCORTINÉ : Tapissé, couvert de tapis.
ENCOSTE : A côté.
ENCUI : Aujourd'hui, avant la fin du jour.
ENDEMENTIERS, *endementre* : Cependant, en ce moment, tandis que.

Endox, *endui* : Les deux, tous deux.
Endroit moi : A mon égard, quant à moi.
Enel : Anneau.
En es lou pas : Aussitôt, sur-le-champ.
Enfançon : Petit enfant.
Enfermeté, *enferté* : Maladie.
Enforesté : Enfoncé dans une forêt.
Enfourmer : Instruire, apprendre.
Engané, *engeneis* : Trompé, dupé.
Engenré : Engendré.
Engignier : Tromper.
Engin, *engens* : Ruse, finesse, détour; instrument de pêche, filet.
Engoisse : Étreinte, oppression.
Engoisseusement : Avec affection.
Engoissex : Exigeant.
Engorllir : Enorgueillir.
Engrant, *engrès* : Empressé, ardent.
Engressier : Aiguillonner, presser.
Enguil : Anguille.
Enhaper : Prendre, empoigner.
Enjaingnier, *enjanner*. Voy. **Engignier**.
Enmenrez : Emmènerez; *enmoinne* : il emmène.
Enmi : Au milieu.
Ennes-le-pas : Sur-le-champ, aussitôt.
Ennoié : Ennuyé.
Ennor, *enor*, *enorance* : honneur.
Enorter : Exhorter, exciter.

Enosse : Ennuyeux, pesant.
Enpané : Ailé, qui a des plumes.
Enpenser : Observer.
Enpraingnie, *enpreigniée* : Enceinte.
Enprendre : Entreprendre.
Enpris : Entrepris, saisi, surpris; auprès.
Enquenuit : Aujourd'hui, avant la nuit.
Enquerir, *enquerre* : demander, s'informer, examiner, rechercher.
Ens : En, dedans, intérieurement.
Ensachier : Mettre dans un sac.
Ensanlle : Ensemble.
Ensement : Ainsi, en même temps, continuellement, pareillement.
Ensengnie : Instruite.
Enserrée : Renfermée.
Ensi, *ensin*, *enssin* : Ainsi.
Ensolucion : Absolution, absoute.
Ensorquetot : En outre, de plus, surtout.
Entaite : Attentive.
Entalanté : Disposé, qui a bonne volonté.
Ente : Injure, outrage.
Entechié, *entochié* : Taché, souillé, sali.
Enterine : Parfaite.
Enterinement : Entièrement.
Entesé : Ajusté.
Entor : Autour.
Entrecor : Sainte-Palaye l'explique par tresse, ou frange.
Entrefroté : Bouché, foulé.
Entrepris : Embarrassé.

ENTRESAIT, *entreset*: en même temps, cependant.
ENTREVENIR : Survenir.
ENTR'OCIOIENT : Se tuoient l'un l'autre.
ENTROPIKE : Hydropique.
ENTRUÉS : Pendant, tandis.
ENUIT : Aujourd'hui.
ENVERS : Renversé, mis sur le dos.
ENVI : Terme du jeu de dés, qui signifie augmenter, enchérir.
ENVIZ : Malgré soi, avec répugnance.
ENVOISIÉ : Gai, joyeux.
ENVOISIER (s') : Se réjouir, s'amuser.
ENZ : En, dedans.
EPUS : Sainte-Palaye l'explique par épines.
ERENT : Ils étoient; *ert* : il sera, il est.
ERITÉ : Héritage.
ERRANT, *erraument* : A l'instant, sur-le-champ, grand train.
ERRE : Marche, diligence.
ERRER : Marcher, aller, agir.
ERSOIR : Hier au soir.
ESBAHI : Étonné, surpris, étourdi.
ESBANOIER : S'amuser, se récréer, passer le temps.
ESCAME : Escabelle, tabouret.
ESCERVELER : Casser la tête, faire sauter la cervelle.
ESCHAR (sanz) : Sans épargne, avec pompe, grand train.
ESCHARNIR : Railler, blâmer, injurier, offenser.
ESCHARNISSANT : Railleur, médisant, calomniateur.
ESCHARS : Petit, mesquin; raillerie, plaisanterie.

ESCHEVÉ : Achevé, terminé; évité, esquivé.
ESCHIÉS : Échecs.
ESCHINÉE : Échine.
ESCHIS : Vagabond, déserteur, lâche, poltron.
ESCIANT, *escient* : Avis, connoissance.
ESCLAIRIER : Expliquer, dévoiler, éclaircir.
ESCLICE : Tronçon de lance.
ESCLICIER : Disséminer, séparer, briser.
ESCOER : Couper la queue.
ESCOIL : École.
ESCONDIRE : Repousser, refuser, rebuter, congédier; *s'escondire* : s'excuser, se défendre.
ESCONDIT : Excuse, refus.
ESCORCE : Écorce; et au figuré, étui, gaîne.
ESCORPION : Scorpion.
ESCOT : Il écoute; *escotez* : écoutez; *escout* : il écoute.
ESCOVRIR (s') : Se couvrir.
ESCREMIR : Escrimer, combattre.
ESCREVA : S'ouvrit.
ESCRIN : Coffre, cassette.
ESCRITURE : Conte, histoire.
ESCROUE : Pièce de drap.
ESCUELLE (s') : Son écuelle, son plat.
ESCUISSER : Sainte-Palaye l'explique par éventrer, ou fendre en deux.
ESGARDER : Regarder, examiner; *esgart* : il regarde.
ESGARE : Hors de lui-même; vagabond.
ESGENÉ : Délivré, sorti de la gêne.
ESJOINDRE : Se serrer, se rap-

procher; *s'esjot :* s'approche.

ESKERMIE : Combat.

ESLAIS : Galop, saut.

ESLAISSER, *eslessier, esloisser* : Sauter, lancer, s'élancer ; *eslessié :* empressé, réjoui.

ESLOCHIER : Ébranler, déplacer, arracher.

ESLOISSENT : Éclatent, brisent en éclats.

ESMAIER : Troubler, inquiéter, étonner, fâcher, attrister.

ESMER : Ajuster, présenter.

ESMEUVE (à l') : Au départ.

ESMOVOIR : Se mettre en marche, partir ; *s'est esméue :* s'est levée ; *s'esmuet :* se lève, s'en va.

ESOIGNE : Peine, chagrin, fatigue.

ESPÉE (s') : Son épée.

ESPERDRE : Perdre sans espoir de recouvrer.

ESPERIR : Reprendre ses esprits, se réveiller.

ESPERITABLE : Spirituel, céleste.

ESPERITE (Saint) : Le Saint-Esprit.

ESPIEZ : Javelot, pique.

ESPLAIS, *esploit :* Utilité, profit, avantage.

ESPLOITIER : Agir, opérer, marcher, avancer ; *esplotie :* tu as agi.

ESPOENTER : Epouvanter, effrayer.

ESPOIR : Peut-être.

ESPOIS : Sainte-Palaye l'explique par épines.

ESPONDE : Bois de lit.

ESPONE : Explique, expose.

ESPOSER : Épouser, marier.

ÉSPRENDRE : Séduire, enflammer.

ESQUIALT : Il accueille.

ESQUIER : Écuyer.

ESQUIEX : Auxquels.

ESRAUMENT. Voyez ERRANT.

ESSART : Champ inculte, rempli de broussailles.

ESSARTER : Essarteur, défricheur.

ESSI : Sortit, s'en alla.

ESSIL : Ruine, peine, affliction.

ESSILLIER : Ruiner, ravager, détruire, bannir, exiler.

ESSOIGNE, *essoine :* Embarras, affaire, excuse.

ESTABLER : Mettre dans l'écurie.

ESTAINDRE : Mourir, finir.

ESTAL : Boutique.

ESTANT (estre en) : Être debout, se tenir droit.

ESTAULE : Ferme, stable.

ESTER : Être debout, se tenir droit, rester tranquille, être, subsister ; *laissier ester :* quitter, abandonner; *laisa ce ester :* il n'en parla plus ; *encontre ester :* résister ; *estez :* arrêtez.

ESTERLIN : Monnoie, poids, valeur.

ESTES-LE-VOS : Le voilà ; *estes-vous :* Voici, voilà.

ESTIVAUS : Bottines, chaussure.

ESTOC : Billot qui porte l'enclume.

ESTOIRE : Histoire.

ESTOIZ (s') : S'éteint.

ESTONER : Étourdir.

ESTOPES : Étoupes.

ESTOR : Combat, duel, mêlée.
ESTORCE : Effort
ESTORDRE : Échapper, se soustraire, se débarrasser.
ESTORER : Garnir, restaurer, arranger.
ESTOUT, *estolt*, *estot* : Hardi, furieux, téméraire, fier.
ESTOSIE : Étonnée, surprise.
ESTOUVRA, *estovra* : Il faudra, il conviendra ; *estovoit* : il falloit.
ESTRAIER : S'écarter, ou pâturer, fourager ; *d'estrain* : paille, fourrage.
ESTRAINDRE : Serrer avec force, presser, comprimer.
ESTRE : État, pays, situation, nature, étage élevé.
ESTRECIER : Étrécir, resserrer.

ESTRIVER : Quereller, disputer.
ESTROIT : Serré.
ESTROS, *estrox* (à) : A l'instant, sur-le-champ.
ESTUET : Il faut, il convient ; *estut* : il fallut, il fut nécessaire.
ESTUIER : Serrer.
ESTUPONS (à) : Accroupie.
ESTURENT : Étoient debout.
ESTUT (s') : S'arrêta.
ESVOILLE : Excite, engage.
ES-VOS, *ez-vos* : Voici, voilà.
ESWARDEZ : Regardez.
EULZ : Yeux.
EUR : Félicité, bonheur.
EURE : Heure.
EUS : OEufs.
EVE : Eau.
EVOIS : Nom de lieu forgé.

F.

FABLEL : Fable, conte.
FABLÉOR : Qui raconte des fables.
FAÇOIZ : Que vous fassiez.
FAÉ : Enchanté.
FAILLE : Manquement, défaut, faute.
FAILLIR : Manquer, tromper, séduire.
FAIN : Foin.
FAIN : Je dissimule.
FAINTIE : Dissimulation.
FAIRE (ne) : N'en faites rien, l'infinitif mis pour l'impératif.
FAIS : Charge, fardeau ; façon, manière.
FAITEMENT : Parfaitement, heureusement.

FAITURE : Forme, façon, création.
FALI : Il manqua.
FALOINE : Fausseté.
FALORDE : Conte fait à plaisir.
FALORDER : Tromper, se moquer.
FARA : Faillira, manquera.
FARDET : Fard, ruse, subtilité.
FARIN PAROLE : Je crois que cela signifie qu'il parle de fadaises, de niaiseries.
FAT : Il faut.
FAUDRA : Il manquera ; *faut* : il manque.
FAUSDESTUEIL : Fauteuil.
FAUSER : Tromper.

Fautre : Garniture d'une selle pour tenir la lance.
Fautrer : Chasser, mettre dehors.
Favele : Flatterie, cajolerie.
Faveler : Flatter, cajoler, dire des douceurs.
Fax : Faux; fou.
Faz : Je fais.
Feble : Foible, débile.
Feiture : Façon, forme, figure.
Fel, felon : Méchant, cruel, dangereux, perfide.
Ferant : Frappant, du verbe *ferir*, frapper.
Fer-armé : Homme armé de toutes pièces.
Feroiez : Vous feriez.
Ferrant (cheval) : Cheval gris, tirant sur le blanc.
Ferre : Frapper.
Ferré (vin) : peut-être, violent, généreux.
Feru : Frappé, battu.
Ferue (s'est) : S'est lancée.
Fès : Charge, fardeau.
Fesist : Qu'il fit.
Fet : Fait, pareil.
Fet-il : Dit-il.
Feu : Fief.
Fevre : Forgeron, maréchal, serrurier.
Fez : Faits, actions.
Fez : Je fais.
Fi : Certain, assuré.
Fiance : Foi, gage, promesse, confiance, espérance.
Fiens : Ordure, fumier.
Fier : Frapper; *fiert* : il frappe.
Fiert (se) : Se lance, se précipite.
Fiex, *fil*, *fix*, *fiz* : Fils.

Fiex : Fief.
Fin (traire à) : Terminer, finir.
Fin : Vrai, entier, parfait.
Finer : Cesser, s'arrêter.
Fion : Espèce de pâtisserie.
Fire : Je frappe.
Fisent : Ils firent.
Fisicien : Médecin.
Flamiche : Espèce de gâteau ou galette qu'on fait cuire en chauffant le four.
Flaon : Sorte de gâteau.
Flauster : Jouer de la flûte.
Flor : Fleur, fleur de farine.
Flou : Troupe, affluence.
Flun : Fleuve, rivière.
Foiée : fois; le foie.
Foille : Dans le conte du Revenant, vers 74, ce mot paroit avoir été mis au lieu de flèche.
Foillu : Chargé de feuilles.
Fol : (rime) Fond.
Fole : Foule.
Folier, *foloier* : dire ou faire des folies, des extravagances.
Folieuse : Débauchée, libertine.
Font (que ils) : Comment ils se portent.
Foréure : Fourrure.
Formant : Beaucoup, fort.
Forment : Froment.
Formete : Escabelle, petit banc.
Fornille : Feuillage à chauffer le four.
Forois : Le Forez.
Fors : Excepté; *fors sol* : seulement.
Fors : Hors, dehors.
Forsen : Violence, colère.

Fox : Fou, insensé.
Frain : Frein, bride.
Fraint, *fraite* : Cassé, brisé.
Franche : France.
Frecille : Frissonne.
Fresaie : Chouette.
Fresin : Farcin.
Freste : Faîte d'une maison.
Frume : Humeur, mauvaise mine.

Fu : Feu.
Fuer : Taux, valeur, proportion.
Fuerre : Fourreau ; paille, paillasse.
Fui : J'allai.
Fuison : Foison, quantité.
Fust : Bois, lance.
Fustoie : Futaie.
Futeiz : Tonneau.
Fuz. Voyez Fust.

G.

Gaaigne, *gaaing* : Gain, profit.
Gaangnier : Gagner ; *gaaint* : il gagne, il profite.
Gaber : Railler, moquer.
Gabois : Raillerie, plaisanterie, dérision.
Galie : Galère, brigantin.
Gambeison : Pourpoint garni et piqué qui se mettoit sur la chair.
Ganche : Subtilité, ruse, finesse.
Ganchir : S'esquiver, se détourner.
Gandiller : Aller, tourner, échapper.
Gangle : Mensonge.
Garçon : Libertin, mauvais sujet, homme sans mœurs.
Garde : Tort, dommage ; *avoir garde* : se méfier.
Garder : Regarder, prendre garde, faire attention, observer ; *se garder* : s'abstenir.
Gardiens : Jardins.
Garingal : Sorte d'épice.

Garir : Guérir, préserver, garantir ; *garrai* : je guérirai.
Garison : Garantie, salut.
Garnement : Fourure, habillement, parure, meuble.
Garni : Garanti, préservé.
Gart : Il garde.
Gartz, *garz* : Pupille, jeune homme.
Gas : Badinage, plaisanterie.
Gascorte : Sainte-Palaye l'explique par très courte.
Gastel : Gâteau.
Gecine : État d'une femme en couche.
Gehir : Confesser, déclarer.
Gel' : Je le.
Genoivre : Genièvre, arbuste.
Genox : Genoux.
Gent : Nation, famille, société.
Gent : Beau, aimable, joli.
Gerre : Guerre.

Gesir : Coucher, être gissant; *géu* : couché; *géusse* : fusse couchée.
Gest : Filet, embûche, attache.
Geule : Gueule.
Geurle : Paroît signifier un sac, une aumônière.
Gient : Il se plaint.
Giet : Jet, portée.
Ginbregien : Sorte d'épice, P. e. gingembre.
Gireis, *girois* : Du verbe *gésir* : coucher, rester en place.
Giter : Jeter; *gitiée* : jetée, pendue.
Glai : Plainte, clameur.
Glout, *glouton*, *gloz* : gourmand, ivrogne, mauvais sujet.
Goivre : Nom de ville corrompu.
Goloser : Envier, convoiter.
Gorde : Lourde, pesante, engourdie.
Gort : Pêcherie, biez de moulin.
Gorpille : Renard.
Gote : Point, rien, nullement; goutte.
Graer : Agréer, remercier.
Graignor, *graindre* : plus grand.
Graine : La cochenille.
Gramier : Se plaindre, être mécontent.
Grantment : Beaucoup.
Grecime : Titre d'un ouvrage grammatical écrit en vers latins, par Éberhard de Béthune, en 1124.
Gréel : Graduel, livre d'église.
Grevance : Peine, chagrin.
Greve de la teste : Le haut du front, suivant Sainte-Palaye.
Grice : Grise.
Griée. Voyez Grevance.
Grief, *grieve*, *griés* : Fâcheux, affligeant, nuisible, à charge.
Grief : Grevé; vexé, tourmenté, chagrin.
Griever : Tourmenter, incommoder, fatiguer; *griet* : il fait de la peine.
Grignor : Plus grand, plus considérable.
Gringalet : Cheval maigre et alerte.
Gris : Fourrure grise très estimée de nos aïeux.
Grocier : Gronder, réprimander.
Groisse : Grossesse.
Groucier : Murmurer, parler entre ses dents.
Guenchir : Tourner, baisser.
Guerpir : abandonner, quitter.
Guerredon : Récompense, salaire.
Guile : Ruse, finesse, fourberie.
Guiler : Tromper; *guilée* : trompée.
Guimple : Voile, mouchoir.

H.

Habiers : Haubert, cotte de mailles.
Hace : Que je haïsse.
Hait : Gré, plaisir, volonté.
Haitié : Alerte, gaillard, joyeux, jouissant d'une bonne santé.
Hanepier : Le haut de la tête, le crâne.
Harace : Grand bouclier dont se couvroient ceux qui combattoient à pied.
Hardement : Acte de courage, de hardiesse.
Haschiere : Plaie, douleur.
Haste : Grillade, griblette.
Hastéement (hurter) : Frapper à coups redoublés.
Haster : Fâcher, irriter.
Hastis : Pressé, emporté.
Haterel : Le derrière de la tête.
Haubert. Voyez Habiers.
Hautece : Noblesse.
Havene, *havle* : Havre, port.
Henap : Coupe, vase à boire.
Heraude : Casaque, souquenille, mauvais habit.
Herbergier : Recevoir chez soi, donner l'hospitalité.
Herbergiere : Hôte qui reçoit chez lui, donne l'hospitalité.
Herberie : Connoissance des plantes, réunion de plantes.
Herberjage : Maison, bâtiment, habitation.
Herdie : Hardie.
Hernoiz : Ustensile, armure, ou équipage d'un homme de guerre.
Herupé : Hérissé, mal peigné.
Het : Il hait.
Heter : Hanter, ou s'amuser.
Hetiex. Voyez. Haitié.
Heu : Garde d'une épée, ou bouterole d'un fourreau d'épée.
Heuses, *hoeuses* : Bottines, chaussures.
Hiaume : Heaume.
Hoigner : Murmurer, gronder.
Honeré : Honoré.
Honir : Déshonorer, diffamer, maltraiter.
Horer : Prier.
Hosté : Hôtel.
Huchier : Crier, appeler, annoncer.
Hui : Aujourd'hui.
Huie : Huche, coffre.
Huimais, *huimès, humais* : A présent, maintenant.
Huis : Porte.
Huy main : Aujourd'hui matin.

I.

Iaus : Eux.
Iauz, *iax, iex* : Yeux.
Ice, *icel* : Ce, cela.
Ignel : Égal.

Iere (g') : J'étois; iere : il étoit; iere : je serai; ierent : ils étoient; iert : il sera; ies : tu es; iestes : vous êtes; iete : c'est.

Iles, illi, iloques, iluec : là, en cet endroit.

Inde : Couleur de bleu foncé, d'azur.

Ionques : Jamais.

Iré, irié : Fâché, en colère.

Iréement : Avec colère.

Isnel : Prompt, vif, léger; au plurier, isniax.

Isnelement : Promptement.

Issi : Ainsi; issi faite : semblable, de cette manière.

Issir : Sortir; isirent : ils sortirent; ist : il sort; istra : il sortira.

Itant : De même, par cette raison, aussitôt.

Itiez : Tel, semblable.

Ius (rime) : Porte.

J.

Jà : Bientôt, déjà.

Jaconce : Grenat, sorte de pierre précieuse.

Jaiole : Cage, prison.

Jame : Jambe.

Jant : Famille.

Jarser : Scarifier, inciser, piquer la peau.

Jè : J'ai.

Jecine : État d'une femme en couche.

Jehir : Confesser, avouer.

Jehui : Aujourd'hui.

Jel' : Je le.

Jent : Gent, nation, famille.

Jerra : Couchera; jerré : je coucherai, je reposerai, du verbe *jesir*.

Jes : Je les.

Jeu-parti : Alternative proposée; *mal jeu-parti* : partie inégale.

Jeuer, *joer* : Jouer, rire, s'amuser.

Jo : Je, j'ai; jeu.

Joe : Joue.

Joel : Joyau, bijou.

Joiant, *joios* : Gai, joyeux, content.

Jointiée : Poignée, main pleine.

Joïsse : Jugement.

Joïr : Faire fête à quelqu'un.

Jone : Jeune.

Jont : Bien fait.

Joouene : Jeune.

Jor : Jour.

Josqu'il : Jusqu'à ce qu'il.

Joste : Auprès, à côté.

Joster : Joûter.

Jostisier : Commander, ordonner, gouverner.

Jovenete : Jeunette.

Jovent : Jeunesse.

Jowel. Voyez Joel.

Juer : Jouer.

Jugleresse : Baladine, chanteuse, femme de mauvaise vie.

Jugor : Juge.

Jui : Je couchai.

Jurent : Couchèrent, du verbe *gesir*.

Jus : En bas, à bas.

Jusarne : Hache à deux tranchans.

Jut (se) : Se coucha, se reposa.

K.

Kaiere : Siége.
Kaviax : Cheveux.
Ke : Que.
Kéirent : Ils tombèrent ; *kéue :* tombée.
Kex : Maître d'hôtel ; ici, c'est le sénéchal du roi Artus.
Ki : Qui.

L.

Labor : travail.
Lacer : Enlacer, prendre dans ses filets, attacher, lier.
Lachies, *lachiés :* Cri des hérauts pour avertir les chevaliers de lacer leurs heaumes, parce que le tournoi alloit commencer.
Lael : Fidèle.
Lai : Pièce de poésie qui répondoit à nos romances.
Laidangier : Insulter, outrager, injurier, mépriser ; *laidanjot :* injurioit.
Laidece : Insulte, outrage, mépris.
Laidir. Voy. Laidangier.
Laienz : Là-dedans.
Laira : Laissera ; *lairoie :* je laisserois ; *lait :* il laisse.
Lais : Égarés, abattus.
Laiseur : Permission, facilité.
Lange : Vêtement de laine, chemise.
Laraine : Lorraine.
Large, *larje :* Libéral, généreux.
Laskier, *lasquier :* Lâcher, se détacher, devenir libre.
Lason : Laissons.
Lasse : Hélas !
Lastel : Vilenie, chose peu importante.
Latinier : Interprète.
Le : Souvent mis pour *la.*
Lé, *lée :* large.
Lechéor, *lechierre :* gourmand, friand, libertin, galant, chanteur, musicien.
Lecherie, *lechois, lechors :* Débauche, libertinage, vie joyeuse, bouffonnerie, plaisanterie.
Ledengier. Voyez Laidangier.
Lée : Lieue.
Lée : Laye, femelle du sanglier.
Lerme : Larme.
Lerre : Voleur, larron.
Let : Injure, offense.
Let : Il laisse, il quitte.
Leu : Lieu, place.
Leus : Aussitôt.
Lez : A côté, auprès.

Li : Lui, elle, les.
Libre : Livre.
Lices : Barrière.
Lié, liet : Gai, joyeux, content.
Lief : Je me lève.
Liéement : Gaîment.
Liever : Lever.
Liepart : Léopard.
Linage : Lignage.
Linchne : Linge, toile.
Linciax : Draps.
Lisse : Toute femelle pleine ; lisse en getz : p. e. femelle prête à mettre bas.
Liu : Lieu.
Liue : Lieue.
Lieuée : Heure de temps, espace d'une heure.
Live : Lieue.
Liverrai : Je livrerai.
Livrée, livroison : Don, présent.
Lo, lou : Le.
Lo : Je loue, je conseille.
Lobe : Tromperie, fausseté, mensonge.
Lodiere : Paysanne, terme de mépris.
Loeiz : Corrompus par argent.

Loer : Louer, vanter, approuver, conseiller.
Loges : Galeries, étages d'en haut.
Loie : Il loue.
Loien : Lien.
Loier : Récompense, prix, gages, salaire.
Loier : Lier.
Loist : Il est permis, loisible.
Lowc : Loin.
Longues : Long-temps.
Lor : Leur.
Lorain : Rêne, bride.
Lorrai : J'approuverai, je conseillerai.
Lors : Lourd, hébété.
Los : Gloire, réputation, louange.
Losange : Flatterie, caresse pour tromper.
Lot : Il approuve, il conseille.
Lou-je : Je conseille.
Lox : Conseil.
Lox : Loup.
Lués : Aussitôt.
Luor : Lueur, le jour.
Luz : Brochet.

M.

Macecrier : Boucher.
Magre : Maigre.
Mahain : Douleur, indisposition.
Maieur : Maire de ville, syndic.
Mailler : Frapper avec un maillet.
Main : Matin ; mien.

Mains : Moins ; as mains : au moins.
Maint : Il demeure, il reste.
Maintenant (de) : Aussitôt, de suite.
Maintenir (se) : Se conduire, fréquenter ; maintenrai : je maintiendrai.
Maire : Maîtrise.

Mais : Dorénavant, plus, jamais, jusqu'ici ; *n'en poez mais* : ce n'est pas votre faute.

Maisele : Joue, face, visage.

Maisniée : Domestiques, suite

Maïsté : Majesté.

Maistrie : Puissance, supériorité.

Maje. Voyez **Maieur**.

Mal, *male* : Mauvais, mauvaise.

Malarz : Le mâle de canes sauvages.

Malaürée : Malheureuse.

Malbailli : Maltraité, ruiné, en mauvais état.

Maldit : Maudit.

Maléurté : Infortune, malheur.

Malfez : Diable, démon.

Maltalant : Dépit, rage, colère.

Malvestié : Méchanceté, mauvaise action.

Manace : Menace.

Manant : Habitant.

Mananz : Riche, qui est à son aise.

Manbrer : Se ressouvenir.

Mandagloire : Mandragore, plante.

Mander : Demander.

Mandis : Mendiant, qui demande l'aumône.

Manecier : Menacer.

Manoir : Demeure, habitation.

Manois : A l'instant.

Manroiz : Vous menerez ; *Manrons* : nous menerons.

Mantel : Manteau.

Maogre : Majorque, île.

Mar : Mal à propos, à tort, pour son malheur.

Marcéande : Marchande.

Marcisoit : Étoit limitrophe.

Marguarite : Pierre précieuse, perle.

Marrement : Douleur, affliction, plainte.

Martel : Marteau.

Masse : Quantité, grand nombre.

Masse : Messe.

Mat : Triste, abattu.

Mater : Dompter, confondre, abattre.

Matere : Matière, sujet.

Matinel : Déjeuner.

Mau : Mal.

Mauffus. Voyez **Malfez**.

Mautalant : Colère, dépit, déplaisir.

Mauvestié. Voy. **Malvestié**.

Max : Mal, maux.

Mazerin : Bouteille, vases faits d'une espèce de pierre précieuse.

Meffaire : Mal faire.

Meffet : Tort, méchanceté, mauvaise action.

Mehaitié : Mal à son aise, malade.

Meins : Moins.

Meleste : Triste, chagrin.

Mellée : Brouillée, étourdie.

Mellor : Meilleur.

Men : Mon.

Menant : Riche, opulent.

Mendre : Moindre.

Menestrel : Joueuse d'instruments, ici femme publique ; *menestrés* : bouffon.

Meneur : Moindre, plus petit.

Menjue : Mange.

Menoir : Maison, habitation.
Menoit : Demeuroit.
Menra : Mènera, conduira; *menront* : mèneront.
Mentre : Pendant que.
Merci (vostre) : Je vous rends grâce.
Mereor : Miroir.
Meretrix : Prostituée.
Merir : Récompenser.
Merite : Récompense.
Merrien : Bois de construction.
Mervella : Étonna, fut surpris, ébloui.
Mes : Mon.
Mès : Mais, plus, davantage, dorénavant, à présent; *ne mès que* : pourvu que.
Mès : Mets; messager, envoyé.
Mesage : Message.
Mescéant : Malheureux, méchant.
Meschéance : Mésaventure, malheur.
Meschéoir : Venir mal, tourner à mal.
Meschief : Peine, infortune, malheur, accident.
Meschine : Demoiselle, jeune fille, servante.
Mescroire : Ne pas croire, ne pas ajouter foi.
Meseur : Malheur, peine, chagrin.
Mesfait : Faute, crime.
Meslée : Querelle.
Mesnie, *mesniée* : train, suite, domestiques, maison d'un grand seigneur.
Mesprison : Faute, mépris, offense.
Messe : Association, confrérie.

Mestier : Besoin, nécessaire, utile.
Mestre : Principal.
Mestrie : Art, industrie, puissance.
Mestrie : Il gouverne.
Méue : Agitée.
Meure : Il demeure, il habite.
Mex : Mieux.
Mi : Me, moi, mes.
Mi : Milieu, moitié.
Mialx, *miauz* : mieux.
Miaudre, *mieudre* : meilleur.
Mie : Pas, point, non.
Mine : Sorte de jeu de dés ancien.
Miner : Mener, conduire.
Mire : Médecin.
Mirer : Récompenser.
Mise : Débat, défi, gageure.
Misent, *mistrent* : Ils mirent.
Mix : Mieux.
Moblé : Meublé.
Moe : Moue, grimace.
Moie : Ma, mienne.
Moillier : Femme mariée.
Moiner : Mener, conduire; *moiner despense* : faire de la dépense.
Mois (des) : De long-temps, pendant long-temps.
Mol : Le gras de la jambe.
Moleste : Tort, dommage, embarras.
Molue : Aiguisée.
Mon : Donc.
Mont : Monceau, montagne; monde.
Monter : Valoir, servir, être utile.
Mor : Maure.
More : Boisson composée de miel et d'eau.

Moreis : Mourez.
Moretaigne : Mauritanie, région d'Afrique.
Morillon : Espèce de raisin sec.
Moronier : Marinier.
Mors : Mœurs.
Morsel : Morceau.
Mortax : Mortel.
Mostier, *moustier* : Église.
Mostrer : Montrer, faire connoître.
Mole : Éminence.
Moulon : Moellon.
Moult : Beaucoup.
Movoir : Partir, aller, agiter.
Mu, *mue* : Muet, muette.

Mucer, *muchier* : Cacher, couvrir.
Mue : Prison, lieu de retraite.
Muert : Il meurt ; *muerent* : ils meurent.
Muet : Troisième personne du présent de l'indicatif du verbe *movoir*.
Muïsiz : Moisis, cachés.
Mure : Mule.
Murtre : Meurtre.
Musart : Fou, étourdi, de mauvaise vie.
Muse : Étourderie, désœuvrement.
Mut : Il alla, il changea.
Muz : Muet.

N.

Nache, *nage* : Fesse.
Nagier : Naviguer.
Nai voir : Non vraiment.
Narilles : Narines.
Neant, *néient* : Rien, non.
Neis : Même.
Nel' : Ne le.
Nelui : Nul, personne.
Ne mès que : Pourvu que.
Nenil voir : Non vraiment.
Néoir : Nier.
Neporquant, *nequedant* : Cependant, néanmoins.
Nerie : Noire, noircie.
Nes : Ne les.
Nés : Même ; *nes un* : aucun, pas même un.
Nés : Navire, bateau.
Nice, *niche* : Simple, niais, ignorant.
Nicole : Paroît être mis pour Lincoln.

Niele : Sorte de pâtisserie fort déliée, espèce d'oublie.
Niés : Neveu.
No : Ne, ne le ; nous.
Noal : Noël.
Nobile : Noble.
Noblois : Pompe, magnificence.
Noçoier : Épouser.
Noez : Noué.
Noiant, *noient* : Pas, rien, inutile.
Noielé : Émaillé.
Noier : Nier.
Noif : Neige.
Noiriture : Nourriture.
Non (si bien) : Si ce n'est du bien.
Non : Nom.
Norois : Homme du Nord, orgueilleux.

NOTER : Chanter.
NOU : Ne le.
NOVEL (de) : Nouvellement.
NOVIELE : Nouvelle.

NUEF : Neuf.
NUEME : Neuvième.
NUILLE. Voyez NIELE.
NUS : Nous ; nul, personne.

O.

O : Où, dans, avec ; j'entends.
OAN : Cet an, à présent.
OBLÉE : Espèce de gauffre.
OBLIÉE : Oubli.
OCIR : Tuer, assassiner, détruire ; *ocisse* : tuée, morte.
OE : Oie.
OEIZ : Écoutez ; *oent* : ils entendent ; *oez* : écoutez, entendez.
OEUL : OEil.
OEUS : Volonté.
OI : J'ai, j'eus ; j'entends ; *oie* : qu'il entende, qu'il écoute.
OÏ : Il entendit.
OIANT VOS : En votre présence.
OÏE, *oïl* : Oui.
OÏE : Ouie ; *oïe de tant de gent* : en présence de tant de monde.
OIL : OEil.
OILLIER : Visière du casque.
OINSISSE : Oignisse.
OIR, *oirre* : Héritier.
OÏR : Entendre.
OIRRE : Dessein, projet, voyage, coutume ; *grant oirre* : grand train, promptement.
OISEUSE : Inutilité.
OIT : Qu'il ait.
ON : On, homme.
ONCQUES : Jamais ; *onques*

mès : jamais auparavant.
ONERÉE : Honorée.
ONIE : Unie.
OQOISON : Cause, fait, raison, occasion.
OR, *ore* : A présent.
ORAINZ : Ci-devant, il n'y a pas long-temps.
ORDINER : Régler.
ORE : Heure, temps.
ORENDROIT : A cet instant, à présent, désormais, à l'avenir, alors, avant.
ORENT : Ils eurent, ils avoient.
ORER : Prier, supplier, souhaiter, désirer ; *orerez* : vous prierez Dieu pour moi.
ORFROIS : Frange d'or, galon, broderie en or ou en argent.
ORGOIL, *orguiex* : Orgueil, fierté.
ORINE : Origine, lignée.
ORISON : Oraison, prière.
ORLAGE : Sainte-Palaye l'explique par horloge.
ORLENOIS : Orléanois.
ORNE : Trace, ornière.
OROIZ : Vous entendrez ; *orrons* : nous entendrons.
ORSE : Ourse.
ORT : Sale, malpropre, vilain, déshonnête.
ORTOILLE : Orteil, mis ici pour le pied.

Os : J'ose ; *ossez* : vous osez ; *ost* : il ose.
Ose : Hardie.
Ost : Armée, camp.
Ostal, *osteil*, *ostiey* : Hôtel, demeure, maison, domicile ; *requerre ostel* : demander l'hospitalité.
Oste : Hôte.
Osteler : Héberger, loger, recevoir chez soi.
Osterin : Sainte-Palaye l'explique par une fourrure de plumes d'autour ou autre.
Ostor : Autour, oiseau de proie.
Ot : Il eut; il avoit; il entend.

Otrage : Excès, outrage, mauvais traitement.
Otragos : Violent, emporté.
Otrier, *otroier*, *outroier* : Octroyer, accorder.
Otroi : Permission, congé.
Oublées : Oublies.
Ourent : Ils eurent.
Oustel : Hôtel, gîte.
Ouvraingne, *ovraigne* : OEuvre, ouvrage.
Ovre : OEuvre, action.
Ovrer : Ouvrer, travailler, agir, étudier ; ouvrir.
Ox : J'ose.
Oy : Il entendit.

P.

Paelle : Poêle à frire, à fricasser.
Paile : Manteau, couverture de lit, étoffe de soie, dais, pavillon.
Paior : Pire, plus mauvais.
Paist : Il nourrit.
Palazine (goutte) : Je crois que c'est lorsqu'elle ne permet aucun mouvement, comme un paralytique.
Palefroi : Cheval de parade à l'usage des dames.
Paletel : Sorte de vêtement.
Paliz : Clôture, palissade.
Palme : Paume.
Palmoier : Toucher dans la main.
Palu : Marais, bourbier.
Panet : Petit pain.
Panre : Prendre.
Pans : Je pense.

Pansis : Pensif, rêveur.
Pantelion : Saint Pantaléon.
Paor : Peur, crainte.
Par : Le superlatif très, beaucoup.
Par : Il paroît.
Parage : Parenté, race, lignée ; noblesse au figuré.
Parclose (à la) : A la fin.
Parde : Je perde.
Pardoint : Pardonne.
Pardon : Indulgence.
Parfont : Profond.
Parillié : Péri, exposé à périr, en danger.
Parlemanz : Conversation, entretien, conférence.
Parisis : Monnoie frappée à Paris.
Par li, *par lui* : Seul.
Parmain : Sorte de poire.
Parmi : Au milieu, au travers.

PAROLER : Parler, discourir ; *paroil* : je parle ; *parra* : il parlera.
PARRA : Paroîtra ; *part* : il paroît.
PARTIR : Diviser, partager ; *part* : se fend ; *part son hus* : partage avec elle le droit de passer le premier ; *partir jeu* : proposer le choix de deux choses.
PAST : Il passe.
PASTOREL, *pastoriaux* : Pasteur.
PAU : Peu.
PAÜE : Nourrie.
PAUMÉE (ferir la) : Toucher dans la main pour marquer la conclusion d'un marché.
PAURS : Crainte.
PAUS : Poils.
PAUTONIER : Homme sans mœurs, libertin, souteneur de tripots.
PAUTONIERE : Prostituée, fille publique.
PAUVERTE : Pauvreté, misère.
PAVEMENT : Pavé, carreau.
PECIÉ : Péché.
PEÇOIER : Briser, mettre en pièces.
PECOL : Pieds de lit.
PEL : Peau.
PELAIN : Défaite, déroute.
PELICE : Vêtement garni de fourrures.
PELIÇON : Manteau de lit, mantelet, robe fourrée.
PENJER : Panier.
PENRE : Prendre.
PEOR : Peur, crainte.
PEOR : Pire, plus mauvais.
PER : Pareil, semblable.
PERCHUT : Aperçut.

PERDE : Perte.
PERDROIZ : Perdrix.
PERDURABLE : Éternel, sans fin.
PERE (Saint) : Saint Pierre.
PERIER : Poirier.
PERILLIÉ. Voyez PARILLIÉ.
PERTEX, *pertruis* : Trou.
PESCHIERE : Pêcheur.
PESER : Être à charge, causer du chagrin, de la peine.
PESON, *pesson* : Poisson.
PEST (se) : Se nourrit ; *péue* : nourrie ; *peut* : il nourrit.
PESTELÉ : Pilé dans un mortier.
PETEIL : Pilon.
PEUREE : Purée.
PEVREE : Assaisonnement où il entre beaucoup de poivre.
PEUS : Poils.
PEWIST : Il pouvoit.
PIAOUR : Pire, plus mauvais.
PIEÇA, *pièce* : Temps, espace de temps, depuis quelque temps ; *à piece* : bientôt.
PIEUR, *pior* : Pire.
PIEX : Pieu, palissade.
PINGNONCEL : Enseigne, étendard.
PIPE : Cri de la souris.
PIRE : Pierre.
PIS : Poitrine, estomac.
PISSECHIEN : Terme d'injure, valet de chien.
PITEUS : Sensible, compatissant.
PLACE : Qu'il plaise.
PLAIDIER : Badiner, plaisanter, discourir.
PLAIN (de) : Unanimement.
PLAIT, *plaiz* : Débat, discussion, discours, projet, des-

sein, accord, convention, audience.
PLAÏZ : Plie, poisson de mer.
PLASCE : Plaise.
PLATEL : Plat, assiette, bassin.
PLAYET : Blessé.
PLEGIER : Promettre, garantir.
PLEIOIT : Plioit, fléchissoit.
PLEIUST : Qu'il plût.
PLENTÉ : Beaucoup, un grand nombre, abondance.
PLENTÉIVE : Féconde.
PLESSÉIZ : Parc, clos, jardin entouré de haies.
PLET. Voyez PLAIT.
PLEVIR : Promettre avec serment, assurer, engager.
PLOT : Il plut ; *placuit*.
PLUSOR : Plusieurs.
PLUVIOUS : Pluvier, oiseau.
PO : Peu ; *à po* : peu s'en faut.
POCIN : Poussin, poulet.
PODRIERE : Poussière.
POEIZ, *poez* : Vous pouvez.
POESTÉ : Pouvoir, puissance.
POGNÉE : Marteau.
POI : Peu.
POI : Poix.
POIÉ : Payé.
POIEZ : Vous pouvez.
POIGNANT : Piquant des éperons.
POIIST : Il pourroit.
POILER : Enlever le poil ; au figuré, dépouiller.
POINCET : Petite mesure.
POINE : Peine.
POINER : Peiner.
POINT : Pique.
POINTE : Piquée.
POINZ : Piqûre.
POIRRE : Peter.
POIS (à) : Dans peu de temps.

POISER : Peser, être à charge, chagriner, faire de la peine ; *ce poise moi* : j'en suis fâché ; *ne vos poist* : que cela ne vous fâche, ne vous déplaise.
POISON : Potion, bouillon ; poisson.
POÏSSE : Je pusse ; *poïssiez* : vous auriez pu.
POIST : Il pouvoit ; *poïst* : il pourroit, qu'il pût.
POITRAX : Poitrail.
POL : Peu.
PON : Poignée, pommeau.
PONTALIE, *Pontarlie* : Pontarlier, petite ville du comté de Bourgogne.
POOIR : Pouvoir ; *pooie* : je pouvois ; *poons* : nous pouvons.
POONS : Paons.
PORBRE : Honte, opprobre.
PORCHACIER : Poursuivre, chercher, s'intriguer, entreprendre.
PORCHAZ : Poursuite, entreprise, intrigue.
PORFANT : Pourfend.
POROIT : Il oint, il frotte.
PORPANS : Réflexion, pensée.
PORPENSER : Réfléchir, méditer.
PORPRE : Pourpre, étoffe, habit très riche.
PORPRIS : Dépendance, jardin, enclos.
PORQUIEST : Il poursuit, il recherche.
PORRIE : Pourie.
POR SOL TANT : Par la raison seule.
PORTASTER : Tâter, tâtonner.
PORTÉURE : Grossesse.
PORTOT : Il portoit.

PORVEOIR : Pourvoir, aviser.
POSE (de) : De long-temps.
POT : Il put.
POU : Peu.
POURRE : Poudre, poussière.
POURVOUEC : Pour cela.
PRAÉ : Prié.
PRAER : Piller, faire du butin.
PRAIGNE : Prenne : *pranent* : prennent ; *preignint* : saisissent.
PRAINZ : Enceinte d'enfant.
PRAMETRE : Promettre.
PRÉE : Prairie.
PREMERAIN : Premier.
PREMIS : Promis.
PRENDÉS : Prenez.
PRESTES : Prêtre.
PREU : Bien, profit, avantage, utilité.
PREU : Prudent, sage, vaillant.
PRAEVOIRE : Prêtre, curé.
PREZ : Prêt.
PRI : Je prie.
PRIMES : D'abord ; *primes ainçois* : avant, auparavant.
PRIMES : Premier.
PRINSEIGNIER : Donner la première bénédiction, baptiser.
PRIS : Je prise, j'estime ; *prisié* : estimé, considéré.
PRIS : Prix, estime.
PRISENT, *pristrent* : Ils prirent.
PRISON : Prisonnier.
PRIUS : Prieur.
PROECE : Prouesse, action d'éclat.
PROIER : Prier, inviter.
PROIERE : Prière.
PRONE : Barrière, selon Sainte-Palaye.
PROU : Prudent, sage.
PROVANCE : Preuve.
PROVANDE : Provision, pitance.
PROVE, *prueve* : Il prouve.
PROVOIRE. Voyez PREVOIRE.
PUENT : Ils peuvent ; *puet* : il peut.
PUIER, *puiier* : Monter ; *puier sur mer* : s'embarquer, naviguer.
PUOR : Puanteur.
PUTAGE : Vie déréglée, débauche.
PUT, *pute* : Puant, infâme ; *de pute eure* : pour son malheur.

Q.

Q'A : Qui a.
QANQU'I : Tout ce qu'il y.
QEL, *qes* : Quel.
QOI : Tranquille, paisible.
Q'OS : Que vous.
QUANQUE : Tout ce que.
QUANZ VINZ : Combien de fois vingt.
QUAROLE : Danse.
QUEIL : Quel.
QUÉISSE : Que je demandasse, je cherchasse.
QUENS : Comte.
QUEPEUS, *quepon* : Pieds.
QUEQUE : Quelque chose que : *que qu'entr'aus* : pendant qu'entre eux.

QUERNE : Carme, terme du jeu de dé.
QUEROLER : Danser, sauter, se divertir.
QUERONÉ : Couronné, tonsuré.
QUERRE : Chercher, demander.
QUEU : Cuisinier.
QUEUST : Coud.
QUEUT : S'assemble.
QU'I : Qu'il.
QUI : A qui.
QUI : Je pense, je crois.
QUIALT : Recueille, amasse, lève.
QUIAULT : Cherche.
QUIDER : Penser, imaginer.
QUIER : Je cherche, je demande ; *quiert* : il cherche, il demande.
QUIEZ : Quelle.
QUIL' : Qui le.
QUINS : Le cinquième.
QUIS : Cherché, demandé.
QUIST : Il cherche.
QUIT : Je pense.
QUOTE : Veste, soubreveste, tunique.

R.

RAAINT : Il rançonne, il rachète ; *raame* : il se rachète.
RAANS : Rançonné.
RAENÇON : Rançon.
RAFETIER : Caresser une femme.
RACET : Colère, mauvaise humeur.
RAIEMBRE : Racheter, payer rançon.
RAIM : Branche.
RAIME : Fagot.
RAISON (mettre à) : Adresser la parole à quelqu'un.
RAMENTEVOIR : Faire ressouvenir, rappeler à sa mémoire, conter.
RAMINEIS : Ramenez.
RAMPONE : Raillerie, moquerie.
RAMPONER : Disputer.
RAMU : Chargé de branches, branchu.
RANDIR : Aller à toutes jambes, courir de randon.
RANDON : Impétuosité, force, vitesse ; *de randon* : avec violence, impétueusement.
RAONDE : Ronde.
RASOR : Rasoir.
RASPÉ : Espèce de vin.
RASTI : Grillé.
RATORNER : Réparer, refaire.
RAVINE : Vitesse, impétuosité.
RAVOIER : Remettre dans le chemin.
RE : Cette syllabe est l'*iterum* des Latins, et signifie derechef, encore une fois.
RÉANBRE. Voyez RAIEMBRE.
REBE : Robe.
RECANER : Imiter le cri de l'âne ; ici hennir.
RECELÉE (en) : En cachette.
RECET : Lieu de défense et de retraite.
RECHÉU : Reçu.
RECHING : Cri de l'âne.
RECHUT : Reçut.

Recoi : Coin, lieu retiré.
Recoillir : Recueillir.
Reçoivre : Recevoir.
Recoiz : Fin, rusé.
Reconter : Raconter.
Recorder : Rappeler, se souvenir.
Recort : Souvenir, mémoire.
Recovrer : Recouvrer, recommencer, réitérer.
Recovrier (sans) : Sans différer, sans délai.
Recréant : Lâche, las, vaincu, rebuté.
Recroire : Lasser, rebuter, dégoûter, cesser ; *recreroies* : tu te rebuterois, te dégoûterois.
Recueillir : Recevoir.
Recuevre : Il se tient sur ses gardes.
Recuit. Voyez Recoiz.
Redot, *redout* : Crainte.
Redoter : Craindre.
Refiert : Il frappe de nouveau, à son tour.
Refroidier : Refroidir, rafraîchir.
Regaaingne : Il prend, il dérobe, il escamote encore.
Regiment : Conduite; mais ici, directoire, terme de rubrique.
Regne : Royaume, rêne.
Rehaitier : Se réjouir, encourager.
Reire : Raser; *reire les côtes* : frapper, maltraiter.
Remaindre : Demeurer, rester; *s'en vous ne remaint* : si vous n'y avez aucune répugnance.
Remanbrer : Se souvenir.
Remanoir : Demeurer; *remandron* : Nous resterons; *remanra* : il demeura ; *remansist* : qu'il restât; *remenoit* : restoit; *remest* : il reste; *remese* : restée.
Remuer : Panser, traiter un blessé.
Remuez : Changé.
Rencoper : Déclarer coupable de nouveau.
Renfuser : Refuser.
Renoié : Renégat, infidèle.
Renoier : Désavouer, rejeter, devenir renégat.
Renomé : Celui sur lequel on jase, on fait courir des bruits.
Reoingnier : Couper.
Reonde (à la) : Tout autour.
Repair : Retour.
Repaire : Retraite, demeure.
Repairier, *repeirier* : Retourner, se retirer, revenir, arriver, rentrer chez soi; *au repairier* : en sortant, à la sortie.
Repassé : Revenu en santé, guéri.
Repellé : Repoussé.
Replenie : Remplie.
Repoier : Assurer, remettre de nouveau; ici, enduire de poix.
Repont : Dissimule, retire.
Repost, *repus* : caché; *en repost* : en cachette.
Reprover : Condamner, reprocher.
Reprovier : Proverbe.
Reprueve : Il condamne, il blâme.
Repust : Il se cacha.
Reqere : Demander.
Requelice : Réglisse.
Requiert : Il attaque.

Requoi (en) : En particulier, en cachette.
Rés : Rasé, tondu.
Rés a rés : Tout contre, joignant.
Resachier : Tirer encore, arracher de nouveau.
Resaillir sus : Se relever ; *resalt* : il se relève.
Rescosse (à) : Sainte-Palaye l'explique, en cachette.
Resgne : Rêne.
Resnable : Raisonnable.
Resongner : Craindre.
Resordra : Rétablira.
Resort : Ressource.
Respit : Proverbe, sentence, délai.
Respiter : Différer, retarder.
Responent : Ils répondent.
Respont : Il cache.
Rest : Il est.
Restor, *retor* : Retour.
Reté : Accusé, appelé en justice.
Retenrai : Je retiendrai.
Retout : Il enlève derechef.
Retraire, *retrere* : Rapporter, raconter, retirer, *retrait* : reculé ; *retrete* : racontée, récitée.
Reube : Robe, habit.
Réuser : Reculer, éloigner.
Revaigne (arriers) : S'en retourne.
Revate : Sainte-Palaye l'explique, bat le pavé.
Revechier : Examiner, rechercher soigneusement.
Revel : Plaisanterie, badinage, désordre.
Reveller : Se révolter, se montrer, s'éveiller.
Revenist : Qu'il revînt.
Révet : Il retourne.
Revialt : Il veut encore.
Revoisent : Ils retournent.
Ride : Sainte-Palaye l'explique, plissée.
Riote : Bruit, tapage, dispute.
Robe : Butin, proie.
Rober : Voler, dépouiller.
Roé : Orné de ronds, ou roues.
Roie : Sillon, chemin.
Roiis : Roi.
Roisole : Sorte de gâteau.
Roiz : Filet.
Roncis : Cheval de service.
Ros : Rompu, brisé ; jaune.
Rosse : Sainte-Palaye l'explique, roussie.
Rote : Instrument de musique qui paraît être la vielle.
Rotruange : Air, chanson, refrain de chanson.
Route : Troupe, compagnie.
Routure : Rupture.
Rouver, *rover* : Prier, demander ; *rueve* : il prie.
Ruisel, *ruit* : Ruisseau.
Ruyl : Rouille.

S.

S : Cette lettre, quoique simple en beaucoup d'endroits, se prononce comme s'il y en avoit deux.

Sa : Ici.
Sa : Je sais; *sa-ge* : sais-je.
Saca : Tira.
Sace : Qu'il sache.
Sache à la voie : Se met en route.
Sachez : Petit sac.
Sachier : Tirer, arracher par secousse.
Sachoiz, *saciés* : Sachez, apprenez.
Saeler : Sceller.
Saignier (se) : Faire le signe de la croix.
Saillir : Paroître, avancer; *saillir en piez* : se lever; *saillir encontre* : aller au-devant, *saillir sus* : s'avancer.
Saïn : Graisse des animaux.
Sain : Saint.
Saing : Signe qu'on apporte en naissant.
Sains : Sans; cloches.
Saint : Reliques.
Saint (se) : Qu'il fasse le signe de la croix.
Saje : Sage.
Sali : Il sauta, du verbe *saillir; salt* : il avance, il jaillit.
Salme : Psaume.
Sambue : Housse d'une selle de cheval.
Samis : Étoffe de soie brochée de fils d'or ou d'argent.
San : Sens, sentence.
Sanblant (bel) : Bonne mine, bon visage.
Sangle : Sanglotte.
Sanllant : Semblant.
Sanpres : Toujours.
Sans : Sens, raison.
Sansonez : Diminutif de Samson.

Sarai : Je saurai; *sarés* : vous saurez.
Sas : Sac.
Sauf (en) : En sûreté.
Saüst : Qu'il sût.
Saut : Qu'il sauve, conserve.
Saut : Il saute; *saut sus* : il se lève.
Sautier : Psautier, breviaire.
Sauvement : Avec sûreté.
Sauveté (à grant) : Sans courir aucun danger.
Sauz : Saute.
Saverouse : Appétissante.
Sax : Sols.
Sax : Sauvé.
Sayn : Graisse d'animaux.
Se : Sa, ce, et; *se à vos non* : sinon à vous.
Sé : Je sais.
Sebelin : Marte zibeline.
Secroi : Secret.
Seigner. Voyez Saignier.
Seigner : Marquer, désigner.
Sejorné : Frais, reposé.
Sejort : Qu'il séjourne, qu'il demeure.
Sel' : Et je le.
Semes : Nous sommes.
Semoigne : Qu'il appelle, qu'il invite, du verbe *semondre* : avertir, appeler, prier, d'où
Semonant : Avertissant, commandant.
Sen : Son.
Sen : Sens, raison.
Sene : Synode.
Sené : Sensé, sage, prudent.
Senefiance : Marque, preuve, témoignage.
Sener : Guérir.
Senestre : Gauche.

SENGLEMENT : Simplement, singulièrement.
SENTE : Sentier, chemin.
SEOIR : Siége.
SÉOIT : Étoit assis.
SEQUEURE : Secoure.
SERCOT : Robe de dessus, vêtement à l'usage des deux sexes.
SEREMENT : Serment.
SEREUR, *seror* : Sœur.
SERGENT, *serjant* : Serviteur, ouvrier.
SERI : Doux, agréable, tranquille, grave.
SERRÉ : Je m'asseoirai.
SERS : Esclave.
SERTAIN : Certain, assuré.
SERVANTOIS : Chanson, sonnet, chant royal.
SÉS (cinq sous touz) : Argent comptant.
SET : Sept.
SET : Il sait.
SEUIST : Qu'il sût.
SEUREQUOT. Voyez SERCOT.
SEUROS : Raillerie, mauvaise plaisanterie.
SEUS : Seul.
SEVE : Suive.
SEVENT : Ils savent.
SEZILLE : Sicile.
SI : Et, tellement, ses ; pareil, semblable, ainsi.
SIAUME : Psaume.
SIAUT : Il a coutume.
SIET : Il plaît, il convient.
SIL' : S'il le.
SIRE : Mari, seigneur, maître de la maison.
SIRRAS : Tu coucheras.
SISENT QOI : Qu'ils restent assis tranquilles.
SIST, *sit* : Il convint, il plut.
SISTRENT : Ils restèrent assis.

SIVREZ : Vous suivrez.
SOAIDIER : Souhaiter, désirer.
SOAVET : Doucement.
SOCHANZ : Seconde partie, accompagnement d'un morceau de musique.
SOE : Sa, sienne.
SOEF : Doucement, agréablement.
SOEF : Doux, gracieux, agréable.
SOFLANT : Essouflé.
SOFRIR : Souffrir, supporter ; *se sofrir :* consentir.
SOI : Soif.
SOI : Je sus.
SOICHE : Broussailles.
SOIE : Son, sa.
SOIER : Scier les blés.
SOIGNOR : Seigneur.
SOL : Seul.
SOL : Je paye, je solde.
SOLACIER : Divertir, réjouir.
SOLAS : Récréation, plaisir.
SOLAX : Soleil.
SOLAZ : Soulagement, divertissement, récréation.
SOLENT : Ils ont coutume.
SOLHIÉ, *soilliez* : Souillé, gâté.
SOLIER : Chambre haute, salle, galerie, salle à manger.
SOLIEVE : Soulève.
SOLLER : Soulier.
SOLOIT : Il avoit coutume.
SOME : La fin d'un ouvrage, le point essentiel d'une chose.
SOMIER : Bête de somme.
SOMOILLE : Il sommeille, il dort.
SOMONT : Averti.
SON : Sommet, hauteur.
SONEZ : Petite chanson.

Sopois : Peine, chagrin.
Sor, *sore :* Sur ; *sor tote rien :* par-dessus tout.
Sor, *sors :* Blond, roussâtre, de couleur jaune.
Sora : Payera.
Sorcerie : Sorcellerie, sortilége.
Sorcis : Sourcils.
Sore : Suivre.
Sorisete : Petite souris.
Sormonte : Il surpasse.
Sororé : Surdoré, couvert d'or.
Sorprandre : Étonner, surprendre ; s'emparer, maîtriser.
Sorquidé : Arrogant, présomptueux.
Sors : Sourd.
Sospeçon : Soupçon.
Sot : Il sut, il put, il savoit.
Sotil : Avisé, fin, pénétrant, adroit.
Sou : Et le.

Soubite : Subite.
Soués. Voyez Soef.
Souferroie : Je souffrirois, je pardonnerois ; *or vos soufrez :* permettez, trouvez bon.
Souffire : Plaire, satisfaire.
Soulas. Voyez Solas.
Souprist : Il surprit.
Sourt : N'ait.
Soustré : Litière.
Sovanroit : Souviendroit.
Sovin : Couché sur le dos.
Soz : Sous.
Soz : Seuil.
Sozliever : Soulever.
Su : Je sue.
Suel : J'ai coutume ; *suet, sueut :* il a coutume.
Suen : Son, sien.
Suer : Sœur.
Sui : Il suivit ; *suirons :* nous suivrons.
Suianz : Agissant, remuant.

T.

Tabart : Manteau court à l'usage des gens de guerre.
Tables : Jeu de dames ou de trictrac
Tace : Tache.
Taigne : Tienne ; *taigniez :* teniez ; *tainent :* tiennent ; *taing :* je tiens.
Taint : Blême, défait, défiguré.
Tainte : Sale, noire.
Taisir : Taire ; *taisant :* qui se tait.
Talant : Volonté, désir, plaisir.

Talanter : Satisfaire, faire plaisir.
Tencier : Disputer, quereller.
Tançon : Querelle, dispute ; *mener tançon :* quereller.
Tans (par) : Avec le temps, dans la suite.
Tant : Il tend.
Tant ne quant (ne) : En aucune façon, nullement.
Tantes : Tant, un si grand nombre.
Targier : Tarder, différer.
Taules. Voyez Tables.

Teche : Qualité bonne ou mauvaise.
Teis : Tels.
Tenant (en un) : De suite, sans interruption.
Tenche : Dispute.
Tenchier : Quereller ; *tençoient :* disputoient à qui se divertiroit mieux.
Tenebror : Obscurité.
Tenebrose : Ténébreuse, obscure.
Tenist : Il prit, il tint, il eût tenu ; *tenoiez :* vous teniez ; *tenroie :* je tiendrois.
Tenrement : Tendrement.
Tenures : Domaine, biens.
Termine : Temps.
Tes, *teus :* Tel.
Tes : Ton.
Téu : Il garda le silence.
Theodelés : Theodulus, auteur d'un poëme latin sur la vérité et le mensonge, qui se trouve au nombre des huit moralistes anciens.
Tifée : Parée, ajustée.
Tigne : Qu'il tienne.
Tinel : Gros bâton.
Tire (à) : L'un après l'autre ; *en une tire :* ensemble.
Toaille : Serviette, essuie-main.
Tochier : Toucher.
Toe : Ta, tienne.
Toiere : Marre.
Toise (aller à) : Aller grand train.
Tollir : Oter, enlever de force ; *tollu :* ôté, enlevé.
Tonel : Tonneau.
Toneu : Tribut, impôt.
Tor : Tour.
Tor (au chief de) : A la fin.
Tornéeur : Tourneur.
Torner : Tourner, mettre.
Tornoiement : Tournoi.
Tornoier : Joûter, fréquenter les tournois.
Tornoyeres : Qui fréquente les tournois.
Torrai : J'enlèverai.
Torse : Sainte-Palaye l'explique par trot.
Torseras. Voyez **Tourser**.
Tort : Contrefait ; *chiere torte :* grimace, mauvaise mine.
Tort : Il tourne ; *s'an tort :* s'en aille, s'en retourne.
Tost, *tot :* prend, enlève.
Tostée : Rôtie de pain, grillade.
Tot (se) : Se tut.
Tot diz : Toujours.
Totes voies : Toutefois, cependant.
Tourser : Charger les bagages, emballer.
Tracer : Chercher avec soin ; *tracens :* allant.
Traï : Trompé, trahi.
Traie : Qu'il tire, du verbe *traire :* tirer, prendre, attirer, aller, se retirer ; *se traient en sus :* ils s'éloignent ; *traiez arriers :* éloignez-vous ; *traire à chief :* venir à bout ; *traisent :* ils tirent.
Trainer : Sorte de supplice.
Traître : Traître.
Traitis : Bien fait, bien tourné.
Trape : Piége, embûche.
Trat : Il tire.
Traveillié : Fatigué.
Traveillier : Tourmenter, incommoder ; accoucher.

TRÉ : Pavillon, tente.
TREBUCHIER : Renverser, tomber.
TRECES : Cheveux.
TRECHERIE : Ruse, fourberie, tromperie.
TRECHIERE : Trompeur.
TREMERIAU : Sorte de jeu de hasard qui se jouoit avec des dés.
TRERE (se) : S'avancer, s'approcher; *trere avant :* faire connoître, s'avancer, se présenter.
TRESALI, *tressailli :* Il sauta.
TRESGITER : Mettre dehors, faire sortir.
TRESLIS : Tissus.
TRESLUE : Sainte-Palaye l'explique, brille.
TRESMUEZ : Agité, troublé.
TRESPASSER : Passer outre.
TRESSAUT : Tressaille.
TRESTORNER : Détourner, écarter.
TRESTOT : Tout ; *trestuit :* tous.

TRET : Tiré ; *tret à mort :* mis à mort.
TRIPER : Sauter, bondir.
TRIPOT : Mauvaise manière, mauvais dessein.
TRISTORS : Sainte-Palaye l'explique par ruses, subtilités, détours.
TRISTRE : Triste.
TRIVES : Trêve.
TROMPE : Espèce de toupie.
TROPEL, *tropiax :* Troupeau, troupe.
TROUSSER : Charger.
TROVE, *trueve :* Il trouve; *truis :* je trouve; *truissent :* qu'ils trouvent.
TRUFER : Railler, moquer.
TRUFERIE : Raillerie, tromperie.
TRUFFE : Conte en l'air, plaisanterie.
TUELLE : Toile.
TUIT : Tous.
TURCOPLE : Le peuple de Turquie, Sarrazins.

U.

Ù : Où, dans.
UEVRE : OEuvre, action, ouvre.
UIT : Huit.

UIZ, *uis*, *us :* porte.
UMELIER : Humilier.
UN ET EL : Chose et autre.
Us : Coutume, usage.

V.

VAINKIERE : Vainqueur.
VAIR : Fourrure de couleur gris-blanc mêlé, fort recherchée des anciens Français ; de diverses couleurs.

VAIT : Il va.
VAL (à) : En descendant, en se dégradant.
VALDROIT : Il vaudroit.
VALLET : jeune homme, garçon.

VALOR : Valeur, prix, mérite.
VALT : Il vaut.
VANCHE : Vengeance.
VANCHE : Il venge.
VANRA : Il viendra.
VARRA : Il vaudra.
VASAL, vasax : Courageux, jeune gentilhomme, un homme au-dessous d'un autre, qui lui est subordonné.
VAUSIST : Il vaudroit.
VAUT : Il veut.
VAVASSOR : Arrière-vassal.
VÉANT NOS : A notre vue, devant nous.
VÉEL : Veau.
VÉER : Refuser.
VEIGNANT (bien) : Soit le bien venu.
VEIGNE : Vienne.
VEILLE : Qu'il veuille.
VÉIR : Voir; véez-vos : voyez-vous; veiz : voyez.
VEISIN : Voisin.
VELEZ : Vous voulez; vels : tu veux.
VENER : Aller à la chasse.
VENISON, venoison : Venaison, gibier.
VENISSE : Que je vinsse; venot : il venoit.
VENJANCHE : Vengeance.
VENRA : Il viendra.
VENT : Van.
VENTRAILLES : Entrailles, intestins; mais ici c'est l'armure du ventre.
VEOIT : Il voyoit; véoiz : vous voyiez; véons : nous voyons.
VER ET GRIS. Voyez VAIR.
VERMAX : Vermeil, rouge.
VERS. Voyez VAIR.

VERTÉ : Vérité.
VESCHI : Voici.
VESPRE, viespres : Le soir.
VESTÉURE, lou vestir : L'habillement.
VET : Il va.
VEU (me) : Me voue.
VEZ : Voyez, voici.
VEZIE : Fine, rusée.
VIAIRE : Face, visage, figure.
VIALT, viaut : Il veut.
VIALZ, viax, viel, viez : Vieux, âgé.
VIANE : Vienne.
VIAX : Tu veux; vieux.
VIELLE : Vieille.
VIENT (se Dé) : Si Dieu veut.
VIEZ : Vieux.
VIGUER : Vigueur.
VILAIN : Homme du peuple, roturier, paysan.
VILE : Ferme, métairie.
VILENIE : Action basse et infâme, injure, mauvais traitement.
VILLE : Vieille.
VINCESTRE : Bicêtre.
VINRENT : Ils virent.
VIRENT : Ils vinrent.
VIS : Visage, face, figure.
VIS : Avis, avertissement; ce m'est vis : il me semble.
VIS : Vif, vivant.
VISETER : Voir.
VITÉ : Bassesse, discrédit.
VITECOS : Sainte-Palaye l'explique par bécasses.
VO : Votre.
VOÉ : Voué, consacré, promis.
VOEL : Je veux; voelle : qu'il veuille.
VOIE : Pèlerinage.

Voier : Conduire, mettre dans la voie.
Voil : Je veux; *voille* : qu'il veuille; *son voil* : volontiers.
Voir, *voire* : Vrai, vérité; *de voir* : avec vérité, certainement; *por voir* : vraiment.
Vois : Je vais; *voise* : j'aille; *voisent-s'en* : qu'ils s'en aillent; *voist* : il aille; *voit s'an* : il s'en va; *voize* : j'aille.
Vol (Saint) : La Sainte Face.
Vol : Je veux.
Volantez : Volonté, désir.

Voldré : Je voudrai; *voldrois* : je voudrois.
Volt : Visage.
Volt : Il veut, il voulut.
Vorimes : Nous voudrions; *vorrai* : je voudrai; *vosisse* : je voudrois; *vosist* : il eût voulu; *vost* : il veut, voudrent : ils voulurent.
Vos : Vous.
Vostre : Vos.
Vousisse : Je voulusse; *vousist* : il voudroit, il eût voulu; *voust* : il voulut.
Vuel (mon) : Selon mon vouloir, ma volonté.

W.

Warder : Garder, être sur ses gardes.
Wet : Il veut.

Wihos : Mari dont la femme est infidèle.
Wet : Vide.

X.

Xort : Sourd.

Y.

Yaue : Eau.
Ygaus : Pareil, semblable.

Ynde : Couleur de bleu foncé, d'azur.

FIN DU GLOSSAIRE.

TABLE DES PIÈCES

CONTENUES DANS CE VOLUME.

La Mule sans frain............................*Page*	1
De Richaut..	38
Li dis de la Vescie à Prestre.......................	80
Des trois Chevaliers et de la Chainse.............	91
Le povre Clerc.......................................	104
De Connebert...	113
De Brifaut...	124
Du Chevalier à l'espée..............................	127
Du Clerc qui fu repus deriere l'escrin............	165
Do Maignien qui f.... la Dame....................	170
Le Revenant...	174
De la Vielle qui oint la palme au Chevalier......	183
Li Diz de l'Erberie...................................	185
Roman de Trubert....................................	192
De Porcelet..	286
Do Pré tondu...	289
Li Sohaiz desvez.....................................	293
La Devise aux Lechéors.............................	301
De celui qui bota la pierre.........................	307
De la Sorisete des Estopes.........................	310
Li Diz dou Soucretain...............................	318
La Plantez...	338
Li Fabliaux des Treces..............................	343
De Hueline et d'Aiglantine.........................	353
Le Lunaire que Salemons fist......................	364
Le Tournoiement aus Dames.......................	394

Le Departement des Livres..................*Page* 404
Ce sont les divisions des soixante et douze Biautés qui
    sont en Dames............................ 407
De Marco et de Salemons....................... 416
Voiage d'oultre-mer du Comte de Ponthieu.......... 437

FIN DE LA TABLE.

ERRATA.

Page 12, *vers* 334 : creauté ; *lisez* créanté.
—— 38, —— 20 : rayet ; *lisez* raget.
—— 69, —— 1015 : raut ; *lisez* rant.
—— 89, —— 305 : afise ; *lisez* asise.
—— 91, —— 2 : frelon ; *lisez* felon.
—— *ibid.* —— 12 : fi ; *lisez* si.
—— 92, —— 28 : despendre ; *lisez* despenderes.
—— 93, —— 66 : prens ; *lisez* preus.
—— 97, —— 206 : s'il ne fait fiancher ne rendre.
—— 98, —— 235 : s'enmaie ; *lisez* s'esmaie.
—— 100, —— 284 : fasse, dist-ele, s'ilh devie.
—— 116, —— 111 : eluol ; *lisez* elnol.
—— 120, —— 228 : hoise ; *lisez* boise.
—— 164, —— 1189 : pa ; *lisez* ta.
—— 235, —— 1369 : sonef ; *lisez* souef.
—— 256, —— 2042 : hosiez ; *lisez* honiz.
—— 297, —— 128 : dernier ; *lisez* denier.
—— 337, —— 605 : par.... ; *lisez* par l'abeie.
—— 360, —— 245 : propre ; *lisez* porpre.
—— 410, —— 105 : deuz ; *lisez* denz.
—— 420, —— 33 : hei ; *lisez* lui.

www.ingramcontent.com/pod-product-compliance
Lightning Source LLC
Chambersburg PA
CBHW051408230426
43669CB00011B/1809